本书是项目"全媒体传播视域下主流媒体自建平台的数字化嵌入研究"（编号：CUC23WH010）的成果，获得中国传媒大学中央高校基本科研业务费专项资金资助

光明社科文库
GUANGMING DAILY PRESS:
A SOCIAL SCIENCE SERIES

·历史与文化书系·

深度融合

全媒体传播时代的主流媒体内容生产

刘日亮 ｜ 著

光明日报出版社

图书在版编目（CIP）数据

深度融合：全媒体传播时代的主流媒体内容生产 /
刘日亮著 . -- 北京：光明日报出版社，2023.7
ISBN 978 - 7 - 5194 - 7358 - 7

Ⅰ.①深… Ⅱ.①刘… Ⅲ.①传播媒介—研究 Ⅳ.
①G206.2

中国国家版本馆 CIP 数据核字（2023）第 128816 号

深度融合：全媒体传播时代的主流媒体内容生产
SHENDU RONGHE：QUANMEITI CHUANBO SHIDAI DE ZHULIU MEITI
NEIRONG SHENGCHAN

著　　者：刘日亮			
责任编辑：史　宁　陈永娟		责任校对：许　怡　李佳莹	
封面设计：中联华文		责任印制：曹　净	

出版发行：光明日报出版社

地　　址：北京市西城区永安路 106 号，100050

电　　话：010-63169890（咨询），010-63131930（邮购）

传　　真：010-63131930

网　　址：http：// book. gmw. cn

E - mail：gmrbcbs@ gmw. cn

法律顾问：北京市兰台律师事务所龚柳方律师

印　　刷：三河市华东印刷有限公司

装　　订：三河市华东印刷有限公司

本书如有破损、缺页、装订错误，请与本社联系调换，电话：010-63131930

开　　本：170mm×240mm

字　　数：287 千字　　　　　　　印　　张：16

版　　次：2024 年 3 月第 1 版　　　印　　次：2024 年 3 月第 1 次印刷

书　　号：ISBN 978 - 7 - 5194 - 7358 - 7

定　　价：95.00 元

自　序

随着互联网技术的更新迭代、信息媒体的数字化转型，大众传播的媒体格局与信息环境逐渐被融合传播所消弭，以连接和共享为基本逻辑的全媒体传播环境逐渐形成，本书涵括的研究基于全媒体传播这一具有时代性和中国化指向的研究语境展开，聚焦我国主流媒体内容生产转型中的动力因素、转向特征、身份建构、社会调适意义等重点议题，尝试探索全媒体传播语境下我国主流媒体内容生产的中国特色模式与理论框架应用。

研究要解决的核心问题包括：第一，全媒体传播语境下主流媒体内容生产的转型动力因素、发展趋向与特征呈现为何？存在何种问题？第二，全媒体内容生产是否实现了重塑主流媒体自身？如何实现？未来发展面向为何？第三，主流媒体的全媒体内容生产如何嵌入社会？其关联调适意义体现在哪些方面？

在研究方法及其创新性上，本书从实践范式着手，结合不同章节的研究子问题，将量化研究的调查问卷与人类学的参与式观察、深度访谈，以及质性的个案研究相结合，努力做到科学实证性和哲学思辨性结合的创新。通过6017份全国主流媒体调查问卷和对27位媒体人的深度访谈，探索符合中国实际的全媒体传播语境的媒体行为模式，辨析构型要素之间的互动关系，并在结合媒介化理论构型框架的基础上，创新全媒体内容生产研究质化与量化结合的构型维度和研究视野，努力做到保持应用/理论、特殊/普遍的二元对立张力。此外，在研究视角的创新上，一是扎根中国媒体融合实践统合两个理论视角，将媒介化理论的物质视角与马克思主义新闻观中国化的理论成果进行辩证双向统合；二是将主流媒体内容生产视为媒介社会节点进行系统化研究。

本书的主体结构内容由三部分构成：第一、二章提出研究问题的理论根基和现实背景；第三、四章两章由表及里深度挖掘并分析问卷、访谈和资料文献涵括的转向特征，进行构型分析和问题聚焦；第五、六章两章围绕研究主体并结合前文问题发现，透过实践表象，从社会结构范畴考察全媒体内容生产向内结构的媒体重塑、向外嵌入社会的调适意义与路径参照。各章的主要内容及创新研究发现分述如下：

第一章阐述了研究的背景缘起与逻辑基点，在文献回顾和评述的基础上提出研究问题并引入媒介化理论进行中国化阐释。第二章从宏观社会动力因素出发，提出全媒体传播语境下我国主流媒体内容生产转型是技术赋能、政策引领、用户变迁、市场隐忧、文化转向合力驱动下的社会、组织与生态变革。第三章基于问卷数据并结合访谈资料，从四级融合全媒体传播体系的实践演进与差异比较、体制机制创新的实践突破与关键聚焦、全媒体平台构建与功能延展、全媒体内容产品链的维度拓展与深度重构四个重点方面分析转向特征，为第四章的构型分析奠定实践指向的内容基础。第四章提出平台、内容、生产者这一全媒体内容生产的三重构型维度，并基于三重维度分别提出从中介到建构的平台革命、从大众到定制的话语转型、从渠道相加到边界重构的关系转变的观点剖析和问题聚焦。第五章基于三重构型维度提出主流媒体内容生产平台化、生态化、开放化的三个面向，并创新提出其重塑媒体自身的路径指向。第六章观照主流媒体内容生产嵌入社会的关联调适意义，聚焦其建构信息环境、整合社会凝聚、平衡行业生态的实践活动、建构意义与正向效用。结论与讨论部分重点对新型主流媒体内容生产未来生态中的关系协同与重构进行五方面的讨论，并对全媒体内容生产的媒介化构型要素框架进行了应用阐释与未来展望。

目　录
CONTENTS

第一章

绪　论

第一节　研究缘起

一、研究背景

随着互联网对信息生产与传播的全面赋能，全媒体传播的时代正在加速演进，智媒技术的发展、网络社会的变化使传媒业基本告别了大众传播范式，对新闻生产而言，这意味着一场深刻的革命，甚至一个时代的终结。[①] 在全媒体传播的语境下，新闻内容生产研究是我国新型主流媒体建设的重要课题，也是观照媒介和其他社会要素间关系的媒介化理论的研究视野之一。

（一）从融合传播到全媒体传播的实践与理论发展

随着互联网技术的飞速发展、媒体的数字化转型，大众传播的媒体格局与传播环境逐渐被融合传播所消弭。亨利·詹金斯（Henry Jenkins）对"融合"曾有一个著名定义："我使用的融合概念，包括横跨多种媒体平台的内容流动、多种媒体产业之间的合作以及那些四处寻求各种娱乐体验的媒体受众的迁移行为等。"[②] 詹金斯所说的融合是技术、产业、文化以及社会领域的变迁，这也与人们普遍认为的具有多层次意义的"融合"概念相一致，即"融合"不仅仅体现着技术的变革，同时还指向产业结构、受众或用户行为、文化形态以及传播实践等更广泛领域的变革[③]。可以说，融合是对整个社会传播环境的重塑，是一

[①] 胡翼青，王聪. 超越"框架"与"场域"：媒介化社会的新闻生产研究 [J]. 福建师范大学学报（哲学社会科学版），2019（04）：138-144.

[②] 亨利·詹金斯. 融合文化：新媒体与旧媒体的冲突地带 [M]. 杜永明，译. 北京：商务印书馆，2012：30.

[③] 特里·弗卢. 新媒体 4.0 [M]. 叶明睿，译. 北京：人民日报出版社，2019：7.

种技术变迁、文化变迁、社会变迁。

虽然媒体融合、全媒体的概念起初都是从西方引入，但在我国，传统媒体的报网融合转型实践也走得比较靠前，一方面，有传统媒体内容+互联网的新闻产品创新，比如，2004年，河南日报报业集团整合《河南日报》、河南报业网与手机短信平台三方面的资源与渠道，在全国各大媒体中首开报网互动、手机短信互动先河的网络新闻名专栏《焦点网谈》；另一方面，也有调整媒体内人员、资源架构的组织机制变革试验，比如，2006年3月，"中国证券网"和《上海证券报》全面融合，实行一个班子、一套架构，不设立重叠机构，统一考核。① 虽然早期的传统媒体融合转型实践多数为业界自发的短期试验性项目，大部分实践都因受挫较多终未达到理想效果，但这些经验教训也为之后的媒体融合战略实施提供了借镜观形的基础。2014年，媒体融合正式上升为国家战略，在政策的助推下，我国主流媒体的融合发展经历了从现代传播体系到全媒体传播体系，从内容根本、技术支撑到管理创新一体，从央级媒体改革到央省市县协同发展，从主流媒体到商业平台等的高速转型过程②，涌现出了《快看呐！这是我的军装照》《公仆之路》《无人机航拍：换个姿势看报告》《央广主播王小艺的朋友圈》等爆款新闻产品和"侠客岛""国际锐评""长安街知事"等新媒体品牌。

主流媒体的全媒体转型实践开展得如火如荼，传媒学界的理论研究探索也逐渐丰富。2005年，中国人民大学蔡雯教授首次将"媒体融合"和"融合新闻"的概念引入国内，自此，我国传媒学界与业界逐渐对媒体融合命题展开了相应的研究与实践，并着力探索其在中国媒体环境中的适用性、知识生产与实践方法论。2009年，彭兰教授结合当下中国媒体生态的客观现实，首度在中国媒体融合语境下深入诠释了"全媒体"这一概念，认为全媒体化意味着一种整体性、系统性的媒体业务模式，涉及媒体机构所有平台、运营、形式等体系。③此后，关于媒体融合和全媒体的理论研究不断丰富。2019年，习近平总书记对全媒体发展和未来趋向做出全新的科学研判，从全程媒体、全息媒体、全员媒体、全效媒体四个层次对全媒体进行了理论阐释，并提出要形成资源集约、结

---

① 蔡雯. 媒体融合进程中的"连接"与"开放"：兼论新型主流媒体建设的难点突破 [J]. 国际新闻界，2020，42（10）：6-17.

② 曾祥敏，李刚. 我国媒体深度融合发展中的关键问题 [J]. 现代出版，2021（02）：65-74.

③ 麦尚文. 媒体融合十年：全媒体融合传播的轨迹、理论与战略 [M]. 北京：社会科学文献出版社，2021：1.

构合理、差异发展、协同高效的全媒体传播体系①，这一具有理论阐释力的新概念的提出引领了全媒体在业界和学界的新一轮发掘与探讨，为全媒体这一中国化的媒体融合概念丰富了意旨内涵。

（二）以连接和共享为基本逻辑的全媒体传播环境革新

不同于信息资源稀缺、媒体与受众之间呈现单向度传受关系的大众传播时代，在当下的全媒体传播时代，互联网成为承载一切媒介内容的"母媒介"②，以连接和共享为基本逻辑的全媒体传播模式逐渐形成，其主要特点就是信息碎片爆炸下的多元主体的共同参与、多向沟通，而作为现实社会反映与延伸的网络空间成为信息扩散交互、思想文化交锋的全新媒介场域，信息传播活动的多元差异化、时空连接力、个体分享性日趋增强。

1. 信息渠道重构：信息无处不在、无所不及、无人不用

保罗·莱文森（Paul Levinson）的媒介进化论认为媒介总是处于一个不断进化的过程，当媒介依赖的内外环境发生变化的时候，媒介也能够通过自我调节和适应机制，在传播理念、传播方式、传播形态等各个方面发生变化③。从大众传播到全媒体传播，马克思主义新闻学告诉我们，媒介和媒介环境的发展进程与社会整体发展的进程并无二致，都是一个凝结着复杂社会动因的辩证过程，然而无论从复杂社会动因的哪一个面向着手进行研究，我们都无法回避媒介技术变迁这一基础性的驱动因素，以数字技术、虚拟技术为代表的智媒技术发展成为媒介进化相关研究的重要内容，正如媒介环境学派主张以技术为视角审视社会④，数字技术对于全媒体传播环境革新的驱动力是不可忽视的，直接且显而易见的表现就在于技术对信息生产和传播渠道的重构。

智能数字技术、移动互联网技术的发展实现了人类渴望突破自身交流困境的现实延伸，这主要体现在两个方面：一方面，使得信息生产与传播突破了传统的时空局限，有学者用流动空间（space of flows）和无时间的时间（timeless

---

① 习近平：加快推动媒体融合发展 构建全媒体传播格局［EB/OL］. 求是网，2019−03−15.

② 莱文森. 数字麦克卢汉：信息化新千纪指南［M］. 何道宽，译. 2 版. 北京：北京师范大学出版社，2014：110.

③ 杨陶玉. 媒介进化论——从保罗·莱文森说起［J］. 东南传播，2009（03）：28−29.

④ 张凌霄. 媒介环境学派的媒介影响观变迁：以媒介技术为视角［J］. 当代传播，2016（06）：37−40.

time)①来诠释信息时代的变化，前者是没有地域邻近性的社会共识性；后者既破坏了我们的"逻辑时间序列"，也破坏了我们的"生物时间感"。另一方面，具有"数字化、互动性、超文本、虚拟性、网络化、模拟性"等特征的新媒介，正在改写着信息传播渠道和传媒竞争的格局，即形成"去中心化""去边界化""去权威化"②的发展趋势。结合以上两方面，可以将信息渠道的重构总结为出现了全程媒体、全息媒体、全员媒体、全效媒体，尤其是互联网社交平台、商业平台的崛起，让信息生产越发移动化、场景化、大众化、交互化，同时重构起以人为媒的社交分发、基于算法的智能分发等传播逻辑和渠道，实现了全媒体传播下信息的无处不在、无所不及、无人不用。

2. 用户信息使用习惯变化：时空消融、社交参与、场景游移

从印刷媒介、电视，再到互联网和电子媒介，媒介逐渐嵌入人们的日常生活，也在无形之中改变着社会结构和重塑着人们的生活方式。③ 随着移动互联网和智能电子媒介的发展，信息传播的技术门槛大幅降低，用户参与信息传播的行动越发多元丰富，一对多、信息单向流通的大众传播时代已然消逝，移动、社交、场景、沉浸的融合传播时代正在到来。当下，互联网和平台成为构筑和维系生活世界的基础设施④，新媒体平台的崛起深刻影响着人们的信息获取、社交沟通、购物消费、交通出行等各种日常生活行为模式，而且用户并不是被动接受平台规则的"靶子"，其信息获取习惯在被平台驯化的同时，其也积极地通过数字化、信息化、智能化的媒介使用习惯革新，参与建构着媒介化的社会环境，形成全媒体传播下的时空消融、社交参与、场景游移特征。

我们不妨从微观视角入手，以2021年11月17日某社交平台热门话题#小猫喝奶引发的线上音乐剧#这一案例具象观察全媒体传播下用户信息获取习惯变化的新特征。该热门话题的起因是某用户在社交平台上传了一则自家宠物猫喝奶发出声音的生活类短视频，随即引发全世界多国用户跨时空联手创作、录制以该猫喝奶声为基础的唱奏音乐短视频，参与创作的用户既是该则视频的观看者，也是参与二次创作接力的内容生产者，可以被称作"内容产消者"（pro-sumer）；

---

① 菲利普·N. 霍华德. 卡斯特论媒介 [M]. 殷晓蓉，译. 北京：中国传媒大学出版社，2019：79.

② 郑维东. 媒介化社会与经济增长：理论及实证研究 [M]. 北京：中国传媒大学出版社，2013：2.

③ 陈力丹. 传媒形态如何影响我们的生活：传播学研究的一个新视角 [J]. 新闻记者，2003（11）：21-22.

④ 束开荣. 互联网基础设施：技术实践与话语建构的双重向度：以媒介物质性为视角的个案研究 [J]. 新闻记者，2021（02）：39-50.

视频中演奏乐器的场景在各国用户各自所处的卧室、衣帽间、客厅、工作室等地点游移,世界各国用户的生活场景与工作场景在短视频中全面交织。由此可见,在全媒体传播环境下,全程移动在线的时间状态、全球网络连接的空间状态构成了用户信息获取的时空消融特征;用户在信息传播中成为积极的交互主导者或参与者,大众传播、人际传播、群体传播、组织传播的边界逐渐模糊,使得社交伴随成为用户参与信息产销的常态;而碎片化信息获取、注意力移动切换、公共生活与私人生活的线上线下融合等,构成了用户场景游移这一获取信息的全新习惯。

二、研究意义

数字技术的发展、媒介化社会和用户信息获取习惯的变迁,催动着媒体实践和新闻业态的变化,也带来了新闻学理论体系的演进需求[①],尤其在当前我国媒体深度融合发展的国家战略引领下,旧知识与新实践之间的裂隙亟须弥合,全媒体传播中的现实问题亟须回答。在全媒体传播环境中,我们需要认识到:第一,传统媒体内容生产的逻辑是关闭内容生产的边界,通过独家资源的加工和传播获得注意力,这一做法有着精英主义的取向,但当下内容生产的现实是实践活动不仅发生在编辑部,还发生在社会各处;第二,内容生产的流程不是以往严格的专业主义,而是信息往往在碎片化线索阶段就开始弥散;第三,内容生产的主体也不再只是专业记者把控全程,大众常常作为"目击者"来协助记者完成新闻报道,而是"全民皆记"成为挑战时效性、能动性的主体。当下,专业记者在重大主题报道、时政新闻报道中依然具有独家采访权和显著专业优势,但如果报道的话语方式陈旧、传播渠道闭塞,这类与大众息息相关、必须经过一定解码过程的内容,甚至还不及社交媒体上直白击中情绪点的社会绯闻能够引发强烈关注,这不得不说是全媒体传播语境下主流媒体新闻内容生产需要应对的挑战。概览种种变化和急需回答的现实问题,学界对于当下主流媒体内容生产的系统研究已迫在眉睫。

(一)学术意义

习近平总书记希望广大理论工作者"把论文写在祖国大地上,使理论和政策创新符合中国实际、具有中国特色"[②]。本项研究扎根于全媒体传播语境下围

---

① 常江,黄文森.数字时代的新闻学理论:体系演进与中西比较 [J].新闻记者,2021 (08):13-27.

② 把论文写在祖国大地上 [EB/OL].求是网,2020-08-30.

绕中国主流媒体的新闻内容生产实践变革和现实问题展开，以马克思主义新闻观为核心理论引领，将媒介化理论框架进行逻辑适合的转化，努力将认识与实践结合，尝试探索全媒体传播语境下、中国视角下的新闻传播学理论研究。

1. 边际贡献：探索我国主流媒体内容生产在全媒体传播语境下的系统研究

我国主流媒体的融合转型进程，经历了从技术、生产、平台以及传播渠道的内容创新到生产运营组织、体制机制变革、队伍建设的全媒体传播体系创新，主流媒体在内容生产、组织运营、舆论引导、社会参与等方面都发生了深刻变革，当下正在由"技术驱动型创新"转向"生态构建型融合"。伴随着融合改革进程和全媒体传播实践的学界研究也从未间断，无论是从技术、内容的物质性视角，还是从组织架构的机制性视角，以及顶层设计、社会构建的宏大视野来看，研究各有侧重、视角丰富，但还未有针对媒体融合从上升为国家战略到深度发展的全阶段、系统性研究，尤其是在眼花缭乱、层出不穷的媒介技术的显像下，业界和学界都在呼唤内容为根本的回归，期待新型主流媒体建设的学界指向，因此，系统研究全媒体传播语境下的新闻生产在当下硕果累累的相关主题研究中具有一定学术边际贡献。

2. 比较贡献：探索媒介化理论的中国特色视角

媒介化理论具有开放性和模糊性，理论体系仍不完善且具有一定争议。媒介化理论强调媒介的建构作用，然而文化和社会的发展不仅是媒介化的结果，社会、文化、金融和象征性资本作为资源在社会中取得的成功也可能来自媒介以外的各种机制①。但不可否认，"媒介化研究"已经作为一种传播研究的新方式逐渐走上历史舞台，有学者直言当代传播与社会文化研究正经历一轮所谓的"媒介化转向"②，在此"转向"中，西方学者目前占据较为明显的优势地位，作为中国学者，笔者不仅尝试探究媒体生产的实践转向和规则创新，还渗析社会宏观层面的媒介作用，即媒介的他律是如何通过文本符号和叙事系统形成媒介文化和媒介作用，又是如何通过新的话语实践对其他场域产生能动影响。

因此本研究希望能够在前人媒介化研究的理论基础之上，检测并发展分析媒介影响现实的理论阐释角度，通过系统地梳理、探究我国主流媒体的融合生产转型体系、在文化生产中各结构性要素的联系与互动，为媒介化理论的概念与意义阐释提供有价值、中国特色的验证与参考视角。

---

① KROTZ F. Mediatization as a Mover in Modernity：Social and Cultural Change in the Context of Media Change [J]. Mediatization of Communication, 2014 (21)：131–162.

② 戴宇辰. 走向媒介中心的社会本体论？——对欧洲"媒介化学派"的一个批判性考察 [J]. 新闻与传播研究, 2016, 23 (05)：47–57, 127.

（二）应用价值

认识对实践具有反作用，主流媒体十年来系统化、有组织的全媒体传播实践正在朝更加纵深的领域发展，本书所尝试的理论探索和知识观念延拓，意在努力为主流媒体从业者的新闻内容生产实践提供具有思辨性的逻辑思路和创新性的路径参考。

1. 契合媒体融合的宏观国家战略

2023 年是我国在国家层面正式提出媒体融合的第 10 年，《中华人民共和国国民经济和社会发展第十四个五年规划和 2035 年远景目标纲要》（简称"十四五"规划）明确指出当前媒体深度融合战略的方向目标，即"推进媒体深度融合，做强新型主流媒体"。"扎实推进媒体深度融合"也被写进 2023 年中央政府工作报告，主流媒体作为媒体融合战略的核心主体同时也是主流文化和主流价值观的重要形塑主体，可以说是"占统治地位的传媒系统"，起着"一个时代的社会组织的核心"的作用①。而媒体深度融合、全媒体传播体系和新型主流媒体建设也将贯穿"十四五"时期发展，成为实现 2035 年远景目标的有机构型要素。

本书围绕全媒体传播时代语境下的新型主流媒体建设展开，聚焦内容生产这一主流媒体的专业优势领域，紧密结合媒介化社会的现实环境。从国家层面看，该研究不仅契合顶层设计中完善央省市县四级融合发展布局、建立主流舆论格局的迫切需求，也是推动主力军全面挺进主战场、走好全媒体时代群众路线的重要基础和保障。

2. 回应新型主流媒体建设这一亟待解决的现实问题

2020 年 9 月，中共中央办公厅、国务院办公厅印发了《关于加快推进媒体深度融合发展的意见》，其中"推动传统媒体和新兴媒体在体制机制、政策措施、流程管理、人才技术等方面加快融合步伐，尽快建成一批具有强大影响力和竞争力的新型主流媒体"成为重要且紧迫的现实问题。2022 年 8 月，"打造一批具有强大影响力、竞争力的新型主流媒体"也被写入"十四五"文化发展规划，成为国家发展的战略目标之一。主流媒体是我国主流意识形态的核心传播主体，是主流价值观的核心引导主体，不仅承担着党和国家赋予的政治责任，还发挥着连接媒介化社会各要素的社会担当，新型主流媒体的角色定位更加丰富，其建设是我国全媒体传播体系建设的重中之重，也是当前学界、业界都不断探讨、亟待解决的现实问题。

---

① DEBRAY R. Introductionàla Médiologie［M］. Paris：PUF，2000：229-230.

3. 弥合新闻内容生产实践急需理论指导的实际需要

与传统媒体时代相比，在智能技术驱动、媒介环境变化影响下，全媒体传播体系建设、媒体融合改革中的主流媒体在功能定位、专业内容生产上已经发生彻底变革，尤其在内容生产的思维理念、流程机制、传播渠道等方面呈现出截然不同的差别，专注于新闻业务本身的认识论、方法论无法对当下的全媒体环境进行套用分析，新闻内容生产实践急需适合的理论指导和认识论武装。

第二节 概念界定

一、全媒体传播：一个中国化的研究视阈

全媒体的概念起初引自国外，理念核心是打破媒介间壁垒，实现不同媒体内容及渠道的融合，探索一种新的运营模式。① 国内学界在 2009 年明确提出全媒体概念，指向新闻报道业务的融合体系，即"报道不再是单落点、单形态、单平台的，而是在多平台上进行多落点、多形态的传播"②。随后，有学者归纳梳理出报道体系说、传播形态说、整合运用说三种全媒体概念学说，在发展主体、媒介形态、传播渠道、运行模式上提出对全媒体概念认识的四项共同点。③ 在媒体内容报道和传播业务转型的方法论层面，学界和业界对全媒体概念的基本共识是"全媒体"包含两个层面的内容：一指内容格式的"多模态"，即兼有图文、音频、视频等；二指传播渠道的多渠道，如广播、报纸、电视、互联网媒体等④。

2019 年 1 月 25 日，习近平总书记主持中共中央政治局第十二次集体学习时提出"四全媒体"这一认识论层面的全媒体概念，即全程媒体、全息媒体、全员媒体、全效媒体，从互联网引发传播关系和传播手段变革的角度完善了中国语境下的全媒体概念理论内涵，构建全媒体传播格局，形成全媒体传播体系，

① 石长顺，柴巧霞. 论报业的全媒体转型 [J]. 新闻前哨，2012（05）：28-31.
② 彭兰. 媒介融合方向下的四个关键变革 [J]. 青年记者，2009（06）：22-24.
③ 石长顺，景义新. 全媒体的概念建构与历史演进 [J]. 编辑之友，2013（05）：51-54，76.
④ 宋建武. 构建全媒体传播体系的实践路径 [J]. 传媒评论，2021（02）：13-16.

也成为媒体深度融合发展的明确要求。① 因此，本书所提及的全媒体传播是基于全程媒体、全息媒体、全员媒体、全效媒体这一新的传播环境特征而进行的语境界定，这一语境指向以建设全媒体传播体系为目标导向、中国特色传播语境下的学术研究。

二、主流媒体：意识形态属性、价值文化共识、组织力量核心

恩格斯说："在科学上，一切定义都只有微小的价值。"② 但出于明确研究对象和聚焦研究问题主体的考量，将本研究中的主流媒体进行概念界定，遵循两个前提：第一，主流媒体指中观的媒介机构；第二，主流媒体的概念不是一个仅仅针对传播效果的结果导向的定义，即不是说叫"主流"就是获取大众注意力最多的内容生产主体，而是遵循马克思主义新闻观引领，存在特定的组织形态和组织力量，具备集体文化共识、意识形态属性的一个认知概念。

因此，本研究中的主流媒体具体指我国体制内的中央级、省级、地市级、区县级的权威媒体，包括向主流人群传播重要公共信息的纸媒、广播电视媒体、网站和移动新媒体平台、账号等，首要承担政治职责并传递主流价值观，同时具有主体和内容上的显著影响力和引导力。

三、内容生产：媒体融合战略引领下的新闻生产延伸

内容生产是本研究的核心主体，内容一词具有丰富的含义，在汉语词典中，内容分别有着具象、抽象、哲学意义的三个概念指向：一是指物件里面包含的东西，二是指表象之下、事物内部的实质或意义，三是哲学意义上的事物内在因素的总和。而将内容一词置于艺术理论中考察，内容又意味着一个艺术作品的表现、基本含义、意味或审美价值③。在新闻传播学领域中，有学者认为，传统媒体时代，报社、广播站、电视台等机构对于内容生产更多地指向"新闻采编"，而在全媒体传播的语境中，媒体内容的内涵和外延在特点、价值、性质、样态、生产主体等方面发生了不同程度的变革，当前所说的内容带有互联网的媒介技术属性，可以说，指向信息页面中一切具备可传播条件的视听、交互文本或

---

① 耿磊. 实施全媒体传播工程 加快推进媒体深度融合发展 [J]. 新闻战线，2020（24）：78-81.

② 中共中央马克思恩格斯列宁斯大林著作编译局. 马克思恩格斯选集：第3卷 [M]. 北京：人民出版社，2012：459.

③ 奥托·G. 奥克威尔克，罗伯特·E. 斯廷森，菲立普·R. 威格，等. 艺术基础：理论与实践 [M]. 9版. 北京：北京大学出版社，2009：4.

符号。因此，本研究中的内容生产概念，也超脱于单纯的新闻生产之外，不仅是对新近发生的事实的报道，而且主要是指我国主流媒体围绕新闻事件、重大主题、国家和社会发展的阶段性重点话题和社会治理任务等，采用全媒体传播语境下移动、沉浸、视听、交互等融合产品形态，发挥现实再现、主流意识形态引领、参与社会治理等作用的信息生产实践活动。内容生产中的内容是基于主流媒体新闻报道的研究对象的扩展，是全媒体传播语境下主流媒体生产实践活动变革的社会现实映像，是马克思主义新闻观中国化的实践基础和理论延拓。

此外，媒体融合是研究中不可避免的另一学术概念，虽然媒体融合概念源自 Media Convergence，但是在国内语境中同时有"媒介融合"与"媒体融合"两种翻译，有学者认为"媒介"一词更侧重中介性的表述，体现物的"合规律性"，而"媒体"一词更具主观选择性，体现人的"合目的性"，将 Media Convergence 统一为"媒体融合"更为科学和恰当①，由于本书是扎根中国大地展开的学术研究，媒体融合一词具有鲜明的中国特色和政策、实践、理论指向，因此在研究内容中均取媒体融合一义。

第三节　文献综述

智媒技术的发展、网络社会的变化使传媒业告别了大众传播范式，对新闻生产而言，这意味着一场深刻的革命，甚至一个时代的终结②。在当下全媒体传播的语境下，内容生产研究是新型主流媒体建设的重要课题，也是被用于不同语境下描述媒介对各种现象影响的媒介化理论的研究视野之一。鉴于本研究的研究对象为主流媒体内容生产，在综合检索国内外期刊数据库资料后发现，由于政治、文化、地域、媒介性质的差异，西方语境下的相关研究与本研究的概念内容存在根本上的不同，但是对于 Media Convergence、主流媒体以及融合生产技术、理念、形式等业界实践的研究亦有可借鉴参考之处，因此本研究文献综述借助可视化工具 CiteSpace 对数据库采集的文献数据进行主题词与关键词的共现图谱分析、主要研究热点知识群的内容讨论分析、关键词分布时间线和突

---

① 李玮. 跨媒体·全媒体·融媒体：媒体融合相关概念变迁与实践演进［J］. 新闻与写作，2017（06）：38-40.

② 胡翼青，王聪. 超越"框架"与"场域"：媒介化社会的新闻生产研究［J］. 福建师范大学学报（哲学社会科学版），2019（04）：138-144.

现情况探测，进而绘制出 2008 年—2022 年①核心期刊中主流媒体内容生产和全媒体传播领域的可视化知识图谱，并基于知识图谱中的关键词共现和聚类结果，围绕主流媒体内容生产这一研究对象，观照全媒体传播这一研究视域，同时将文献视野扩宽至媒体融合相关研究，展开聚焦核心研究领域的深入分析，努力做到文献综述的点面结合、论述结合。

一、主流媒体内容生产的研究知识群与议题走向

学者们通过对文献数据信息绘制科学知识图谱来实现学科知识的可视化，借此进行研究理论增长、研究范式转换、学科领域演进以及学科结构辨识等方面的研究。常见的信息可视化分析软件有 ArnetMiner（专家检索系统）、PaperLens（数据关系挖掘）、TDA（Thomson Data Analysis）和 CiteSpace 等。与其他软件相比，CiteSpace 软件融合了聚类分析、社会网络分析、多维尺度分析等方法，侧重于探查和分析学科研究前沿的演变趋势、研究前沿与其知识基础之间的关系，以及不同研究前沿之间的内部联系。因此，本研究借助 CiteSpace 科学知识图谱的方式对研究中的核心主题"主流媒体内容生产""全媒体传播"相关文献进行数据分析，梳理出主题相关研究领域的研究脉络、热点，为研究问题的聚焦、研究视角的开拓、研究方法和理论的创新等提供参考与支撑。

（一）研究领域热点分布——共现图谱分析

通过 CiteSpace 软件进行参数设置后共获得"主流媒体内容生产"和"全媒体传播"研究相关的 193 个关键节点，不同节点的大小不同，代表着相关研究领域关键词共现的频次存在差异，图中的节点越大，代表关键词共现的频次越高；节点颜色的深浅，代表节点首次出现时间的先后。其中，节点的中心颜色越深，则说明该关键词首次出现得越早，节点的中心颜色越浅，则说明该关键词首次出现得越晚。从图 1.1 中的节点样态可见，与本研究视域相关的全媒体、全媒体传播、全媒体时代，以及与本研究主体相关的媒体融合、主流媒体、新型主流媒体等关键议题都是共现图谱中出现频次较高的研究关键词。此外，聚焦顶层设计和体系建设、垂直内容与智媒技术、人才培养、案例分析等方面也是主流媒体内容生产相关领域的研究热点，其研究分布态势呈现出既有聚焦又有延展，既成体系又差异垂直的整体特点。

在 CiteSpace 操作界面进一步点击"Network Summary Table"获得关键词详

---

① 全媒体传播和主流媒体内容生产相关研究的数据库数据从 2008 年开始出现，因此科学知识图谱的绘制时间区间选取 2008—2022 年这 15 年。

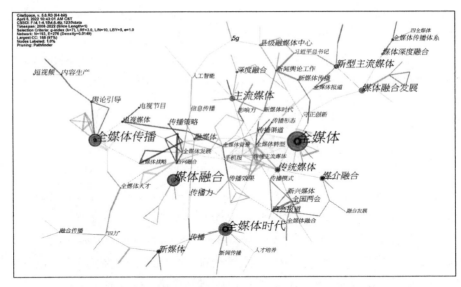

图 1.1　相关研究关键词共现的研究领域分布关系图谱

细参数，经过整理可以得到关键词的共现频次，频次排名前 20 位的关键词经过降序排列信息如表 1.1 所示，值得关注的是：第一，媒体融合作为非检索关键词却在贡献频次排名中位列第二，可见媒体融合已经成为本研究不可避免的关键领域；第二，全媒体时代和全媒体传播两项关键词的中心性最强，可见将全媒体传播作为研究视域具有研究可依托的背景价值和语境意义；第三，内容生产这一研究领域在 2020 年显示出显著的关键词共现性，其实之前的研究中对于新闻生产的研究也是新闻传播学研究的热门领域，只是随着主流媒体生产理念、业务范围和功能定位的持续延展，内容生产正在成为近年来更受学界和业界关注的研究领域，尤其是在媒体深度融合发展阶段，主流媒体的自我变革和社会嵌入都在发生着深刻变革，内容生产体现着相关研究领域研究趋势发展的指向性。

表 1.1　相关研究关键词共现的详细参数降序分布表

排序	频次	中心性	年份	关键词
1	291	0.27	2008	全媒体
2	183	0.12	2008	媒体融合
3	158	0.33	2009	全媒体传播
4	135	0.39	2010	全媒体时代
5	65	0.15	2014	主流媒体

排序	频次	中心性	年份	关键词
6	45	0.19	2015	新型主流媒体
7	43	0.29	2011	传统媒体
8	42	0.22	2015	媒体融合发展
9	38	0.09	2011	媒介融合
10	33	0.12	2013	新媒体
11	20	0.06	2020	媒体深度融合
12	20	0.06	2009	传播力
13	18	0	2012	传播策略
14	18	0.08	2017	舆论引导
15	17	0.04	2017	深度融合
16	17	0.07	2019	县级融媒体中心
17	17	0.23	2014	传播
18	17	0.02	2016	融媒体
19	16	0.04	2020	内容生产
20	16	0.1	2015	两会报道

（二）主要研究热点知识群的内容讨论——聚类图谱分析

关键词的聚类图谱可以表明该领域的不同研究关注点，在本研究的聚类图谱中有 9 个标签分别代表 9 个研究热点聚类，每个聚类的标签都是共现网络中的关键词，聚类序号的数字越大，代表聚类中包含的关键词越少，反之，聚类序号的数字越小，代表聚类中包含的关键词越多。因此，主流媒体聚类中的关键词最多，研究涉及的范式面向和分支领域也最多，值得关注的是全国两会已经成为主流媒体内容生产和全媒体传播的热点知识群，以全国两会报道为抓手考察主流媒体的融合转型趋势、创新路径、全媒体传播理念变革及应用发展成为学界和业界普遍关注的方向。此外，电视媒体在全媒体、视频化、移动化的信息环境下的内容生产转型也成为主要的研究热点知识群之一。

进一步观察各个聚类内部节点之间的连线，连线表示共现关系，其数量与共现关系成正比，节点之间连线较多说明该研究领域主题中，聚类关键词之间的共现程度较高，反之则说明聚类关键词之间的共现程度较低。根据表 1.2 所

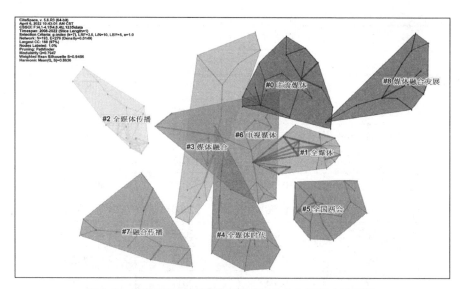

图 1.2　相关研究关键词聚类的研究热点知识群内容图谱

示的聚类详细参数，2014 年以后相关研究呈现出明显的聚类趋势，2014 年是媒体融合上升为我国国家战略的关键起始年份，顶层设计和政策引领成为主流媒体内容生产实践变革和研究转向的关键动力因素。

表 1.2　相关研究关键词聚类的详细参数分布表

聚类规模	聚类序号	轮廓值	平均年份	关键词
21	0	0.903	2017	主流媒体（32.32，1.0E－4）；深度融合（21.28，1.0E－4）；新闻舆论工作（15.51，1.0E－4）；新媒体传播（15.48，1.0E－4）；商业平台（14.05，0.001）
21	1	0.986	2012	全媒体（129.01，1.0E－4）；全媒体传播（12.9，0.001）；全媒体时代（12.53，0.001）；高校（10.65，0.005）：图书馆（10.65，0.005）
18	2	1	2015	全媒体传播（75.95，1.0E－4）；内容生产（28，1.0E－4）：舆论引导（21.55，1.0E－4）；全媒体（18.65，1.0E－4）；全媒体时代（13.56，0.001）
18	3	0.971	2016	媒体融合（88.92，1.0E－4）；5G（30.5，1.0E－4）；人工智能（20.56，1.0E－4）；信息传播（8.43，0.005）；县级融媒体（8.12，0.005）

聚类规模	聚类序号	轮廓值	平均年份	关键词
17	4	0.978	2015	全媒体时代（94.25, 1.0E－4）；传播力（25.5, 1.0E－4）；传播（22.22, 1.0E－4）；全媒体传播（17.71, 1.0E－4）；新闻传播（14.4, 0.001）
17	5	0.888	2016	全国两会（50.21, 1.0E－4）；两会报道（50.21, 1.0E－4）；媒介融合（15.04, 0.001）；创新（12.14, 0.001）；《羊城晚报》（10.99, 0.001）
16	6	0.948	2014	电视媒体（21.01, 1.0E－4）；全媒体背景（18.37, 1.0E－4）；电视节目（15.25, 1.0E-4）；《中国青年报》（12.23, 0.001）；军事节目（12.23, 0.001）
14	7	0.916	2017	融合传播（23.77, 1.0E－4）；"十四五"（19.12, 1.0E－4）；《贵州日报》（19.12, 1.0E－4）；"十三五"（19.12, 1.0E－4）；"四力"（16.23, 1.0E－4）
13	8	1	2018	媒体融合发展（31.33, 1.0E-4）；媒体深度融合（29.29, 1.0E-4）：全媒体传播体系（18.7, 1.0E-1）；全媒体（11.49, 0.001）；新媒体平台（11.39, 0.001）

（三）关键词分布的时间脉络变迁与热度呈现——时间线与突现图谱分析

在我国，全媒体、主流媒体内容生产相关研究从 21 世纪的第一个十年就已经崭露头角，这与 WEB 2.0 时代的萌芽时间线发展呈现出正态相关的趋同态势，图 1.3 中同样有 9 个聚类，每个聚类的标签都是共现网络中的关键词，这些关键词按照它们在对应时间内所出现的年份在所属的聚类中铺展开，显示每个聚类里关键词的发展情况。由图 1.3 可知，手机报研究处在相关研究关键词的领头羊位置，可以说是预示了移动融合生产变革的新纪元，从 2008 年开始，关于全媒体、主流媒体融合发展的研究就逐渐进入蓬勃态势，尤其是媒体融合上升为国家战略之后，即在 2014 年之后出现了较多热点关键词，且出现大量的关键词间的连线，尤其是聚类内部的连线十分丰富，说明研究主题领域比较聚焦同时也有适当延伸，研究领域逐渐形成系统中的交叉态势。

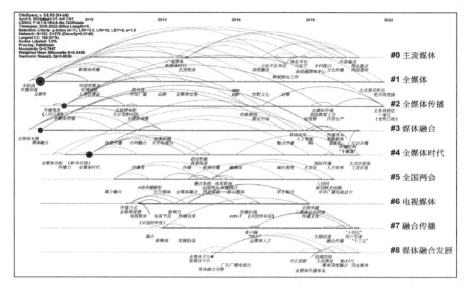

图1.3　相关研究关键词分布的时间脉络图

　　进一步分析本研究中相关关键词的突现情况，图1.4 中关键词突现的年度趋势是相关研究关键词在该领域出现数量激增或骤降的时间线分布和趋势呈现，也是图1.3 时间脉络图线性数据的垂直类别可视化版本，其中 Begin 代表这一关键词研究激增开始的年份，End 代表对应关键词研究骤降的年份，关键词突现图谱能够体现出该领域研究的突然转向与变化趋势。比如，2014 年之前媒介融合相关研究较多，而当 2014 年媒体融合上升为国家战略之时，媒介融合这一外来概念的研究就呈现出骤降趋势，中国学者对于中国理论、中国实践的探索逐渐勃兴。此外，不少研究关键词的突现特征也呈现出受顶层设计影响而突然增加的时代特征，比如，守正创新、媒体深度融合等，学界对于国家政策、重要文件的解读和阐释，对于新文件出台后对实践和理念发展的目标引领作用研究都构成主流媒体内容生产相关研究在一段时间内的热点方向。

二、主流媒体内容生产研究的多维视野与重点聚焦

　　观照科学知识图谱的宏观数据与关键词聚类，除了本研究所依托的全媒体传播视域和主流媒体内容生产这一研究主体外，媒体融合也是共现图谱和聚类图谱中不可忽视的重要领域，因此本研究进一步深入主流媒体及其内容生产、全媒体传播与内容生产、媒体融合三个方面，更加聚焦相关关键词和重要影响观点的研究文献，对文献的具体梳理和评述如下：

Top 25 Keywords with the Strongest Citation Bursts

Keywords	Year	Strength	Begin	End	2008—2022
手机报	2008	5.23	2008	2012	
全媒体发展	2008	3.41	2008	2013	
全媒体时代	2008	13.33	2010	2014	
传播形态	2008	4.21	2010	2014	
媒介融合	2008	4.53	2011	2014	
全媒体转型	2008	4.36	2011	2014	
电视媒体	2008	5.98	2012	2016	
全媒体背景	2008	3.7	2012	2014	
台网融合	2008	3.62	2012	2013	
电视节目	2008	6.45	2013	2015	
新媒体	2008	4.54	2013	2015	
传统媒体	2008	5.12	2014	2016	
新闻传播	2008	3.95	2015	2016	
两会报道	2008	3.86	2015	2019	
全国两会	2008	3.52	2015	2019	
新媒体传播	2008	3.43	2017	2018	
传播	2008	3.56	2018	2019	
习近平总书记	2008	3.43	2018	2019	
主流媒体	2008	7.91	2019	2022	
守正创新	2008	3.87	2019	2020	
短视频	2008	3.72	2019	2020	
媒体融合	2008	9.27	2020	2022	
媒体深度融合	2008	6.09	2020	2022	
内容生产	2008	4.85	2020	2022	
县级融媒体中心	2008	4.25	2020	2022	

图 1.4 相关研究关键词突现的年度趋势图

（一）主流媒体及其内容生产变革的国内外综合研究

"主流媒体"这一概念自 20 世纪末期从西方引入后，在我国学界、业界引发过讨论和研究，但中西方语境不同，概念定义的差异化特征也十分明显。西方更偏向从传播视角定义主流媒体概念，比如，美国学者诺姆·乔姆斯基（Noam Chomsky）1997 年在文章《主流媒体何以成为主流》（*What Makes Mainstream Media Mainstream*）中通过列举《纽约时报》、CBS 等媒体来间接说明其特征，并称主流媒体为"精英媒体"（Elite Media）或"议程设置媒体"（Agenda-setting Media）①。而我国学者关于主流媒体的研究始于 1995 年，有学者认为我

---

① 刘帅，李坤，王凌峰. 从主流媒体到新型主流媒体：概念内涵及其实践意义 [J]. 新闻界，2020（08）：24-30.

国对"主流媒体"一词的引入与发展经历了"他称""泛称""自称"以及提出"新型主流媒体"四个阶段，清晰地折射出中国特色社会主义新闻观的发展①。近年来，我国学者从政治视角、受众视角、经济视角等对主流媒体概念进行了多元解释，虽然在定义和评判标准上未能完全形成统一意见，但都指向意识形态责任，且达成了一个基本共识，即"主流媒体"应该是面向社会主流人群、代表主流意识形态、传播重要公共信息、具有较强公信力和影响力的媒体②。随着媒体融合国家战略的深入推进，作为主流媒体的转型方向，新型主流媒体的概念被提出，有学者将新型主流媒体定义为"凭借内容优势、资源优势与品牌优势，通过流程优化、平台再造，新旧媒体一体化发展，各种媒介资源、生产要素有效整合，信息内容、技术应用、平台终端、管理手段共融互通，形成具有强大传播力、影响力、引导力、公信力的全媒体"③。主流媒体的研究发展到当前已经延伸出丰富的研究面向，其中关于主流媒体内容生产的研究更是随着2014年媒体融合上升为国家战略，呈现出比较明显的数量态势上涨、研究方向转向趋势，在知网检索"主流媒体内容生产"关键词而得到的225份文献中，2014年至2021年的文献就达到209篇，2022年的预测文献为93篇（图1.5）。

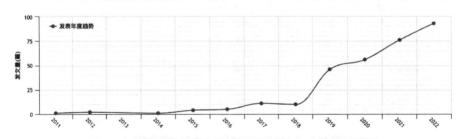

图1.5 主流媒体内容生产相关研究发表年度趋势折线图

当前，主流媒体内容生产研究多聚焦于应用研究和开发研究，核心主题围绕主流媒体、短视频、内容生产、技术驱动展开（图1.6）。从研究视角层面出发，当前相关研究主要采取四种研究视角：第一，研究数字技术、政策文件、互联网变迁等社会因素对主流媒体内容生产的再塑，比如，聚焦人工智能④、算

① 朱江丽，蒋旭峰. 从"主流媒体"到"新型主流媒体"：中国特色社会主义新闻观的嬗变与突破［J］. 新闻界，2017（08）：38-45.
② 蔡雯. 媒体融合进程中的"连接"与"开放"：兼论新型主流媒体建设的难点突破［J］. 国际新闻界，2020，42（10）：6-17.
③ 肖叶飞. 新型主流媒体的基本特征、构建路径与价值实现［J］. 编辑之友，2020（07）：52-57.
④ 孟笛，柳静，王雅婧. 颠覆与重塑：人工智能时代的新闻生产［J］. 中国编辑，2021（04）：21-25.

法推荐机制①、5G②③等新媒介技术和数字技术④赋能内容生产和新闻业⑤的样态及逻辑；第二，采用制度化视角研究媒体融合战略如何重构主流媒体的组织架构、生产机制、运营机制等，尤其在媒体融合进入深水区后，研究更加聚焦平台设计⑥、新型主流媒体身份建构⑦和价值实现⑧、内容生产机制创新⑨等；第三，采用个案研究分析主流媒体内容生产变革实践，围绕移动化、视听化、社交化、智能化等特点进行商业平台账号或新闻产品栏目的报道创新研究⑩、内容形态研究⑪、产品逻辑研究⑫、传播创新研究⑬等，或通过问卷和深访研究内容融合的动因、问题与路径⑭；第四，从网络社会变革下的内容生产主体出发，

---

① 田龙过，牟小颖.短视频平台算法推荐机制对主流媒体新闻平台的启示［J］.出版广角，2021（04）：71-73.

② 喻国明."5G革命"下的传媒发展机遇与要点［J］.新闻与写作，2019（12）：1.

③ 曾祥敏，齐虹翕.5G技术背景下智能媒体发展初探［J］.电视研究，2019（06）：14-17.

④ 周继坚."现场新闻"报道模式 主流媒体的数字化生产范本［J］.新闻与写作，2016（04）：9-11.

⑤ 彭兰.更好的新闻业，还是更坏的新闻业？——人工智能时代传媒业的新挑战［J］.中国出版，2017（24）：3-8.

⑥ 黄楚新，刁金星.全媒体时代新型主流媒体建设的顶层设计与路径选择［J］.中国出版，2019（15）：26-31.

⑦ 常媛媛，曾庆香.新型主流媒体新闻的身份建构：角色展演与道德规训［J］.新闻界，2020（02）：29-36，79.

⑧ 肖叶飞.新型主流媒体的基本特征、构建路径与价值实现［J］.编辑之友，2020（07）：52-57.

⑨ 曾祥敏，李刚.我国媒体深度融合发展中的关键问题［J］.现代出版，2021（02）：65-74.

⑩ 曾祥敏，董华茜，罗珂欣.媒体深度融合语境下时政报道创新研究：基于2021年全国两会媒体融合产品的分析［J］.新闻与写作，2021（04）：40-48.

⑪ 武楠，梁君健.短视频时代主流媒体的新闻生产变革与视听形态特征：以新冠肺炎疫情期间"央视新闻"快手短视频为例［J］.当代传播，2020（03）：58-62.

⑫ 张毓强，张开扬.主流媒体内容生产：逻辑、空间及其内在张力——以新华通讯社防疫抗疫报道为例［J］.现代传播（中国传媒大学学报），2020，42（06）：43-50.

⑬ 詹绪武，李珂.Vlog+新闻：主流话语的传播创新路径——以"康辉vlog"为例［J］.新闻与写作，2020（03）：98-102.

⑭ 严三九.中国传统媒体与新兴媒体内容融合发展研究［J］.新闻与传播研究，2017，24（03）：101-118，128.

研究新闻从业者①、自媒体人②、用户个人③的内容生产实践④、内容交互参
与⑤等。

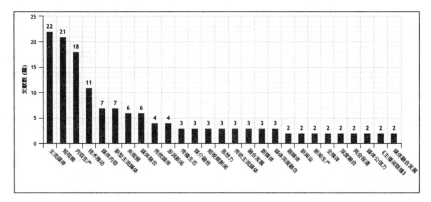

图 1.6　主流媒体内容生产相关研究主题分布柱状图

整体来看，数字技术对主流媒体内容生产的赋能过程也是赋魅的过程，新
技术催动的内容样态、实践业态、生产关系、媒体逻辑、信息生态的变革为相
关研究的蓬勃提供了丰富基础，但形成了基础概念模糊离散、研究呈现散点趋
势的现状，主流媒体内容生产的中国实践、中国理念、中国理论都面临着系统
化凝练提升的现实需求。

（二）全媒体传播与内容生产的中国特色研究

全媒体是一个中国化的概念表述，在国外 Media Convergence（媒介融
合）的学术语境中并未见到，这大体基于两点原因，一是国外传媒集团在
机构上大多拥有跨媒体的形态，本就包含了"全"的内涵；二是国外关于
媒介融合的研究多聚焦一家媒体集团的生产链条和传播渠道的融合创新，
这与我国媒体融合国家战略牵涉到的综合复杂因素处于不同级别的研究范
畴。在我国，全媒体传播相关研究从 2009 年开始逐渐被学界关注，在中国

---

① 李唯嘉. 如何实现"信任性真实"：社交媒体时代的新闻生产实践——基于对 25 位媒体
从业者的访谈 [J]. 国际新闻界，2020，42（04）：98-116.

② 吴颖，陈堂发. "流动"的记者：原生新闻专业主义的修正——基于自媒体的新闻实践
[J]. 北京理工大学学报（社会科学版），2021，23（06）：169-175.

③ 杨凤娇，孙雨婷. 主流媒体抖音号短视频用户参与度研究：基于《人民日报》抖音号
的实证分析 [J]. 现代传播（中国传媒大学学报），2019，41（05）：42-46.

④ 单凌，刘璐. 新传播生态下中国传统媒体从业者的专业实践调查 [J]. 现代传播（中国
传媒大学学报），2017，39（10）：64-69.

⑤ 刘嘉琪，王洪鹏，齐佳音，等. 社会危机背景下的联结行动说服策略研究：基于社交媒
体中的用户生成内容文本分析 [J]. 管理工程学报，2021，35（02）：90-100.

知网以"全媒体传播"为主题进行检索，共获取文献 5309 篇，从总体趋势上看，2019 年习近平总书记以"四全媒体"丰富了全媒体的概念内涵和理论指向后，学界的研究出现明显的跃升态势，虽然研究层次仍然以应用研究和开发研究为主，但研究主题从围绕全媒体传播延展至媒体融合、意识形态传播等，研究领域也突破了新闻与传媒学科，关涉到出版、高等教育、文化经济等学科领域（图 1.7）。

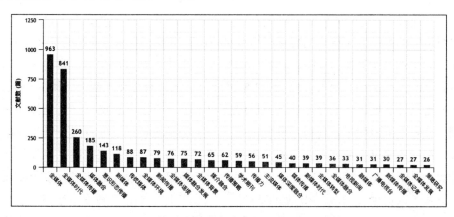

图 1.7　全媒体传播相关研究主题分布柱状图

为了进一步聚焦本研究的研究面向，在检索条件上将全媒体传播与内容生产相交叉后发现，近年学界的研究基本都是围绕传统主流媒体转型和全媒体传播体系建设展开的，代表性的研究视角有：第一，围绕"四全媒体"对主流媒体内容生产的重构意义和实践指导进行组织架构和体制机制的中观分析，比如，喻国明等人基于媒体可供性框架解读我国"四全媒体"建设实践与未来发展的可能进路①，沈正赋聚焦全媒体时代内容生产与传播机制的重构②，沈阳从技术要求和管理要求解读"四全媒体"③ 等；第二，聚焦主流媒体基于全媒体传播背景下的融合转型、舆论引导等亟须回答的实际问题，阐释新闻舆论观的理论意旨和实践价值④，分析全媒体传播背景下新闻管理与舆论引导

---

① 喻国明，赵睿. 媒体可供性视角下"四全媒体"产业格局与增长空间 [J]. 学术界，2019（07）：37-44.

② 沈正赋. "四全媒体"框架下新闻生产与传播机制的重构 [J]. 现代传播（中国传媒大学学报），2019，41（03）：8-14.

③ 沈阳. "四全"媒体的新内涵与技术新要求 [J]. 青年记者，2019（07）：29-30.

④ 郑保卫，张喆喆. 习近平新闻舆论观的思想精髓、理论来源与实践价值 [J]. 新闻与写作，2019（10）：5-14.

的问题、趋势①，针对数据化②、5G③等全媒体传播的媒介环境分析主流媒体的转型进路等；第三，围绕全媒体传播体系构建梳理发展进程④、提出实践路径⑤等。综合全媒体传播相关的研究面向可以基本判定，全媒体传播不仅具有鲜明的中国特色和内涵意义，还具有丰富的可供学者进一步延展扩宽的中国理论研究视野。

（三）媒体融合的国内外差异语境研究

媒体融合（Media Convergence）也译为媒介融合，这一概念由来已久，但中西语境的媒体融合概念拥有着迥然不同的社会语境、内涵与外延的定义指向。在《自由的技术》（*Technologies of Freedom*）一书中，学者伊契尔·索勒·普尔（Ithiel de Sola Pool）提出，"一种'模式融合'的过程模糊了媒介之间的界限，甚至连邮件、电话、电报这些点对点传播和报纸、广播、电视这些大众传播之间的界限也被模糊了。任何一种物理方式，不论是电话线、电视线还是无线电波，都能传输过去需要不同方式才能传输的各种服务。反过来，过去由任何一种媒介，不论是广播、报纸还是电话提供的某种服务，现在都能通过不同的物理方式予以提供"。在这一定义的基础上，詹金斯将"融合"概念由物理上的变迁上升为多重关系的重新连接："包括横跨多种媒体平台的内容流动、多种媒体产业之间的合作以及那些四处寻求各种娱乐体验的媒体受众的迁移行为等⑥。""融合"不仅仅体现着技术的变革，同时还指向产业结构、受众或用户行为、文化形态以及传播实践等更广泛领域内的变革⑦。可以说，融合是对整个社会传播环境的重塑，是一种技术变迁、文化变迁、社会变迁，这一定义对于我国的媒体融合业态发展同样具有参考价值。随着我国社会发展的数字化、媒介化转型，

---

① 柳斌杰，郑雷. 新媒体环境下中国新闻管理与舆论引导问题、趋势分析 [J]. 国际新闻界，2019，41（02）：6-19.

② 宋建武，冯雯璐. 全媒体时代主流媒体的数据化生存与发展 [J]. 湖南大学学报（社会科学版），2019，33（06）：153-160.

③ 李华君，涂文佳. 5G时代全媒体传播的价值嬗变、关系解构与路径探析 [J]. 现代传播（中国传媒大学学报），2020，42（04）：1-5.

④ 徐敬宏，侯彤童. 从现代传媒体系到全媒体传播体系："十三五"时期的媒体深度融合之路 [J]. 编辑之友，2021（01）：28-34.

⑤ 段鹏. 试论我国智能全媒体传播体系建设的实践路径：内容、框架与模式 [J]. 现代出版，2020（03）：11-18.

⑥ 亨利·詹金斯. 融合文化：新媒体与旧媒体的冲突地带 [M]. 杜永明，译. 北京：商务印书馆，2012：30.

⑦ 特里·弗卢. 新媒体4.0 [M]. 叶明睿，译. 北京：人民日报出版社，2019：7.

顶层设计的宏观战略布局、主流媒体的中观产业发展、新闻业务的微观实践，都赋以媒体融合相关的研究需求，尤其是媒体融合作为国家战略对我国相关研究体系化视角的引领、社会因素的综合考量、媒体融合的价值坐标和社会意义等方面的"指挥棒"和"定盘星"作用，都为媒体融合的中国化奠定了特色基础。随着 21 世纪初"媒体融合"及"融合新闻"的概念被引入国内，我国传媒学界与业界都在不断探索其在中国媒体环境、中国特色语境中的适用性、知识生产与实践方法论①，尤其是在 2014 年媒体融合上升为国家战略后，关于媒体融合、融合生产与传播的研究，在诸多方面都呈现出与传统新闻生产、大众传播研究的显著不同，其中既有从媒体融合的历史逻辑②、驱动范式③、核心概念④、体系建构⑤等维度重新组织的深度思考，也有在平台⑥、技术⑦、机制和内容⑧、产业⑨等领域的融合实践创新引领，以及扎根我国媒体融合实际问题的调研访谈和个案分析⑩⑪。

2020 年，国家出台《关于加快推进媒体深度融合发展的意见》对媒体深度融合提出了四个措施：一是互联网媒介资源的重新配置，二是用户参与内容生

---

① 麦尚文. 媒体融合十年：全媒体融合传播的轨迹、理论与战略 ［M］. 北京：社会科学文献出版社，2021：1.

② 冯建华，王建峰. 辩证把握媒体融合发展的历史逻辑 ［J］. 当代传播，2021（01）：37-40.

③ 龙小农，陈林茜. 媒体融合的本质与驱动范式的选择 ［J］. 现代出版，2021（04）：39-47.

④ 刘帅，李坤，王凌峰. 从主流媒体到新型主流媒体：概念内涵及其实践意义 ［J］. 新闻界，2020（08）：24-30.

⑤ 陈昌凤，杨依军. 意识形态安全与党管媒体原则：中国媒体融合政策之形成与体系建构 ［J］. 现代传播（中国传媒大学学报），2015，37（11）：26-33.

⑥ 宋建武，黄淼，陈璐颖. 平台化：主流媒体深度融合的基石 ［J］. 新闻与写作，2017（10）：5-14.

⑦ 彭兰. 智媒趋势下内容生产中的人机关系 ［J］. 上海交通大学学报（哲学社会科学版），2020，28（01）：31-40.

⑧ 曾祥敏，杨丽萍. 论媒体融合纵深发展"合"的本质与"分"的策略：差异化竞争、专业化生产、分众化传播 ［J］. 现代出版，2020（04）：32-40.

⑨ 李彪. 未来媒体视域下媒体融合空间转向与产业重构 ［J］. 编辑之友，2018（03）：40-44，85.

⑩ 谢新洲，石林. "上下夹击"与"中部突围"：我国地市级融媒体发展研究——基于四市媒体融合发展的实地调研 ［J］. 现代传播（中国传媒大学学报），2019，41（12）：1-8.

⑪ 严三九. 中国传统媒体与新兴媒体融合发展的现状、问题与创新路径 ［J］. 华东师范大学学报（哲学社会科学版），2018，50（01）：89-101，179.

产与传播，三是媒体组织流程再造，四是四级媒体分级融合发展。① 媒体深度融合也将贯穿"十四五"时期发展，成为实现 2035 年远景目标的有机构型要素。

　　目前对于媒体深度融合的研究，多集中于沿袭媒体融合研究领域的应用研究、开发研究（图 1.8），围绕国家政策解读，从组织再造②、平台定位③、评价体系④等视角提出报业和广电媒体深度融合转型实践的路径依赖等，虽有聚焦中国特色、垂直领域的思辨引领⑤⑥，但鲜见针对我国主流媒体深度融合发展关键点的实证分析和深度访谈，以及中国理论、中国观念的学术逻辑推演和创新体系建构。

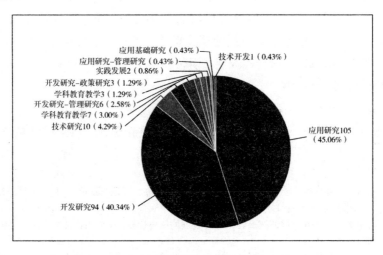

**图 1.8　通过中国知网（CNKI）检索"媒体深度融合"
关键词所得研究层次分布图**

①　陈接峰，荆莉.媒体深度融合的结构选择、制度设计以及供给侧改革的路径［J］.编辑之友，2021（10）：35-42.

②　冉桢，张志安.移动、视觉、智能：媒体深度融合中组织再造的关键［J］.新闻与写作，2021（01）：18-24.

③　胡翼青，谌知翼.媒体融合再出发：解读《关于加快推进媒体深度融合发展的意见》［J］.中国编辑，2021（01）：67-71.

④　姬德强，朱泓宇.传播、服务与治理：媒体深度融合的三元评价体系［J］.新闻与写作，2021（01）：25-31.

⑤　喻国明.推进媒体深度融合需要解决的三个关键问题［J］.教育传媒研究，2021（01）：12-14.

⑥　王晓红.短视频助力深度融合的关键机制：以融合出版为视角［J］.现代出版，2020（01）：54-58.

第四节 研究的理论取向

根据马克思主义新闻学的认识论原理，媒介的发展与社会其他要素的发展进程一样，既不是历史循环论逻辑下的绝对重复，也不是历史目的论逻辑下的机械流动，而是凝结着复杂多元社会动因的辩证过程。关于作为主体的人、社会其他因素对于传播媒介的影响，罗杰·菲德勒认为："传播媒介的形态变化，通常是由于可感知的需要、竞争和政治压力，以及社会和技术革新的复杂相互作用引起的。"① 而这些不同领域和层次上的社会发展进程也与媒介和技术紧密相关，即媒介化理论集中关注的是"媒介形式如何'介入'当代生活的不同层面，特别是建制化的社会实践，如政治、文化、宗教和教育"②。媒介化指的是一种社会进程，在这一进程中，媒介不断加剧着对社会、文化、互动方式等的影响和改变，同时媒介化也涵括了媒介与社会、文化系统的相互影响和作用。但着眼于宏大视角的媒介化理论是一个开放探索性的而不是封闭的、严格定义的理论体系③，同时其中的概念、研究视角存在着诸多争议和不适用于中国语境的情况，因此，本研究辩证地引入媒介化理论，一方面遵循其物质视角观照技术对社会和文化的影响，另一方面关注媒介对社会的组织和建构能力，将全媒体传播下的主流媒体内容生产置于"媒介—人—社会"的三元辩证法中进行研究，以期探索中国化的内容生产研究的空间面向。

一、媒介化（mediatization）：一种中国化的阐释

随着媒介技术的发展和人类对媒介的开发，媒介在社会环境的变化中扮演着越发重要的角色，在与社会其他要素互动的过程中逐渐成为一种结构的力量，近年已有颇具规模的"媒介化研究团队"试图从宏观社会层面重新锚定媒介与当代社会政治、文化、经济生活之间的关系。在21世纪的第一个十年，中国就兴起了一阵研究中介化（mediation）与媒介化（mediatization）的风潮，那时的

---

① 罗杰·菲德勒. 媒介形态变化：认识新媒介 [M]. 明安香，译. 北京：华夏出版社，2000：19.
② 唐士哲. 重构媒介？"中介"与"媒介化"概念爬梳 [J]. 新闻学研究，2014（10）：1-39.
③ 侯东阳，高佳. 媒介化理论及研究路径、适用性 [J]. 新闻与传播研究，2018，25（05）：27-45，126.

媒介化社会（Mediated Society）更偏向我们今天所说的中介化，强调具体的传播过程和媒介对特定社会环境的影响。近年来，学者们对中介化的研究逐渐转向媒介化，用以描述社会生活方方面面的媒介化现象①，逐渐形成了文化的、物质的、制度的三种公认视角②，物质视角的特点是研究媒介本身运作的过程，重视数字化带来的变革③。媒介化理论的研究正在不断丰富，但要注意的是结合中国语境批判使用媒介化概念，有学者认为对于当代中国的新闻学研究共同体而言，首先要面对和处理的对象是中国的问题、中国的实践、中国的经验、中国的历史，与中国的新闻研究对象建立关系④，本研究即着力探索媒介化研究的中国视角。

1986 年，"媒介化"（mediatization）概念由瑞典媒介学者肯特·爱普（Kent Asp）首次提出，用以观察瑞典媒介的政治新闻报道如何影响政界新闻人物公开发言的内容。⑤ 媒介化概念起源于政治领域，但很快被拓展到整个社会领域的方方面面。哈罗德·伊尼斯（Harold Innis）论断："一种新媒体的长处，将导致一种新文明的产生。"⑥ 这一论断恰好描述出了媒介化的社会进程，即信息技术催动电子媒介的日新月异，而人类社会不断创造和革新媒介的进程，也是媒介不停组织和建构社会与文化的进程。媒介化为研究提供了一个延拓认识论的新视角，即关注媒介在社会和文化事务转型中的作用。有学者认为媒介化理论与传统的功能主义和实证主义的传播学划清了界限，已经开始形成一些共同的重要特征。比如，它们都认为要高度重视媒介的技术、形式，也就是媒介的物质性；它们都认为要把媒介看成一种无形无象的隐喻而不是一种实体；它们都认为媒介对社会的组织和建构能力强大，而不仅仅是一个信息流动的渠道⑦。戴宇辰是

---

① HEPP A, HJARVARD S, LUNDBY K. Mediatization：Theorizing the Iinterplay between Media，Culture and Society ［J］. Media，Culture & Society，2015，37（2）：314-324.

② KNUT L. Mediatization of Communication ［J］. Handbooks of Communication Science，2014（21）：5.

③ 侯东阳，高佳. 媒介化理论及研究路径、适用性 ［J］. 新闻与传播研究，2018，25（05）：27-45，126.

④ 涂凌波."以中国为方法"：新闻学理论范式转换的逻辑、知识与方法论 ［J］. 新闻与写作，2021（11）：38-47.

⑤ 唐士哲. 重构媒介？"中介"与"媒介化"概念爬梳 ［J］. 新闻学研究，2014（10）：1-39.

⑥ 哈罗德·伊尼斯. 传播的偏向 ［M］. 何道宽，译. 北京：中国人民大学出版社，2003：28.

⑦ 胡翼青，王焕超. 媒介理论范式的兴起：基于不同学派的比较分析 ［J］. 现代传播（中国传媒大学学报），2020，42（04）：24-30.

对于媒介化这一概念考察较早的中国学者之一，认为媒介化社会脱胎于曼纽尔·卡斯特（Manuel Castells）所定义的信息化社会，媒介或媒介技术不再如传播功能主义中被置于中立的工具角色，而是成为人类社会发展的关键节点①。基于此形成了"社会建构传统"和"制度化传统"这两大媒介化研究路径，同时卡斯特也提出网络视角下研究媒介指的就是研究工具、内容、制作者与消费者之间的链接和关系②，为媒介研究提供了网络视角的框架要素；尼克·库尔德利（Nick Couldry）和安德烈亚斯·赫普（Andreas Hepp）将媒介化解释为媒介对社会和文化现实建构的动态性过程③。媒介——或者更广义地说，信息的传递——已经开始摆脱传统传播研究中的"中介性角色"，而开始逐渐地"影响"社会形态的构型过程。"媒介不再仅仅是一种互动的渠道，而是以其自身形塑（mould）互动发生的方式。"可以说，媒介化一方面指媒介对于衣食住行、工作学习等日常生活实践的渗透，另一方面从辩证互构的角度出发探究媒介与社会、文化系统的相互作用和影响，媒介不仅无处不在、具有社会性，还能够"反映""改变"抑或"塑造"社会④。从宏观上看，媒介化成为互联网时代一种典型的社会特征，媒介无形中对社会各个系统形成了比较深刻的影响，政治媒介化、宗教媒介化、游戏媒介化等视角的研究陆续出现，例如在我国，黄旦以"媒介化政治"为视角⑤，对1903年《苏报》的实践做了历史考察，提出"媒介化政治"包括媒介在政治沟通中的中介作用，并着意媒介自身逻辑是如何改变并形塑政治的。虽然学者们对于媒介的重要性有着多方面的考察研究，媒介化也逐渐发展为被开放解读的理论概念，但我们也要警惕西方媒介化理论中过于夸大媒介地位的情况，对其进行辩证批判的适恰转化。

二、内容生产媒介化：交互参与、注意力导向、多元主体

内容生产的媒介化是媒介化理论关注的重要内容，随着人工智能等媒介技

① 戴宇辰. 走向媒介中心的社会本体论？——对欧洲"媒介化学派"的一个批判性考察［J］. 新闻与传播研究，2016，23（05）：47-57，127.

② 菲利普·N. 霍华德. 卡斯特论媒介［M］. 殷晓蓉，译. 北京：中国传媒大学出版社，2019：8.

③ COULDRY N，HEPP A. The Mediated Construction of Reality［M］. Cambridge：Polity Press，2017：13.

④ 杨柏岭. 作为文化的传播：人、媒介与社会关系的形上之思［J］. 现代传播（中国传媒大学学报），2020，42（08）：9-15.

⑤ 黄旦. 报纸革命：1903年的《苏报》——媒介化政治的视角［J］. 新闻与传播研究，2016，23（06）：22-45，126-127.

术的发展，社会的媒介化趋势逐渐明显，媒体作为社会和文化的节点之一，不可避免地被媒介化社会的力量影响着，同时又以自身蕴含的传播力、引导力、影响力、公信力影响和建构着社会。施蒂格·夏瓦（Stig Hjarvard）是媒介化学派的代表人物，他认为"无论媒介环境如何变化，传统媒介始终居于传播网络的中心位置，扮演着连接节点和把关人的核心角色，新媒介只起到补充扩展的作用，散布在网络的边缘"①。大众传播时代，传统媒体无疑拥有这样的中心地位，广告商、受众、信息内容、新闻生产者等诸多行动者都需要经由传统媒体这一"强制通过点"才能达到各自的目标。主流媒体内容生产的研究曾经聚焦着眼于编辑部中，然而在当下，在移动互联网和智能技术的催化下，社交平台、商业平台迅速发展，以明显的技术优势、用户吸引力和聚合内容成为碎片信息集散地、话题发酵地，随着互联网平台进入原先以传统媒体为中心的行动者网络，"这些新进入者开始利用他们受众的资源把自己建设成为行动者网络的转化者，为其他的行动者赋予角色，分派任务"。② 信息生产与传播不仅发生于媒体组织内部和传媒场域中，还扩大到整个社会关系网络，这不仅是我们需要发现的机遇，也是我们需要警惕的挑战。

西方学者从传媒业的媒介化（The mediatization of journalism）角度研究新闻生产与媒介化的关系，艾斯克·卡默（Aske Kammer）提出新闻生产媒介化的过程是"新闻业被媒介系统中的某些重要因素（如经济压力、技术变迁等）所中介化的过程"，在这一过程中"新闻从业者遵从的是媒介逻辑而非坚守新闻机构的实践原则"③。这种媒介逻辑的具体体现之一就是对用户注意力的争夺，新闻生产变得越来越依赖和更易受到公众注意力的影响，过去由专业新闻机构所相对垄断的公众注意力，如今已被传统媒体、社交媒体、商业媒体等之间相互媾和及竞争的多元化媒介生态所解构，其结果是新闻机构、新闻机构与其他社会机构和领域的关系都逐渐被重构和重组④。此外，西蒙·科特尔（Simon Cottle）

---

① 施蒂格·夏瓦. 文化与社会的媒介化［M］. 刘君，李鑫，漆俊邑，译. 上海：复旦大学出版社，2018：63.

② 赵高辉. 传统媒介组织"强制性通过点"地位的消解与重构：行动者网络理论视域下的媒介融合发展探析［J］. 现代传播（中国传媒大学学报），2019（05）：57-63.

③ KAMMER A. The Mediatization of Journalism［J］. Journal of Media and Communication Research，2014，29（54）：141-158.

④ RISTO K，ESA R. Changing Power of Journalism：The Two Phases of Mediatization［J］. Communication Theory，2016，26（4）：369-388.

关注"新闻报道的媒介化"①，强调战时新闻报道的媒介化使媒体机构反客为主，在报道中扮演着既参与又互动的角色。

我国学者也关注到了新闻内容生产媒介化这一研究议题，只是成果不多：第一，从理论角度进行启发式研究，如胡翼青等人重新审视"框架"与"场域"这两大新闻生产传统研究范式的有效性，提出二者已经不适合当下智能化的新媒体时代信息生产，认为从媒介化社会理论的角度可以赋予新闻生产研究更多想象力②；第二，尝试对"媒介化新闻"进行定义和分析，如从"脆皮安全帽"事件的个案研究出发，分析媒介化新闻的形成机制、生产模式与基本特征，提出媒介化新闻的特征是基于用户实践、依托网络舆论、遵循技术逻辑③；第三，关注媒介化对职业新闻传播的变革以及对新闻学教育的制度性重塑，如黄旦提出在传播革命所导致的"网络化关系"之中，职业新闻传播由于"媒介逻辑"的渗透产生了四方面变革，因而当代新闻学教育应该关注媒介化情境下的新闻机构现实，从而做出相应的制度性的重塑。④ 内容生产的媒介化不仅在于具体的融合报道产品，也在于内容产品所依托的平台，尤其是拥有巨大产能和技术优势、形成强大用户黏性的互联网商业平台，平台的媒介化就是通过不断驯化用户的媒介使用习惯和审美倾向，重塑他们对媒体内容的理解和期待。而商业平台的崛起对于主流媒体的平台化发展，既有竞争，也有共同构建生态化媒介环境的机遇。正如库尔德利所说的："在传统媒介机构（和依附其上的社会治理模式）受到越来越多挑战的时候，重申媒介机构及其所传播文本的社会中心性的需求非但没有减少，反而与日俱增。"⑤ 在信息碎片化、社会微粒化的后真相时代，用户对于主流媒体社会责任的期待、权威把关的需求方兴未艾。

---

① COTTLE S. Mediatized Conflict：Understanding Media and Conflicts in the Contemporary World ［M］. New York：Mc Graw - Hill Education，2006：2.

② 胡翼青，王聪. 超越"框架"与"场域"：媒介化社会的新闻生产研究 ［J］. 福建师范大学学报（哲学社会科学版），2019（04）：138-144.

③ 陈逸君，贺才钊. 媒介化新闻：形成机制、生产模式与基本特征——以"脆皮安全帽"事件为例 ［J］. 现代传播（中国传媒大学学报），2020，42（09）：125-131.

④ 黄旦. 重造新闻学：网络化关系的视角 ［J］. 国际新闻界，2015，37（01）：75-88.

⑤ 尼克·库尔德里. 媒介仪式：一种批判的视角 ［M］. 崔玺，译. 中文版. 北京：中国人民大学出版社，2016：序2.

第五节　研究问题

网络社会表面上是媒介技术延伸的结果，其实质却是社会互动关系的投射。① 在技术与政治交互演进形成的日益复杂化的社会舆论生态中，全媒体传播背景下的主流媒体内容生产面临巨大的现实压力。媒体融合发展向纵深推进是一个由技术驱动到生态构建的过程，在实践中必须遵循媒介演化与融合的社会环境和客观规律，同时要通过自我变革以更好地践行主流媒体的社会责任，也就是深耕专业内容生产与传播、引领主流意识形态和参与社会现代化治理。

本研究从媒介化理论视角切入，以全媒体传播为研究语境，聚焦我国主流媒体的内容生产这一研究主体，探究其内容转型发展特征与结构意义，对以下三个研究问题着重进行探索和回答：

（1）全媒体传播语境下主流媒体内容生产的转型动力因素、现状与特征呈现为何？存在的问题是什么？

（2）主流媒体内容生产是否实现了重塑自身？如何实现？未来发展面向为何？

（3）主流媒体内容生产如何嵌入社会？其关联调适意义体现在哪些方面？

此外，本研究希望通过对以上问题的探索、回答，检验媒介化理论应用于我国主流媒体内容生产研究的部分可能性，并在前人对媒介化理论和媒体内容生产研究的基础上，努力尝试归纳媒介化理论应用于内容生产研究的构型要素，尝试丰富媒介化理论的中国视角。

第六节　研究逻辑架构与创新性

一、研究逻辑架构

（一）研究逻辑

马克思、恩格斯在《德意志形态》中指出，唯物史观与唯心史观的根本区

---

① 周翔，李镓. 网络社会中的"媒介化"问题：理论、实践与展望［J］. 国际新闻界，2017，39（04）：137-154.

别在于，它不是仅仅依据思想和意识来解释历史发展的进程及其动力，而是从物质实践出发来解释各种观念形态①，物质实践是凝结着社会复杂动因的相互作用的辩证发展。因此本研究基于我国主流媒体的内容生产实践进行视角和理论延伸，同时紧密围绕研究问题，从三个方面搭建了研究的主体架构：首先，第一章和第二章提出研究问题的理论根基与现实背景；其次，第三、四章两章对全国问卷数据和访谈资料加以梳理和深入分析，凝练出全媒体传播语境下我国主流媒体内容生产的发展特征与构型要素，并提出问题发现；最后，第五、六章两章基于前文对数据和资料的分析、提出的问题，进一步论证主流媒体内容生产如何重塑媒体和嵌入社会，并进行深远思考（图1.9）。

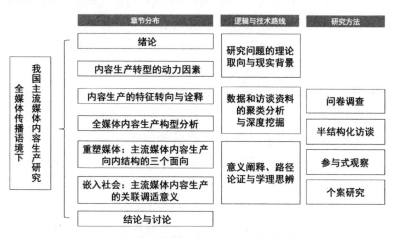

图1.9 本研究的逻辑架构与技术路线图

这一研究逻辑也是针对对主流媒体内容生产相关研究和媒介化理论相关研究的文献综述结果而确定的，一方面，主流媒体内容生产的研究视角聚焦于：第一，社会因素对主流媒体内容生产的再塑；第二，研究主流媒体的组织架构、生产机制等平台化变革；第三，剖析主流媒体融合转型后的内容产品；第四，研究全媒体传播语境下的内容生产主体，包括从业者和参与内容生产的用户。另一方面，胡翼青、侯东阳、戴宇辰、常江等中国学者已经论证了媒介化理论应用于中国特色媒介研究和媒体内容生产的可行性和必要性，同时喻国明、黄旦、姜红、陈逸君等学者已经将媒介化理论应用于中国的媒介现象研究、媒介实践研究、新闻生产研究，因此，从媒介化理论出发研究具有理论的适恰逻辑。同时在内容生产研究要素的架构上也呼应了前辈学者的研究视角，是通过归纳

---

① 马克思，恩格斯. 德意志意识形态［M］. 中共中央马克思恩格斯列宁斯大林著作编译局，编译. 节选本. 北京：人民出版社，2018：37.

分析前人研究视角后进行的系统化整合。

(二) 正文内容架构

本研究的正文主体由七个部分构成，研究的主线逻辑遵循：第一，确立研究主体和研究问题；第二，探究全媒体传播语境下我国主流媒体内容生产转型的社会动因；第三，根据数据结果和访谈资料分析内容转型发展的显著特征；第四，提出全媒体传播语境下我国主流媒体内容生产的构型维度并展开深度分析与问题探究；第五，基于中观组织的视角，阐释思辨内容生产对媒体自身重塑的三个面向；第六，从宏观视角阐释思辨主流媒体内容生产向外嵌入社会的关联调适意义；第七，总结研究结论与发现并进行讨论。具体分章的内容为：

第一章阐述了本研究的逻辑基点和理论基础，首先，对研究背景和研究意义进行了理论和实践层面的分析，在回顾和评述关于主流媒体内容生产现有研究发展的基础上提出本研究的针对性视角。其次，通过对媒介化这一研究理论取向的爬梳和分析提出媒介化理论应用于本研究的中国化阐释，并凝练出内容生产媒介化关注的核心指向。最后，提出本研究的研究问题、逻辑架构"路线图"，并进行研究的概念界定和研究方法的详细阐释。

第二章从宏观层面出发，探讨全媒体传播语境下我国主流媒体内容融合生产转型的预置性因素，围绕"社会—媒体—人"的协作与互动关系，从技术赋能、政策引领、用户变迁、市场隐忧、文化转向五个方面剖析我国主流媒体内容融合生产的动力因素，研究转型因素发生了何种变化，以及这五项因素在时代变迁中的转向对我国主流媒体内容生产的合力作用，进而剖析我国主流媒体内容生产与社会复杂动因的辩证互构。

第三章到第五章是全媒体传播语境下我国主流媒体内容生产研究的核心部分，聚焦调研和访谈数据表象下的深度问题，通过循序渐进的逻辑剖析，在媒介化理论的基础上结合中国媒体融合发展的实际，从中观和微观两个视角深度考察特征转向、转向问题、问题分析、路径观照，并搭建起研究的理论框架。其中，第三章基于对全国主流媒体从业者发放并回收的6017份调查问卷和与27位主流媒体从业者进行深度访谈的田野笔记进行数据分析、特征阐释与关键聚焦，梳理提炼出顶层设计、管理变革、平台构建、话语创新四大方面并进行横向与纵向的差异比较、内容生产实践的切片式聚焦，聚焦主流媒体内容生产活动本身描摹我国媒体融合1.0与2.0交汇阶段呈现的显著特征和关键问题。

第四章在全国实证数据和深度访谈资料分析与聚类提炼、媒介化理论的逻辑推理与证明、媒体融合顶层设计的政策剖解与重点解读基础上，提出全媒体内容生产的三重构型维度并基于三重维度进行深度构型分析和问题剖解。

第五章基于对主流媒体内容生产向内结构三个面向的深度考察剖析内容生产对主流媒体的重塑意义，针对主流媒体内容生产的供给侧改革、媒体逻辑重塑与专业价值再造、从业者与产消者的主体连接与差异生产以及其中的关键问题栓塞，提出主流媒体内容生产理念与行动观照的未来指向。

第六章从"媒体—社会"视角出发，探究主流媒体内容生产向外嵌入社会的关联调适意义，并围绕人的主体性视角分析其在建构信息环境、整合社会凝聚、平衡行业生态上的功能定位和治理层面的价值意义。

最后的结论与讨论作为对全文的概要式总结分析，揭示主流媒体内容生产在理论维度上的创新框架并对新型主流媒体内容生产的未来生态提出研究讨论。

二、研究的创新性

（一）研究视角的创新

1. 基于中国特色统合两个理论视角

第一，本研究以扎根中国特色、中国媒体融合实践为基础，努力寻求媒体内容生产领域学术对话和交流的中国理论、中国阐释。第二，主流媒体内容生产的加速变化和媒介技术的层出不穷，让相关研究近年来聚焦于技术带来的新样态分析和对政策的新解读，实践启发强于理论启发，本研究尝试统合两个理论视角，一方面基于媒介化理论的物质视角对我国主流媒体内容生产与社会其他要素的互构进行双向分析，另一方面结合马克思主义新闻观中国化的理论成果进行内容生产理念和实践的针对性分析，希望能在其他中国学者引入媒介化这一视角的基础上，统合西方理论的部分观点与中国媒体融合的鲜活实践，给中国学者以呼应，扩相关研究之思路。

2. 将主流媒体内容生产视为媒介社会节点进行系统化研究

互联网的逻辑就是连接的逻辑，当下的主流媒体内容生产指向也不再仅仅是传统媒体时代的新闻报道活动，而是通过融入媒介逻辑、引领媒介逻辑进行社会各节点之间的连接，这是一个宏大视角的社会命题。本研究不是个案与现象的简单分析与描述，而是将宏观、中观、微观视角结合形成理论与实践的系统研究。在全媒体传播的宏观语境下，内容生产研究既分析以文本形态呈现的新闻作品，也分析这类文本（或文化产品、知识）的特定形态的生产实践，包括体制、流程、技术、伦理等不同维度的所谓场域，试图探究和阐释这二者如何有逻辑地连接。

（二）研究方法的创新

有关媒体融合的各种观念形态，只有萌生于具体的物质实践，才可能转化为一种"知识"或"现实"，以此影响或推动媒体融合发展的历史进程。① 因此，针对中国媒体融合研究采用的研究方法也必然要紧密联系中国国情、贴近中国媒体的具体实践。

本研究采用媒介研究的实践范式，将人类学的参与式观察、深度访谈与调查问卷、个案研究相结合，努力做到具备科学实证性和哲学思辨性，既有深入我国各级主流媒体的问卷数据以及与主流媒体从业者的半结构化访谈，通过对融合产品生产与传播的参与式观察和个案研究，观照我国实践发展的现实阶段和问题、经验，也有结合国家发展战略、社会传播环境的整体分析和国际对比。

第七节　研究方法

媒介化理论的重要贡献在于超越了传统的以时间为面向的媒介逻辑，而把"传播活动与其所嵌入的以及所生产的特定空间情境结合起来"，从而实现了从"技术逻辑"到"实践逻辑"的转换②。但由于媒介化理论着力强调媒介技术对社会秩序的重构力量，去中心化和媒介化逻辑仍然有重新陷入技术决定论的风险。面对这一挑战，相比于媒介化理论，实践理论不但强调实践的"空间"型构关系而且突出了实践的"时间"属性，并通过对实践过程化发展的细致考察全面分析了媒介与其他社会元素的互动关系，从而为平衡技术决定论和社会建构论提供了一个很好的契机。③ 本研究主要依据媒介研究的实践范式展开，结合不同章节的研究子问题，通过问卷调查、半结构化深度访谈的调查研究方法，尝试描绘结合中国自身的全媒体传播特征的媒介行为模式，寻找实践元素之间的互动关系，并结合文本分析、个案研究等质性研究方法，努力尝试做到保持

---

① 冯建华，王建峰．辩证把握媒体融合发展的历史逻辑 [J]．当代传播，2021（01）：37-40.

② 王斌．从技术逻辑到实践逻辑：媒介演化的空间历程与媒介研究的空间转向 [J]．新闻与传播研究，2011，18（03）：58-67，112.

③ 顾洁．媒介研究的实践范式：框架、路径与启示 [J]．新闻与传播研究，2018，25（06）：13-32，126.

应用/理论、特殊/普遍的二元对立张力①。

一、问卷调查

问卷调查是调查研究的主要研究方法之一，结构化问卷同时也在实验、实地研究和其他观测方法中被广泛使用。1880 年，德国政治社会学家马克思就曾在法国工人中进行过一次鲜为人知的问卷调查，马克思向工人们邮寄了大约 2.5 万份问卷，以测定、调查、了解他们遭受雇主剥削的程度②。在今天的社会科学研究中，调查问卷也是一种经常使用的观察方法，同时调查问卷这一研究方法也被广泛应用于新闻传播领域，比如，主流媒体内容融合研究③、县级融媒体研究④、媒体传播力研究⑤、健康传播研究⑥等。

（一）问卷设计

本项研究分别于 2020 年 5—7 月、2021 年 5—7 月向全国范围内的主流媒体从业者发放调查问卷，问卷设计围绕全媒体传播语境下主流媒体融合发展的阶段性关键点和现实问题展开，以概率抽样⑦和滚雪球抽样⑧结合的方式，由全国各级主流媒体负责人按照指定样本数量点对点发放给相关从业者，或者在其线上工作群内发放。2020 年问卷重点调查我国主流媒体的融媒体建设情况，2021 年问卷则聚焦我国主流媒体深度融合发展情况。

问卷设计的理论依据为波特菱形理论。

① 刘海龙. 传播研究本土化的两个维度 [J]. 现代传播（中国传媒大学学报），2011（09）：43-48.

② BORTON T B, RUBEL M. Karl Marx：Selected Writings in Sociology and Social Philosophy [M]. New York：McGraw-Hill，1956：208.

③ 严三九. 中国传统媒体与新兴媒体内容融合发展研究 [J]. 新闻与传播研究，2017，24（03）：101-118，128.

④ 谢新洲，朱垚颖，宋琢谢. 县级媒体融合的现状、路径与问题研究：基于全国问卷调查和四县融媒体中心实地调研 [J]. 新闻记者，2019（03）：56-71.

⑤ 强月新，陈星. 当前我国媒体传播力的影响因素研究：以受众为视角 [J]. 新闻大学，2017（04）：73-80，149.

⑥ PAN W J, SHEN C H, FENG B. You Get What You Give：Understanding Reply Reciprocity and Social Capital in Online Health Support Forums [J]. Journal of Health Communication，2017，22（01）：45-52.

⑦ 概率抽样以概率理论和随机原则为依据来抽取样本的抽样，是使总体中的每一个单位都有一个事先已知的非零概率被抽中的抽样。总体单位被抽中的概率可以通过样本设计来规定，通过某种随机化操作来实现，虽然随机样本一般不会与总体完全一致。

⑧ 一种经常用于实地研究的非概率抽样方法，每个填写问卷的人都可能被要求介绍其他符合调查对象要求的人来参与调查，在可行性上具有可以控制样本、降低成本的优点。

波特菱形理论源自战略管理学家迈克尔·波特（Michael Porter）归纳的"钻石体系"（Diamond, determinants of national advantage）①，本问卷适恰转化了钻石模型框架中应用于竞争力比较的辅助性要素和决定性要素的构建逻辑，将问卷架构设计中的辅助性因素锚定为媒体融合国家战略、移动互联网发展的国内媒介化环境，以及百年未有之大变局的国际机遇，将决定性因素锚定为融媒体中心、技术、人才等资源要素，体制机制变革的上层设计，新闻+政务服务商务的平台功能，以及内容创新并连接用户的需求条件，重构出主流媒体内容建设的钻石模型并应用于调查问卷的架构设计（图1.10）。

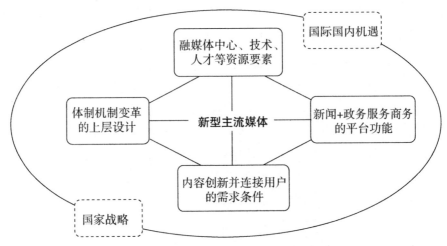

图1.10　主流媒体内容生产建设的钻石模型

（二）2020年调查问卷架构与样本特征分布情况

1. 网络调查问卷的逻辑架构

2020年调查问卷由结构化的问题组成，以"您所在的媒体是否已经设有融媒体中心"一题为跳题起点，分"是"和"否"两种跳题逻辑，分类别调查中央、省、市、县四个层级主流媒体的融合建设发展情况和现存问题。在具体的问卷内容和架构设计上，参考其他学者对于主流媒体发展调查的问卷设计以及关于媒体融合战略的政策文件结构，本问卷主要从融媒技术、平台渠道、管理机制、用户参与、现存问题五个方面展开调查：融媒技术包括技术开发、应用情况、效果评价、从业者对技术的态度；平台渠道包括传播渠道类型、矩阵传播效果、平台构建方式、政务合作情况；管理机制包括经营模式、制度规范、

---

① 迈克尔·波特. 国家竞争优势［M］. 李明轩，邱如美，译. 北京：华夏出版社，2002：3.

量化考核、队伍建设；用户参与包括入驻账号矩阵建设和用户内容参与生产情况；现存问题主要从融媒发展困境、机制潜力开发、新闻产品生产等方面进行调查和分析。

2. 基础数据与样本特征分布情况

问卷调查对象的岗位包括管理、采编、经营、技术等主流媒体从业领域，最终收回问卷 1755 份。根据问卷预测试中的答题速度实验，在首次数据清洗中，研究删掉答题时间不足 120 秒的样本和用时最长的 26858 秒的样本，用 SPSSAU 中的无效样本和异常值计算对数据进行二次清洗后，最终确定有效样本为 1480 份，样本所在地理位置涉及全国七大地区①，样本有效率为 84.3%。其中，男性占 48.45%，女性占 51.55%；年龄分布上，71.69% 为 40 岁及以下从业者；媒体层级上，央媒和省媒共占 37.77%，市媒和县媒占 62.23%；从业者岗位上，管理和采编岗共占 79.26%；编制类型上，正式在编全职占 53.99%（详见表 1.3）。此次调查样本数量丰富，性别分布比较均衡，其他基础特征的样本分布基本符合我国媒体融合发展的现状，符合研究要求，具有可分析价值。同时，研究对问卷中的态度量表题进行了信度和效度检验，Cronbach 信度分析中 α 系数值为 0.993，大于 0.9，说明研究数据信度质量较高，回答比较可靠准确；使用 KMO 和 Bartlett 检验进行效度验证，KMO 值为 0.980，大于 0.8，说明研究数据效度较好，问卷设计比较合理。

表 1.3 2020 年调查问卷样本特征分布情况

样本特征	指标	频数	百分比
性别	男	717	48.45%
	女	763	51.55%
年龄	30 岁及以下	407	27.50%
	31—40 岁	654	44.19%
	41—50 岁	335	22.64%
	50 岁以上	84	5.68%

① 根据教材记载和专家共识研究而成的中国七大地理分区的划分标准，七个地区分别为华中、华北、华东、华南、西北、西南、东北。

续表

样本特征	指标	频数	百分比
媒体属性	中央级媒体	88	5.95%
	省级媒体	471	31.82%
	市级媒体	416	28.11%
	区县级媒体	505	34.12%
工作岗位	管理	339	22.91%
	采编	834	56.35%
	技术	87	5.88%
	经营	220	14.86%
媒体编制	正式在编全职	799	53.99%
	正式在编兼职	14	0.95%
	非正式在编	667	45.07%

（三）2021 年调查问卷架构与样本特征分布情况

《关于加快推进媒体深度融合发展的意见》对媒体深度融合提出了四个措施：一是互联网媒介资源的重新配置，二是用户参与内容生产与传播，三是媒体组织流程再造，四是四级媒体分级融合发展。[①] 2021 年的深度融合发展调查问卷从以上四个措施出发，吸纳"我国主流媒体融媒体建设情况调查 2020"的问卷设计和数据分析经验基础，同时参考波特菱形理论的钻石模型，进行了更加具有问题聚焦意识和理论逻辑能力的框架设计。

1. 网络调查问卷的逻辑架构

2021 年网络调查问卷的目的是了解我国各级主流媒体深度融合发展现状、差异和侧重点，以及深度融合中的问题等，参与调查的主流媒体涵盖全国 22 个省、5 个自治区和 4 个直辖市[②]，填写者涉及央、省、市、县四级主流媒体的采编、技术、管理、经营岗位的新闻从业者。网络调查问卷由结构化的问题组成，

[①] 陈接峰，荆莉. 媒体深度融合的结构选择、制度设计以及供给侧改革的路径 [J]. 编辑之友，2021（10）：35-42.

[②] 根据《2020 年中华人民共和国县以上行政区划代码（截至 2020 年 12 月 31 日）》划分，具体包括青海、甘肃、黑龙江、吉林、辽宁、河北、山西、陕西、四川、云南、贵州、湖南、广东、江西、福建、浙江、安徽、湖北、河南、山东、江苏、海南、新疆维吾尔自治区、西藏自治区、内蒙古自治区、广西壮族自治区、宁夏回族自治区、上海、北京、天津、重庆。

按照新型主流媒体深度融合发展的钻石模型，形成调查问卷问题设计的逻辑架构，问卷主要从资源建设、体制机制变革、平台功能延展、用户连接这四个深度发展的改革要点着手调查主流媒体深度融合发展状况。其中，资源建设包括全媒体内容建设、新闻产品运维、技术应用、人才培养；体制机制变革包括管理模式、内容机制、资源分配、中央厨房使用；平台功能延展包括平台定位、政务服务、公共服务、商务服务、功能效果评价；用户连接包括用户参与生产、用户交互设计。

2. 基础数据与样本特征分布情况

我国主流媒体深度融合情况调查 2021 网络问卷以采编、管理、经营、技术四种媒体岗位的差异为跳题逻辑起点，分类别调查中央级、省级、市级、区县级四个层级主流媒体的深度融合发展情况和现实问题，以尽量保证调查问题结果具有相对的专业性、贴近度和解释力。调查收回问卷 5121 份，根据问卷预测试中的答题速度实验结果，经过两轮数据清洗和筛选，最终确定有效样本数为 4537 份，样本有效率为 88.60%。问卷样本中关于性别、年龄、媒体属性、工作岗位等基础数据的比较和平衡程度详见表 1.4。从样本数据呈现和对比来看，"我国主流媒体深度融合情况调查 2021" 网络问卷调查样本数量丰富，基本特征的样本分布相对比较均衡，所得结果具有对主流媒体内容生产进行进一步分析的价值和研究的可行性。同时，本研究通过 SPSSAU 网站对问卷中的态度量表题进行了进一步的效度和信度检验，效度验证的 KMO 值为 0.957，Cronbach's α 信度分析中 α 系数值为 0.930，说明研究问卷设计比较合理，同时被调查者的回答也比较可靠准确。

表 1.4 样本特征分布情况

样本特征	指标	频数	百分比
性别	男	2422	53.38%
	女	2115	46.62%
年龄	30 岁及以下	758	16.71%
	31—40 岁	2754	60.70%
	41—50 岁	888	19.57%
	50 岁以上	137	3.02%

样本特征	指标	频数	百分比
媒体属性	中央级媒体	479	10.56%
	省级媒体	2152	47.43%
	市级媒体	1183	26.07%
	区县级媒体	723	15.94%
从业年限	1年及以内	299	6.59%
	1—3年（含3年）	1227	27.04%
	3—5年（含5年）	1208	26.63%
	5—10年（含10年）	719	15.85%
	10年以上	1084	23.89%
工作岗位	采编	2070	45.62%
	技术	1157	25.50%
	管理	901	19.86%
	运营	409	9.01%

二、半结构化访谈

文格拉夫指出，访谈员事先准备的访谈问题必须具有开放性，半结构化访谈（Semi-structured Interviews）就是按照粗线条式的访谈提纲而进行的深度访谈，有两个主要特征：其一是它的问题是事先部分准备的，要通过访谈员进行大量改进；其二是要深入事实内部。根据访谈实际情况，访谈者可以对提纲和问题做出灵活且必要的调整，半结构化访谈中的提问方式和顺序，访谈对象回答方式，访谈记录方式和访谈时间、地点等没有具体的要求。本项研究即采用一对一的半结构化访谈具体展开，访谈均利用移动互联网数字技术，通过线上语音或文字的形式进行。

（一）一对一半结构化访谈设计

通过筛选调查问卷的填写者和线上征集访谈对象，研究共对27位新闻从业者进行了一对一半结构化访谈，涵盖中央、省、市、区县四个层级的媒体，分布于华中、华北、华东、西北、西南、东北地区。他们一部分是在调查问卷结尾主动留下电话或邮箱账号的记者、编辑，另一部分为线上征集的主流媒体人，均知情并同意本研究。就访谈目的而言，一方面是根据访谈内容验证样本数据，另一方面是为了深度了解具体某一媒体单位的融合内容生产实践经验、问题困难。访谈对象所在单位有全媒体传播下媒体融合发展的样板单位，也有处于融合起步阶段的媒体，还有融合遇阻正在观望的媒体；改革依托的传统媒体既有纸媒，也有广播电视台、新闻网站。半结构化访谈设计具体分为三个步骤：

（1）访谈员根据问卷中对"是否愿意接受深度访谈"这一问题的调查结果进行意愿筛查，筛选出选择"是"这一选项的对象，并列表记录被访者留下的联系方式；

（2）对筛选后的被访者个人信息、问卷数据进行样本分析，根据对象的所在媒体、从事岗位、年龄、所在地区、性别等个人信息，以及对问卷中问题回答的完整度、清晰度、认真度等情况进行综合评估，在平衡样本分布和预估访谈内容的基础上，选择拟联系的深度访谈对象；

（3）制定半结构化访谈提纲，联系被访对象并进行一对一访谈，整理访谈笔记和资料等。

（二）半结构化访谈样本信息与编码表①

半结构化访谈历时两年，共深度访谈到 27 位媒体人，访谈对象均为中央级、省级、市级、区县级主流媒体从业者，主要是新闻管理和采编岗位的编辑、记者（表 1.5），访谈工作由研究小组成员分工完成，根据新冠疫情防控要求，访谈均通过电话采访形式在线上展开，最终汇编形成 64100 字的访谈田野笔记。由于访谈对象联系方式都由正规渠道获得且访谈对象提前知情且同意本研究，组织程序上的严谨保障了被访者对访问者一定程度上的信任，但同样也是由于被访者对访谈性质的默认，比如，默认这是一场对媒体单位融合转型成绩、成果的调查，这就会导致媒体融合发展中的一些现实问题和短板、数据被故意遮蔽，尤其是在访谈部分媒体单位的中层领导时，这种现象会比访谈一线记者更为普遍，需要访谈员在保证尽量不干涉访谈内容立场的伦理基础上，重新与被访者建立匿名信任或采用旁敲侧击的组合问题，达成访谈目的。总体来说，最终获取的访谈样本都实现了问题导向之下比较全面且辩证的回答，在样貌呈现的同时具有启发深入思考的现实观照。

---

① 深度访谈内容样本详见附录，因访谈内容涉及主流媒体内部信息，受部分被访者委托将单位及个人信息隐去，只公开所在地区和媒体属性。

表1.5 主流媒体从业者访谈对象编码表

编号	性别	岗位类型	媒体属性	所在地区	访谈日期
M01	男	管理	县媒	浙江	2020. 06. 26
M02	男	管理	省媒	甘肃	2020. 07. 07
M03	男	采编	央媒	北京	2020. 07. 07
M04	男	管理	市媒	湖北	2020. 07. 08
M05	男	采编	央媒	北京	2020. 07. 13
M06	男	管理	市媒	江苏	2020. 07. 13
M07	男	管理	县媒	浙江	2020. 07. 20
M08	男	管理	省媒	重庆	2021. 06. 04
M09	男	管理	省媒	浙江	2021. 07. 14
M10	男	采编	省媒	湖北	2021. 07. 24
M11	男	管理	省媒	山东	2021. 07. 31
M12	男	采编	省媒	湖南	2021. 08. 03
M13	男	采编	央媒	北京	2021. 08. 09
M14	男	采编	省媒	新疆维吾尔自治区	2021. 08. 10
M15	男	采编	市媒	浙江	2021. 08. 15
M16	男	管理	央媒	北京	2021. 09. 27
M17	男	采编	央媒	北京	2021. 10. 25
F01	女	管理	市媒	山西	2020. 07. 09
F02	女	管理	省媒	吉林	2020. 07. 15
F03	女	采编	县媒	宁夏回族自治区	2020. 08. 06
F04	女	采编	省媒	四川	2021. 07. 10
F05	女	管理	省媒	湖北	2021. 07. 30
F06	女	管理	省媒	湖北	2021. 07. 31
F07	女	管理	省媒	宁夏回族自治区	2021. 08. 03
F08	女	采编	市媒	河南	2021. 08. 04
F09	女	管理	省媒	四川	2021. 08. 11
F10	女	管理	省媒	上海	2021. 08. 26

三、参与式观察与个案研究

参与式观察是案例研究和质性研究的重要组成部分，也是社会调查研究的重要方法，最早由林德曼在 1924 年提出，他将社会科学研究中的观察者分为"客观的观察者"（类似于"非参与式观察者"）和"参与式观察者"①。参与式观察起源于"田野工作"（Field Work，也称"田野作业""田野方法"等），马林诺夫斯基第一次将这种方法应用于 1915 年至 1917 年在特罗布里恩群岛（Trobriand Islands）上的大洋洲田野调查中，并写就《西太平洋上的航海者》。我国学者费孝通的《花篮瑶社会组织》、林耀华的《金翼》都采用了参与观察法。目前，这一方法已经在人类学、民族志、民俗学、社会学，以及农学、旅游学、宗教学的研究中得到推广，在新闻传播学的研究和相关交叉学科研究中也有所应用。对于采用参与观察法的研究者，戈夫曼主张要"成为一个观察性的参与者，而不是参与性的观察者"②，而在实际的研究中，研究者往往一边参与一边观察，是一种混合的角色（Mixed Participation）。③ 随着计算机和信息技术的发展，一些学者利用互联网作为新的研究田野和工具的可能，提出用虚拟民族志或网络民族志的方法，来探讨与互联网关联的社会文化现象。④ 参与式观察法的优点是更容易靠近被调查者、接近因果关系的本质、了解潜在关系的真相，但可能受到被调查者中"小群体"或"小团体"的误导和心理抵制等而在研究初期难以有力开展，或者可能导致阶段性研究结果受到一定影响和误导⑤，因此，在研究中保持独立判断和一定的疏离感也同样重要。

个案研究（Case Study, fieldwork）是一种利用多种信息来源，对一个融合于现实环境的复杂现象进行综合研究的方法⑥。文献荟萃分析与定量研究的导入，使现有的质性—实证个案研究在属性、类型、功能与研究设计上发生了许多新变化，有学者重新梳理案例研究法的属性、类型、功能和研究设计，分析

① 陈向明. 质的研究方法与社会科学研究 [M]. 北京：教育科学出版社，2013：228.

② GOFFMAN E. Communication Conduct in an Island Community [D]. Chicago：University of Chicago，1953：2.

③ 风笑天. 论参与观察者的角色 [J]. 华中师范大学学报（人文社会科学版），2009（03）：39-44.

④ 卜玉梅. 虚拟民族志：田野、方法与伦理 [J]. 社会学研究，2012，27（06）：217-236，246.

⑤ 蔡宁伟，于慧萍，张丽华. 参与式观察与非参与式观察在案例研究中的应用 [J]. 管理学刊，2015，28（04）：66-69.

⑥ 张晓林. 信息管理学研究方法 [M]. 成都：四川大学出版社，1995：103.

原因并提出"非实证文献荟萃分析属于案例研究法"这一属性的再认识，即以案例为对象的研究不仅包括正在发生的案例，也包括已经发生的案例；与实证资料一样，以案例为导向的非实证资料也是案例研究者从事案例研究的主要载体。①

在本研究中，一方面，研究者从互联网民族志也被称为网络民族志的研究方法着手，分阶段、多频次在各级主流媒体移动端、社交媒体、聚合类商业平台等互联网平台上，以用户身份体验主流媒体的融合产品，并参与平台、产品、用户之间的交叉式交流互动，以深度了解移动新媒体平台和融合内容产品的话语方式、内容逻辑以及生产、运维模式，进而从预置性因素、平台构建、内容生产、全媒体记者、用户连接等角度对主流媒体融合内容生产进行研究和思考。另一方面，研究者也通过在主流媒体的全媒体内容生产部门进行为期2个月的田野调查，参与中国记协新媒体大会筹办，实地调研人民日报、湖南广电等主流媒体的形式进行了与研究主题相关的参与式调查。同时，在2021年8月至9月，研究者参与了"践行四力 与时代同行"中国新闻传播大讲堂课程录制，并对32位新闻战线记者讲述的优秀全媒体报道案例进行了以检验、发展理论为目标的非实证研究，对部分创作者针对代表性案例进行了讲述内容更深层次的补充追问式的访谈。此外，本研究的个案选择还主要涉及中国新闻奖媒体融合奖的获奖作品、重大主题类融合报道产品、其他主流媒体的融合新闻产品和新媒体产品以及媒体融合样板单位等，以期从代表性个案的研究中凝练观念变迁、话语转型、渠道延展、平台构建、运营创新、体制机制变革、队伍建设等方面的规律、理论，探究媒介产品背后的符号意旨和文化意义。

---

① 唐权，杨立华. 再论案例研究法的属性、类型、功能与研究设计 [J]. 科技进步与对策，2016，33（09）：117-121.

第二章

我国主流媒体内容生产转型的动力因素

在 20 世纪末的世界传媒业，对传统媒体唱衰的声音络绎不绝。杰可布·尼尔森（Jakob Nielsen）曾在专栏文章《传统媒体的终结》里预言：未来的五到十年间，大多数现行的媒体样式将"寿终正寝"，它们将被以综合为特征的网络媒体所取代。① 站在约 20 年后的今天回望这一带有过度激进色彩的媒体进化论观点，显然尼尔森的预言并未成真，但传统媒体的式微确实引起了中国传媒业界和学界的重视，首先是报业。2005 年，《传媒》杂志发表年度盘点文章《2005，中国报业寒风中的徘徊与期待》，描述了报业面对冲击的非理性举措和对未来发展的茫然，意识到"新媒体对报业广告的分流，呈现不可逆转的势头"②。同时，报业"拐点论"③"寒冬论"④"波动论"⑤ 等观点引发广泛关注与讨论争锋。反观电视行业，虽然电视业对于互联网新媒体的冲击略显钝感，但现象级电视节目《超级女声》的产业链创新让电视从业者们意识到了连接受众需求、鼓励受众参与在赢得注意力方面的优势，这种对受众主体性地位和能动性参与的认知突破了大众传播时代拉斯韦尔 5W 模式的线性传播观念，颇具当下全媒体传播时代受众越来越原子化、个人化、节点化的用户观雏形。⑥ 总而言之，处于社会复杂动因交织作用中的传统媒体转型早已有意或无意地成为发展必然和现实趋向，数字化技术、移动互联网的崛起进一步加速了媒体行业和媒介化社会之变。

从印刷媒介、电视到互联网、电子媒介，传播技术不断革新，传播介质不

---

① 易绍华. 数字化背景下中国电视媒体的网络化生存研究 [D]. 武汉：武汉大学，2009：3.

② 肖景辉. 2005，中国报业寒风中的徘徊与期待 [J]. 传媒，2005 (12)：7-10.

③ 喻国明. 传媒影响力 [M]. 广州：南方日报出版社，2003：1.

④ 肖武. 吴海民：都市报的冬天提前来到了 [J]. 传媒，2005 (07)：20-21.

⑤ 王利明. 冲出风雨 拥抱彩虹：新闻出版总署副署长石峰谈报业面临的问题 [J]. 传媒，2006 (01)：8-11.

⑥ 彭兰. 新媒体用户研究：节点化、媒介化、赛博格化的人 [J]. 城市党报研究，2022 (02)：94.

断变化，随之而来的是媒介越来越深刻地嵌入人们的日常生活，当人们习惯了"永久在线、永久连接"（Permanently online and Permanently connected）① 时，这也意味着以主流媒体为主导的大众传播时代正在消逝，时空无限交织、节点无限连接的全媒体传播时代已然到来，尼古拉·尼葛洛庞帝将当下这种生存方式形容为"数字化生存"，即人类生存于一个虚拟的、数字化的生存活动空间，在这个空间里人们应用数字技术（信息技术）从事信息传播、交流、学习、工作等活动。

　　马克思主义哲学的历史唯物主义观点告诉我们，社会客观环境的变化导致了历史事件的变化，全媒体传播下主流媒体的融合转型、内容生产变革也是媒介化社会中各预置性因素变化影响的合力作用结果，目前对于主流媒体转型动力因素的认知共识，一般是有赖于媒介技术进步、国家政策支持和受众分化三个前提条件，但回顾以报业为排头兵的融合转型历史可以发现，广告和发行收入下滑的经济和市场因素也是其推动力，此外互联网文化的新生同样为主流媒体转型提供了社会语境的依托和话语转型的方向，因此，本章在针对全媒体传播视域下我国主流媒体内容生产的深入调研与综合分析基础上，提出技术赋能、政策引领、用户变迁、市场隐忧、文化转向五个转型的动力因素并予以分析，其中，技术是主流媒体内容转型的第一生产力，政策是根植于我国主流媒体内容生产转型现实的最强推动力，用户是主流媒体内容生产中思维转型的关键，市场是随着用户信息使用习惯变迁而对主流媒体带来经济方面的直接影响，文化则是主流媒体内容生产转型依托的社会语境。

第一节　技术赋能：全媒体传播生态建构与内容生产重塑

　　任何媒介形态的变迁，必然伴随着技术形态的变革②，进而引发内容形态、社会生态的变化，可以说，人类社会的媒介发展史也是一部媒介技术演变史，从口语时代、印刷时代到电子媒介时代、智能互联网时代，媒介技术的变革成

---

① VORDERER P，KRMER N，SCHNEIDER F M. Permanently Online-permanently Connected：Explorations into University Students' use of Social Media and Mobile Smart Devices ［J］. Computers in Human Behavior，2016（63）：694-703.

② 罗杰·菲德勒. 媒介形态变化：认识新媒介 ［M］. 明安香，译. 北京：华夏出版社，2000：5.

为驱动人类社会连接方式、尺度标准、结构模式变革的重要力量，媒介技术和社会秩序共同演化并且相互建构，卡斯特有力地论证道："如果我们不研究媒介技术，就不可能理解社会。"① 但同时他也阐明了技术与社会之间的互构关系，"技术并不决定社会，社会也并非被动地适应技术变化的进程……其最终结果将依赖于相互作用的复杂模式"②。这与社会形成论和驯化理论的观点具有共鸣之处，即社会与技术的影响是双向的，认为技术以一种逐渐浮现（emergent）的方式影响着社会生活。而如果我们想要将技术和社会影响联系起来，就不仅需要了解技术的特点，也需要了解那些围绕技术产生并影响技术发展的实践③，因此，想要了解互联网技术、数字技术是如何驱动全媒体传播环境的变革，又是如何赋能重塑网络社会中的信息内容生产，不妨先从媒介研究的实践视角出发予以考察。

一、从技术创新到生态驱动：互联网技术与全媒体传播环境的互构

互联网技术、数字智能技术正在对整个人类社会的发展起着强大的赋能作用，有人认为当今社会的最重要特征就是社会和人与网络或新媒介的紧扣与密连，从互联网成为人们获取信息的新技术渠道到数字智能技术驱动全媒体传播的社会生态构建，技术正在不断融合，成为去中心化、万物互连、云端共享等媒介环境新生态特征演进的重要作用力量。

（一）技术赋能全媒体传播：数字化、智能化、移动化

全媒体传播是一个系统而复杂的媒介环境，溯源而上可以发现技术创新是其直接驱动力，关于技术对媒介环境的驱动作用，马歇尔·麦克卢汉（Marshall Mcluhan）曾在解释"媒介即信息"这一观点时说，这意味着"一种全新的环境被创造出来了"④，从这个意义上我们也可以说"媒介即环境"，信息可以理解为技术创新引发的变化，媒介技术创建了影响使用者的环境，具体表现为出现了从"片段描摹"到"全程复刻"的全程媒体，从"单一呈现"到"全息融

---

① 菲利普·N. 霍华德. 卡斯特论媒介 [M]. 殷晓蓉，译. 北京：中国传媒大学出版社，2019：18.

② CASTELLS M. The Information Age I: The Rise of the Network Society [M]. Malden, MA: Blackwell Publishers, 1996: 5.

③ 南希·K. 拜厄姆. 交往在云端：数字时代的人际关系 [M]. 董晨宇，唐悦哲，译. 北京：中国人民大学出版社，2020：51.

④ 马歇尔·麦克卢汉. 理解媒介：论人的延伸 [M]. 何道宽，译. 55 周年增订本. 南京：译林出版社，2019：13.

合"的全息媒体，从"传受分立"到"人人参与"的全员媒体，从"提供内容"到"立体服务"的全效媒体。在全媒体传播的环境中，技术迭代创新赋能数字媒介，同时也建构着全媒体传播下的社会文化，从技术文化的视角出发，列夫·蒙纳维奇（Lev Manovich）通过比较新旧媒介之间的差异归纳了数字媒介的五个属性：第一，数字媒介由符码组成；第二，数字媒介是模块化的，具有要素重组、突破边界的创造性可能；第三，数字媒介由自动化程序构成并形成自动化程序的支撑；第四，数字媒介具有多变性；第五，数字媒介具有文化转码的功能，技术本身也可以成为有意义的文化符号。① 这五个属性虽然具有显著的技术依赖色彩，但也暗示了技术赋能带来的媒介环境变化，也就是数字化、智能化、移动化，其中数字媒介的文化转码功能也指向全媒体传播时代层出不穷的全新媒介现象，比如，智能手机对社会生活方式的重塑，线上的虚拟现实产品对线下场景的重构，算法逻辑对于数字劳动的支配等。在我国，随着中央经济工作会议将以 5G 基站为代表的网络通信技术、大数据中心、人工智能、工业互联网、物联网等定义为"新型基础设施建设"并将"加强新一代信息基础设施建设"列入政府工作报告，提供数字转型、智能升级、融合创新等服务的"新基建"保障下的数字化、智能化、移动化趋势将越发成为全媒体传播环境的技术生态特征，主流媒体也不再仅仅是提供新闻信息的内容主体，而是通过不断提升和延展其媒体可供性逐渐成为具有媒介生态意义、社会治理意义的立体化平台。

（二）技术驱动社会平台化：互联网连接逻辑下的媒介生态变革

智能互联网的发展是一个技术不断融合与迭代的过程，而互联网发展的一个重要线索就是人与人连接的演变②，互联网的本质在于连接，未来社会生活的一切都互联互通，无论是文字、图片、声音、图像等全息介质的连接，还是信息、服务等功能价值的连接，无不依赖于技术的赋能。③ 随着以连接为基本逻辑的数字技术发展，互联网平台产生，平台的效能被不断激活、放大，由一系列平台机制驱动的全球在线生态系统正在渗入社会的各个方面④，有学者以平台化社会予以形容，范·迪克将平台化社会界定为一种由平台逻辑主导的社会沟通

---

① MANOVICH L. The Language of New Media［M］. Cambridge，MA：The MIT Press，2002：43-65.

② 彭兰. 连接与反连接：互联网法则的摇摆［J］. 国际新闻界，2019，41（02）：20-37.

③ 曾祥敏，齐虹翕. 5G 技术背景下智能媒体发展初探［J］. 电视研究，2019（06）：14-17.

④ 胡泳. 平台化社会与精英的黄昏［J］. 新闻战线，2018（21）：100-101.

生态,即"社会、经济和个人之间的沟通很大程度上依靠线上的平台生态进行规划",这种界定与媒介化学者所说的媒介逻辑类似,在此,平台不仅指向物质性的技术实践,而且构建了包括与技术相关联的运行机制、知识体系、意义生产、利益竞争、价值维系等各方面的社会生态①,然而随着平台的基础设施化和基础设施的平台化成为新的社会变革力量②,平台化的问题和对技术狂欢的警惕与隐忧也逐渐显现,无论是随技术而来的信息茧房、虚假信息、隐私泄露、数据变现、伦理失范等公共价值危机,还是社会关系的数据化和商品化、平台劳动的不稳定性、对既有商业机构造成的伤害等,媒介生态不断在细微的失衡与平衡中摇摆,社会其他要素对于技术的规训、主流媒体对于公共价值的守正被视为促进全媒体传播生态平衡的重要力量。

二、从时间消灭空间到时空选择:主流媒体内容生产理念与实践的革新

用时间消灭空间是马克思关于 19 世纪的信息传播与物流关系的经济学论断,他指出快速的商品信息传递能大大减少空间距离遥远和信息流通不畅造成的不必要损失,因此资本力求用时间更多地去消灭空间。③ 20 世纪末开始,中国的新闻传播学者将"用时间消灭空间"引入新闻传播学研究,基于传播技术演化角度的"时间完胜空间"④、"时空一体化"⑤、"中间时空"⑥、"时空压缩"⑦ 等传播时空议题的论述陆续出现⑧,然而过于强调技术演化的时间逻辑,将空间看成被动的有待征服与消灭的对象,却不符合全媒体传播和媒介化社会发展的现实,"空间"作为传播技术演化的一个重要维度,实时传播技术不仅没

① 李鲤. 赋权·赋能·赋意:平台化社会时代国际传播的三重进路 [J]. 现代传播(中国传媒大学学报),2021,43(10):60-64.

② 席志武,李辉. 平台化社会重建公共价值的可能与可为——兼评《平台社会:连接世界中的公共价值》[J]. 国际新闻界,2021,43(06):165-176.

③ 中共中央马克思恩格斯列宁斯大林著作编译局. 马克思恩格斯全集:第46卷下 [M]. 北京:人民出版社,1980:33.

④ 陈长松. "时间完胜空间"?——对"用时间消灭空间"信条的新闻传播学再思 [J]. 编辑之友,2020(10):67-73.

⑤ 何镇飚,王润. 新媒体时空观与社会变化:时空思想史的视角 [J]. 国际新闻界,2014,36(05):33-47.

⑥ 田静. 手机媒体移动性的时空解析 [J]. 新闻大学,2015(02):68-72.

⑦ 李曦珍,楚雪,胡辰. 传播之"路"上的媒介技术进化与媒介形态演变 [J]. 新闻与传播研究,2012,19(01):23-33,108-109.

⑧ 何镇飚,王润. 新媒体时空观与社会变化:时空思想史的视角 [J]. 国际新闻界,2014,36(05):33-47.

有消灭空间，反而使空间更加凸显①，比如，虚拟现实、增强现实技术对于时空场景的一体重构，以及场景化研究中对于技术与人的时空连接关系的考察等，全媒体传播视域下的媒介时空关系不再是单纯的"时间消灭空间"，而是围绕人的主体性进行的多维构造，甚至是脱离物理原理世界的时空选择。具体到主流媒体内容生产的理念变革与实践创新，也就是通过技术赋能内容生产使得内容产品不断放大和延伸人的主体特性，主要表现可以归纳为三个技术赋能下主流媒体内容生产的新特征——沉浸化、社交化、个性化。

第一，融合生产技术驱动内容生产边界突破和要素重组，内容产品通过延伸人们的感官体验，实现最大可能的沉浸化。比如，人民日报新媒体中心将沉浸式的一对一即时视频通信与互动页面结合，调动人的视觉、听觉和指间交互的触觉，在2019年两会期间推出互动视频H5《点击！你将随机和一位陌生人通话》，用模拟打电话的互动形式，让用户随机与一名本国陌生人"视频通话"，了解其独特有趣的生活状态及个人愿望，该H5在24小时内点击互动量超过360万次。在微信这一即时通信平台上，逼真的视频电话形式有效地抓住了用户注意力，增强了私人交互感和亲密感，通话场景围绕两会的民生议题，通过要素跨界重组将宏大议题浓缩到凡人小事中，体现了两会"汇聚你的梦想，关注你的关注"这一人民至上的主题。

第二，分享是人的天性②，互联网技术可以让内容产品不断增强多元主体之间强连接或弱连接的社交化体验。在技术赋能新闻产品的社交化层面，比如，新华社在北京、上海、深圳三地发起庆祝改革开放40年"与时代同框"线下拍照活动，同时将线下参与同线上互动结合，在线上发布同框照合成H5链接，让参与者产生3D多维的时空交互感，同享线上与线下的社交连接。在技术赋能主流媒体平台的社交化层面，比如，央视频在2020年东京奥运会期间深耕运动这一兴趣领域，通过好看好玩的互动社交侧运营增强用户的社交化体验，"央友圈"上线"中国队加油专区"、直播评论交互等功能，释放用户情绪形成兴趣社群。除了央视频的垂直社交频道"央友圈"，澎湃新闻的"澎友圈"、小时新闻的"社区"、禾点点的"朋友圈"、齐鲁壹点的"情报站"等垂直社区频道，都起到了通过圈层社交、本地社交形成线上黏性互动习惯和多元主体之间社交情

---

① 陈长松. 时间消灭空间？——论传播技术演化的空间维度 [J]. 新闻界，2016（12）：2-8，22.

② 汤姆·斯丹迪奇. 从莎草纸到互联网：社交媒体2000年 [M]. 林华，译. 北京：中信出版社，2015：19.

感连接的作用。

第三，技术赋权带来用户主体地位的空前提升，让其可以根据自身的主体需求从"新闻超市"中挑选内容①，并建构个人的媒介系统或者说定制"内容菜单"，大数据和算法技术能够无限延伸内容产品的个性化。个性定制、算法推荐最早由商业平台推出，以今日头条、抖音等为代表的商业平台，可以根据用户年龄、性别、地区等个人数据画像和兴趣标签，以大数据和算法技术个性化推荐用户感兴趣的内容，在中央广播电视总台打造的央视频平台上，用户也可以根据自己的观看习惯与个人喜好，定制"专属节目单"和奥运会等比赛的观赛日程，实现定制化信息内容的获取。

第二节　政策引领：媒体融合国家战略下的全媒体传播体系建构

我国主流媒体是国家治理体系中不可或缺的重要组成部分，尤其是由党和政府主办的重要媒体，一方面是推进国家治理体系和治理能力现代化的重要舆论工具，另一方面其本身又作为治理对象面临现代化转型。② 随着信息革命这一历史发展机遇期的到来③，以政策引领推进主流媒体融合转型是基于人类社会生存发展历史趋势的因势而谋、应势而动、顺势而为。2014 年，媒体融合正式上升为国家战略，随着实践发展的不断丰富、完善，一个包括全局政策、行业政策、地方政策在内的媒体融合政策体系已初步形成④，从加快融合发展到推进媒体深度融合，从形成现代传播体系到构建全媒体传播体系，国家政策始终推动着各级媒体单位的融合进程和融媒体矩阵布局⑤，保障着新型主流媒体建设快速、稳定、持续推进，大致形成了从央级媒体试水的萌芽期到省市级媒体探索的发展期，再到县级融媒体中心建设的通关期，以及四级融合全媒体传播体系

---

① KIM S J. A Repertoire approach to Cross-platform Media use Behavior [J]. New Media & Society, 2016, 18 (3)：353-372.

② 蔡雯. 媒体融合进程中的"连接"与"开放"：兼论新型主流媒体建设的难点突破 [J]. 国际新闻界, 2020, 42 (10)：6-17.

③ 习近平. 在网络安全和信息化工作座谈会上的讲话 [N]. 人民日报, 2016-04-26 (2).

④ 陈昌凤, 杨依军. 意识形态安全与党管媒体原则：中国媒体融合政策之形成与体系建构 [J]. 现代传播 (中国传媒大学学报), 2015, 37 (11)：26-33.

⑤ 徐敬宏, 侯彤童. 从现代传媒体系到全媒体传播体系："十三五"时期的媒体深度融合之路 [J]. 编辑之友, 2021 (01)：28-34.

构建的深化期的发展脉络。

一、因势而谋：媒体融合作为国家政策的阶段化演进

高度重视新闻舆论工作是中国共产党的优秀传统，随着网络信息技术赋能生产力形成质的飞跃，互联网成为大众聚集的社交空间、生活空间和信息集散空间，新闻舆论工作的阵地也发生了变化，逐渐向网络空间延拓。党的十八大以来，习近平总书记多次考察、调研各级主流媒体并发表重要讲话，党中央高度重视传统媒体和新兴媒体的融合发展。2014 年被称为"中国媒体融合发展元年"，在这一年的 8 月 18 日，习近平总书记主持召开中央全面深化改革领导小组第四次会议并发表重要讲话，会议审议通过了《关于推动传统媒体和新兴媒体融合发展的指导意见》，媒体融合正式上升为国家战略进行顶层设计的推进，中国媒体融合发展的理论体系进入顶层引领、全面构建的新阶段。

由于媒介与社会学者普尔在《自由的科技》（*The Technologies of Freedom*）一书中首次提出"传播形态聚合"（the convergence of modes）这一具有媒体融合雏形的概念至今不过 30 余年①，在我国，主流媒体运用互联网重新配置内部资源的融合实践集中开始于 21 世纪初，至今大约 20 年，2022 年是媒体融合上升为国家战略的第八年，因此，相比于报刊、广播、电视发展史，媒体融合发展历时尚短，但作为国家政策的媒体融合理念和战略演进已经呈现出阶段性的特征，从 2013 年习近平总书记在全国宣传思想工作会议上提出"加快传统媒体和新兴媒体融合发展"到 2021 年"推进媒体深度融合，做强新型主流媒体"写入《中华人民共和国国民经济和社会发展第十四个五年规划和 2035 年远景目标纲要》，参考曾祥敏教授等人"从两极到整体"的阶段划分法②，以标志性讲话和文件为节点的媒体融合战略演进可以大致划分为三个阶段。

（一）战略形成期：媒体融合理念正式提出并上升为国家战略（2014—2015 年）

1. 理念提出：加快传统媒体和新兴媒体融合发展

2013 年 8 月 19 日，习近平总书记在全国宣传思想工作会议上提出了媒体融合发展的基本理念。在手段创新方面，提出"特别是要适应社会信息化持续推

① 宋昭勋. 新闻传播学中 Convergence 一词溯源及内涵［J］. 现代传播（中国传媒大学学报），2006（01）：51-53.
② 曾祥敏，李刚. 我国媒体深度融合发展中的关键问题［J］. 现代出版，2021（02）：65-74.

图 2.1　媒体融合作为国家战略整体推进的阶段演进与关键节点（单位：年）

进的新情况，加快传统媒体和新兴媒体融合发展，充分运用新技术新应用创新媒体传播方式，占领信息传播制高点"①。2013 年 11 月，党的十八届三中全会进一步提出，要整合新闻媒体资源，推动传统媒体和新兴媒体融合发展，重视新型媒介运用和管理，规范传播秩序。

2. 顶层设计：媒体融合发展上升为国家战略

2014 年 8 月，中央全面深化改革领导小组第四次会议通过《关于推动传统媒体和新兴媒体融合发展的指导意见》，把媒体融合发展上升到国家战略规划层面，明确具体目标，进行顶层设计。习近平总书记在讲话中提出，"要遵循新闻传播规律和新兴媒体发展规律，强化互联网思维，坚持传统媒体和新兴媒体优势互补、一体发展，坚持先进技术为支撑、内容建设为根本，推动传统媒体和新兴媒体在内容、渠道、平台、经营、管理等方面的深度融合，着力打造一批形态多样、手段先进、具有竞争力的新型主流媒体，建成几家拥有强大实力和传播力、公信力、影响力的新型媒体集团，形成立体多样、融合发展的现代传播体系。要一手抓融合，一手抓管理，确保融合发展沿着正确方向推进"②。其中，要以"先进技术为支撑，内容建设为根本"推动"在内容、渠道、平台、经营、管理等方面的深度融合"，打造"新型主流媒体"，建成"新型主流媒体集团"，形成"现代传播体系"，从微观层面的媒体机构到中观层面的融合平台，进而到宏观层面的现代传播体系，由实到虚，由具体到宏观，明确提出了媒体融合发展的方向和路径。

3. 重点聚焦：内容为本的全方位创新与一体化发展

2015 年 12 月 15 日，习近平总书记视察解放军报社时强调，"推进理念、内

---

① 关于媒体融合，总书记这样说［EB/OL］. 中国网信网，2016-02-20.

② 学习语｜推进媒体融合向纵深发展［EB/OL］. 党建网，2023-01-13.

容、手段、体制机制等全方位创新""要研究把握现代新闻传播规律和新兴媒体发展规律，强化互联网思维和一体化发展理念，推动各种媒介资源、生产要素有效整合，推动信息内容、技术应用、平台终端、人才队伍共享融通""对新闻媒体来说，内容创新、形式创新、手段创新都重要，但内容创新是根本的"。①这进一步强化了内容建设为根本，强化了全方位和一体化的协同发展理念。

（二）重点布局：打通融合"症结"和"最后一公里"（2016—2018 年）

1. 问题导向：尽快从相"加"阶段迈向相"融"阶段

随着媒体融合战略推进，主流媒体在技术、产品、渠道、平台等资源整合方面的转型实践如火如荼，但同时融合改革发展的问题也逐渐显露：第一，整体层面，纸媒与广电媒体、中央媒体与地方媒体融合发展不平衡；第二，思维层面，将媒体融合理解为"+互联网"的渠道端口简单相加，造成内容同质、低质；第三，体制机制层面，照搬样板单位的融合模式，导致改革路径不适配自身发展；第四，资源整合层面，过度追求黑科技、技术大屏造成资源浪费和内容价值降低，资本整合困境造成融合改革资金不足，全媒型专业人才短缺。2016 年 2 月 19 日，习近平总书记主持召开党的新闻舆论工作座谈会并先后到人民日报社、新华社、中央电视台三家中央媒体单位调研。② 针对主流媒体融合转型实践中出现的问题和部分媒体徘徊不前的现状，从整体发展层面，习近平总书记提出"要尽快从相'加'阶段迈向相'融'阶段"，同时明确了媒体融合发展的三个阶段，即从"你是你、我是我"变成"你中有我、我中有你"，进而变成"你就是我、我就是你"。从思维层面，全面阐述了党的新闻舆论工作创新的九个方面——理念、内容、体裁、形式、方法、手段、业态、体制、机制。从推动融合的实践路径层面，提出要增强针对性和实效性，要适应分众化、差异化传播趋势，强调"融合发展必须坚持内容为王"，同时重申了"着力打造一批新型主流媒体"这一目标任务。

2. 打通媒体融合"最后一公里"：全面布局县级融媒体中心建设

随着今日头条、快手、抖音等移动社交商业平台向四、五线地级市和区县的下沉，打通媒体融合"最后一公里"的主流思想舆论阵地建设紧迫且必要。2018 年 8 月，习近平总书记在全国宣传思想工作会议上提出，"要加强传播手段和话语方式创新，让党的创新理论'飞入寻常百姓家'。要扎实抓好县级融媒体

---

① 关于媒体融合，看总书记的重要指示［EB/OL］. 求是网，2019-01-26.

② 习近平在党的新闻舆论工作座谈会上强调：坚持正确方向创新方法手段 提高新闻舆论传播力引导力［EB/OL］. 人民网，2016-02-20.

中心建设，更好引导群众、服务群众"①。县级融媒体中心建设的提出标志着主流媒体被正式纳入国家治理体系，成为多元主体协同参与社会治理的主体之一，而这一发展也是基于中国特色的媒体融合本土化创新。2018 年 9 月，中宣部召开县级融媒体中心现场推进会，部署在全国范围内推进县级融媒体中心建设，提出 2018 年先行启动 600 个县级融媒体中心建设，目标任务是到 2020 年基本实现全国覆盖。② 同年 11 月，中央全面深化改革委员会第五次会议通过《关于加强县级融媒体中心建设的意见》，为打通媒体融合"最后一公里"的县级融媒体中心建设定准基调，即"组建县级融媒体中心，有利于整合县级媒体资源、巩固壮大主流思想舆论""调整优化媒体布局，推进融合发展，不断提高县级媒体传播力、引导力、影响力"。③

（三）深度融合：打造新型主流媒体与全媒体传播体系（2019—2021 年）

从 2019 年媒体融合迈向纵深发展新阶段到推进媒体深度融合写入《中华人民共和国国民经济和社会发展第十四个五年规划和 2035 年远景目标纲要》，打造新型主流媒体与全媒体传播体系始终遵循着媒体深度融合政策"指挥棒"的方向路线。2019 年 1 月 25 日，中共中央政治局在人民日报社就全媒体时代和媒体融合发展举行第十二次集体学习，习近平总书记主持并在讲话中强调要"推动媒体融合向纵深发展"④。经过从中央媒体到县级融媒体中心 5 年的媒体融合发展和新型主流媒体建设，在纵深发展、深度融合的新阶段，融合的方向目标和原则逐渐清晰，打造新型主流媒体与全媒体传播体系成为前瞻性布局的核心关键。讲话同时提出了关于"四全媒体"环境的精辟论断和基于四个维度媒体（平台）构建全媒体传播体系的明确目标，从统筹处理好四对关系出发，为媒体融合在纵深发展阶段打造一批具有强大影响力、竞争力的新型主流媒体指明一体化的方向路径，即"通过流程优化、平台再造，实现各种媒介资源、生产要素有效整合，实现信息内容、技术应用、平台终端、管理手段共融互通，催化融合质变，放大一体效能"。⑤

2020 年 9 月，中共中央办公厅、国务院办公厅印发《关于加快推进媒体深

---

① 习近平出席全国宣传思想工作会议并发表重要讲话［EB/OL］.新华网，2018-08-22.

② 县级融媒体中心建设全面启动［EB/OL］.中国记协网，2018-09-26.

③ 习近平主持召开中央全面深化改革委员会第五次会议［EB/OL］.新华网，2018-11-14.

④ 习近平：加快推动媒体融合发展 构建全媒体传播格局［EB/OL］.求是网，2019-03-15.

⑤ 习近平：加快推动媒体融合发展 构建全媒体传播格局［EB/OL］.求是网，2019-03-15.

度融合发展的意见》，正式提出构建"以内容建设为根本、先进技术为支撑、创新管理为保障的全媒体传播体系"，并对媒体深度融合提出了四个措施：一是互联网媒介资源的重新配置，二是用户参与内容生产与传播，三是媒体组织流程再造，四是四级媒体分级融合发展。① 前三点聚焦新型主流媒体建设，第四点着眼全媒体传播体系构建。2020 年 11 月，国家广电总局印发《关于加快推进广播电视媒体深度融合发展的意见》，并明确广播电视行业深度融合发展的时间点和阶段任务，"力争用 1 至 2 年时间，新型传播平台和全媒体人才队伍建设取得明显进展""用 2 至 3 年时间，在重点领域和关键环节的改革创新取得实质突破"，长远目标体现出打造新型主流媒体与全媒体传播体系这两个核心的向上统一性——"打造一批具有强大影响力和竞争力的新型广播电视主流媒体""逐步建立以内容建设为根本、先进技术为支撑、创新管理为保障的全媒体传播体系"。2021 年 3 月，《中华人民共和国国民经济和社会发展第十四个五年规划和 2035 年远景目标纲要》明确指出当前媒体深度融合战略的方向目标，即"推进媒体深度融合，做强新型主流媒体"。② 以新型主流媒体建设和全媒体传播体系构建为核心的媒体深度融合也将贯穿"十四五"时期发展，成为实现 2035 年远景目标的有机构型要素。

二、应势而动：顶层设计引领下的主流媒体体制机制变革

在媒体融合战略这一顶层设计政策指挥棒的强有力催动下，我国各级主流媒体的融合变革如火如荼展开，从技术驱动的内容生产创新到以平台为主的全媒体生态构建，从采编生产流程的再造试水到媒体单位体制机制的一体化变革，主流媒体的融合改革之路整体呈现出应势而动的积极态势。虽然在媒体融合初期呈现出纸媒整体起步较快、广电媒体起步相对较缓，中央媒体融合发展示范效应强、地方媒体发力较弱的融合发展不平衡问题，但随着深度融合发展政策的推进，从央县两端发力到央省市县四级融合发展的全媒体传播体系和新型主流媒体建设，政策指挥棒的积极效应与媒体融合改革的制度优势逐渐显现，涌现出一批示范意义显著且各具特色的媒体融合单位。

① 陈接峰，荆莉. 媒体深度融合的结构选择、制度设计以及供给侧改革的路径［J］. 编辑之友，2021（10）：35-42.

② 中华人民共和国国民经济和社会发展第十四个五年规划和 2035 年远景目标纲要［EB/OL］. 新华网，2021-03-13.

（一）中央级主流媒体的一体化发展与内容生产机制创新

作为旗舰型的媒体组织和全域性媒体①，以人民日报、新华社、中央广播电视总台为代表的中央级主流媒体是应势而动进行媒体融合改革的先锋队，三家媒体的转型策略体现出紧密呼应国家顶层设计的显著特点，均采用以移动优先为核心准则的一体化融合发展路径，以平台化思维搭建新媒体传播矩阵，以体制机制改革推动中央级新型主流媒体建设，同时根据自身资源配置情况进行差异化、品牌化的重点突破。以人民日报为例，作为曾被联合国教科文组织评为世界十大报纸之一的中共中央机关报②，人民日报的融合转型之路起步较早，以1997年创办网络版、2005年人民网开始公司化运作、2012年人民日报官方微博正式启用、2017年人民日报全媒体平台"中央厨房"正式建成投入使用为标志性时间点，大致划分为四个阶段：报刊网络化时期（1997—2005年）、报网融合时期（2005—2012年）、新媒体拓展时期（2012—2016年）、全媒体传播矩阵建设时期（2017年至今）。③

从媒体组织的体制机制差异化变革来看，人民日报以内容生产机制为重点进行资源要素重组和生产流程的供给侧改革，以"中央厨房"突破融合生产的思维边界和流程边界，打通报、网、移动端全媒体矩阵，内容生产机制的重塑直接体现在内容产品的话语转型、新媒体品牌的栏目打造、内容产品链条的运营创新上，比如，《快看呐！这是我的军装照》H5等现象级网感产品的超高用户参与度和知名度，侠客岛、麻辣财经等专业化、垂直化新媒体品牌的创新激励，时光博物馆线下体验、品牌联名创意周边等延长内容产品链的品牌运营，都体现出内容生产机制创新的供给侧改革带来的融合转型实效。

（二）省市级主流媒体的全媒服务综合平台建设

我国媒体融合发展呈现自上而下、由中央到地方推进的特点④，媒体融合从中央层面向省级以下层面拓展，旨在构建横向到边、纵向到底的媒体融合格

① 陆先高. 探索媒体融合差异化发展［J］. 新闻战线，2019（20）：22-24.
② 万小广，程征. 人民日报媒体融合发展战略与启示［J］. 中国记者，2016（10）：57-59.
③ 麦尚文. 媒体融合十年：全媒体融合传播的轨迹、理论与战略［M］. 北京：社会科学文献出版社，2021：252.
④ 曾祥敏，刘日亮. 媒体融合质变的关键问题研究：基于2019年中国媒体融合发展的分析［J］. 现代出版，2019（06）：17-21.

局①，而省市级主流媒体作为连接全媒体传播体系的中间环节，不仅具有巩固宣传思想文化阵地、壮大主流思想舆论、搭建上下联动信息网的舆论阵地作用，还具有贴近当地用户和资源、参与省市综合发展和治理的社会服务作用，因此，打造"新闻+政务服务商务"的全媒服务综合平台成为省市级媒体内容机制、盈利机制创新的发展策略。2015 年初，湖南日报社改革体制机制成立新媒体发展领导小组，并于同年 4 月组建报社新媒体中心，融合改革的首要发力点聚焦于包括客户端、微博、微信、微视频在内的"一端三微"新媒体产品矩阵建设，其中新湖南客户端是融合转型主打的内容产品。2015 年 8 月 15 日，基于原"湖南日报"和"无线湖南"两个客户端资源整合后迭代升级而成的新湖南客户端上线，新湖南客户端的功能定位是"新闻内容+民生服务"，开通了主打新闻内容产品的垂直版块"新闻"和"读报"，主打政务民生服务的垂直版块"服务"，提供招聘、旅游、综艺等增值服务的垂直版块"发现"，上线一年后自主下载量突破 1200 万，日均活跃用户占比 0.081%，日均活跃用户 97.1 万人，日均点击量 582.6 万余次②。同样是在 2015 年，浙江日报报业集团"浙江新闻"手机客户端在 5 月测试上线升级版，在融合转型战略上，浙报集团构建了"三圈环流、三端融通、三点发力"的三三战略③，也就是实施核心圈、紧密圈、协同圈的"三圈环流"新媒体矩阵工程，搭建纸媒端、PC 端、移动端"三端融通"的采编一体化平台，强化内容为本的时效、言论、深度"三点发力"，以多元产业驱动的创新模式实现了盈利机制的突破，2016 年浙报传媒公司总资产就达到 93.2 亿元，仅次于上海报业集团位居国内报业集团第二名。

　　虽然市级媒体的融合转型被认为未获得政策支持呈现出"空心化"的发展趋势④，但处于"中部洼地"的市级媒体也有通过延拓内容边界进行全媒体转型的样板案例，比如，宁波日报报业集团 2015 年 7 月 8 日上线甬派客户端，突破"单一新闻终端"模式，定位于打造"新闻派+服务派+福利派"的城市型客户端样板，创新建设"城市服务移动新平台"，上线三年，注册用户数超过 300

① 张芸. 省级媒体深度融合的现实问题与理论思考：基于河北省的调研 [J]. 新闻与传播研究，2018，25（S1）：128-129.

② 数据来源于清华大学新闻与传播学院新媒体研究中心《"新湖南"客户端年度分析报告》.

③ 鲍洪俊. 实施三三战略 强化内容生产 推进媒体融合：浙江日报报业集团推进媒体融合发展的创新尝试 [J]. 中国记者，2016（06）：36-38.

④ 谢新洲，石林. "上下夹击"与"中部突围"：我国地市级融媒体发展研究——基于四市媒体融合发展的实地调研 [J]. 现代传播（中国传媒大学学报），2019，41（12）：1-8.

万，日活跃度保持在 20% 左右。

（三）县级融媒体中心的在地化融合模式创新

2018 年 8 月全国宣传思想工作会议上提出要扎实抓好县级融媒体中心建设，揭开了县级融媒体中心建设序幕，截至 2019 年 8 月，以各省为单位的县级融媒体中心挂牌行动都已启动，例如，浙江省挂牌成立 56 个县级融媒体中心，山西首批启动建设的 39 个县（区、市）融媒体中心在 2018 年年底全部揭牌，甘肃省计划 2020 年年底实现县级融媒体中心建设全覆盖等。县级融媒体中心建设的目标定位是党的舆论阵地和"媒体+"服务平台，目标用户明确、在地文化贴近的地缘优势是其与央媒、省媒、市媒差异化发展的最显著优势，深耕地方特色，黏住本地用户成为县级融媒体中心建设的根本要义。

纵观全国，基于在地化进行探索的多元融合模式逐渐显山露水，以浙江长兴新媒体集团为代表的独立自主建设模式、以湖南日报省媒与浏阳融媒体中心市媒合作为代表的垂直共建模式、以北京 16 区为代表的跨界合作模式、以四川合江与山东广电的跨省市共建为代表的区域合作模式、以中央广播电视总台与全国 100 家县级融媒体中心联合打造的"全国县级融媒体智慧平台"上线为代表的央县联动模式，这五项模式类别成为县级融媒体中心在地化打造的典型创新样板。

第三节　用户变迁：网络空间的移动生存、碎片认知与交互参与

随着 WEB 2.0 朝 WEB 3.0 时代的发展过渡，互联网空间在当下已经成为人们生产和生活依赖的社会化新空间，同时网络空间也成为整合社会认知、凝聚社会共识的线上新空间。在互联网信息使用类别上，我国网络视频（含短视频）用户规模达 9.44 亿，其中，短视频用户规模达 8.88 亿。[1] 数字化、移动化、视频化成为当下乃至未来很长一段时间内大众的信息消费习惯，媒介的使用者已经从传统媒体时代接收信息的受众发展为全媒体传播时代积极产销网络内容、驾驭个人信息空间的用户。"人在哪里，新闻舆论阵地就应该在哪里"[2] ——在

---

[1]　中国互联网络信息中心（CNNIC）. 第 48 次中国互联网发展状况统计报告［R/OL］. 中国互联网络信息中心，2021-09-15.

[2]　用好"奋进石化"平台 探索提升网络空间领导力［EB/OL］. 旗帜网，2021-06-01.

党的新闻舆论工作座谈会上，习近平总书记曾这样强调，大众向网络空间的迁移推动了主流媒体内容生产模式和传播渠道的创新转向，而用户——这一从媒体运营角度出发，对受众称呼的革新，也意味着大众媒介使用习惯、数字化生存方式的变迁。牛津大学互联网研究中心的报告提出，"下一代互联网用户"最重要的特征，就是对媒介资源的"自我配置"①。在全媒体传播的环境中，作为媒体使用者、内容生产者和传播中介的用户，对于主流媒体内容生产具有比以往任何时期都积极的能动性和强大的能动力，用户不仅参与新闻传播活动的各个环节，还会依照自己的喜好，各自建立异构化的信息渠道与媒介使用时空②，一方面通过自我塑造获得存在感和归属感，另一方面通过情绪表达谋求情感支持和获取社会资本③。因循单一信息连接的传统渠道已经无法有效触达智能移动时代的互联网用户，围绕社交、工作、生活、娱乐、教育等浸入式媒介化生存领域衍生的用户行为特征和心理需求④，正逐渐成为主流媒体搭建用户连接网的重要决定因素。移动生存、碎片认知、交互参与成为全媒体时代用户身份和媒介使用习惯变迁的三大主要特征。

一、移动生存：终端随人走，信息围人转

手机等现代传播科技的普遍使用与移动性的塑造密不可分⑤，21 世纪的互联网时代是终端随人走、信息围人转的移动生存时代，在中共中央政治局第十二次集体学习中，习近平总书记再次强调："人在哪儿，宣传思想工作的重点就在哪儿。"⑥ 在互联网背景下，用户洞察是互联网制胜的关键⑦，坚持移动优先策略就是全媒体传播时代主流媒体贴近用户、提升用户洞察力的关键一步，需

① 马克·格雷厄姆，威廉·H. 达顿．另一个地球：互联网+社会［M］．胡泳，徐嫩羽，于双燕，等译．北京：电子工业出版社，2015：25.

② 喻国明，曲慧，方可人．重新理解媒介：以受众"媒介观"为中心的范式转换［J］．新疆师范大学学报（哲学社会科学版），2021，42（02）：111-119，2.

③ 蔡雯．媒体融合进程中的"连接"与"开放"：兼论新型主流媒体建设的难点突破［J］．国际新闻界，2020，42（10）：6-17.

④ 曾祥敏，刘日亮．"生态构建"：媒体深度融合发展的纵深进路［J］．现代出版，2022（01）：50-63.

⑤ 戴宇辰，孔舒越．"媒介化移动"：手机与地铁乘客的移动节奏［J］．国际新闻界，2021，43（03）：58-78.

⑥ 习近平主持中共中央政治局第十二次集体学习并发表重要讲话［EB/OL］．新华网，2019-01-25.

⑦ 喻国明．媒介革命：互联网逻辑下传媒业发展的关键与进路［M］．北京：人民日报出版社，2015：45.

要注意的是，移动优先是一种彻底的逻辑思维转换，是从对互联网用户"以我为主"的苦苦探索到明确自身定位、突破用户圈层的过程。而想要实现"破圈"，就必然要了解目标用户画像和可接受的话语表达方式，内容生产思维也要向与用户建立心理连接进行逻辑转换。这是 WEB3.0 个体交互特点下的关系连接，是一种"非理性"逻辑，但作为互联网舆论特征的"非理性"不是反理性，而是相对强调个体与个体之间的情绪共振、共情体验等心理连接和社会认同，尤其是在个人属性越发突出、强调人人都是生活记录者和创造者、人人都有麦克风的移动化个体社交时代，高高在上的形象已经成为大众传播时代的"老古板"，受到互联网用户喜爱的接地气、有个性、有反差萌、有实力的新偶像正在逆袭，比如，主流媒体记者和主持人正在通过社交平台发声和 vlog 等多元个性化的内容产品打破人们对其严肃、正经、"人肉播报机"的刻板印象，通过短平快的图文或者短视频内容产品，展示生活化的自我与工作中精英形象形成反差的"躺平"的一面，形塑与用户之间的个性认同和移动终端的生活化连接。

二、碎片认知：短平快传播下的认知盈余

"碎片化"一词最早源于 20 世纪 80 年代"后现代主义"的研究中，是常用于文学写作、电影拍摄的手法。21 世纪后，随着互联网的发展和人们生活节奏的迅速变化，"碎片化"的应用领域逐渐向新闻传播和媒介使用渗透，以黄升民为代表的中国学者将其特征归纳为：社会阶层的多元裂化、消费者受众细分以及媒介小众化①。随着多元化的媒介与社会分层，用户习惯在自由时间接受零散信息、脱域信息和可选信息，这种围绕自由时间形成的碎片化信息传播方式，即"碎片传播"。而我们所处的以 ICT（Internet Computer Technology）为核心的流动空间，则以全新的信息传播方式塑造了依托于新媒体的"碎片传播时代"。无论是短文本的微博、微信、小红书，还是短视频的抖音、快手、视频号，都有一个共同的特点：对用户而言，便于浏览、便于交流，对信息生产者而言，便于制造、便于传播。这种基于碎片化时代产生的可供用户在自由时间内实现信息生产和消费的 UGC 新媒体平台，可以统称为"碎片式新媒体"。有学者提出碎片式新媒体平台具有内容生产和消费的二重性：一是平台内容制作碎片化，制作者可利用自由时间进行内容生产；二是用户信息浏览碎片化，人们可在自

---

① 黄升民，杨雪睿．碎片化：品牌传播与大众传媒新趋势［J］．现代传播，2005（06）：6-12.

由时间进行信息的选择与浏览。① 碎片式新媒体平台往往制作速度快、创造门槛低、占用空间小、易于传播，能够为生活在碎片传播时代的人们带来爆炸式信息增收。随着网络技术的发展和人们精神文化需求的增多，一方面，生产力发展带来的自由时间（也称"有闲"时间）增多，人们对于碎片式新媒体的需求不断增加；另一方面，由于碎片式新媒体的不断发展，人们有了更多接收信息、创造信息的能动性。后者基于"有闲"时间产生，也将为填充"有闲"时间、满足受众需求而不断拓展。美国互联网社会经济研究专家克莱·舍基（Clay Shirky）认为，在碎片化时代，有知识水平的人利用自由时间在进行内容消费的同时，也能够进行内容的创造和分享，后者带来的价值远胜于消费本身，因此对这部分"有闲"时间再利用，就产生了一种新的潜在价值区间，即"认知盈余"②。依据认知盈余理论，在碎片传播时代，新媒体平台将用户的"有闲"时间加以利用并转化变现，可以实现"盈余"。

三、交互参与：微粒化、节点化连接的内容产消者

互联网平台的崛起是现阶段传媒生态的最重要的改变之一，具体表现在互联网所提供的全新的社会"连接方式"，正使整个社会由过去的科层制社会转变为分布式社会，也称"微粒化"社会，或"碎片化"社会③，人、物都成为互联网分布式连接的节点，人与人、人与物、物与物以及人—物—信息之间的去中心化连接成为大势所趋。基于微粒化、节点化连接的背景，随着移动互联网、智能移动设备和各类移动内容平台的普及，大众对信息的消费和生产可以同时完成，"人人传播"成为现有媒体业态④。传统大众是信息的被动接受者——受众；当下，大众开始成为信息主动的使用者——用户，甚至集生产者与发布者为一体——产消者（Pro-sumer）。对主流媒体和新闻从业者而言，海量的用户生产内容（UGC）是争夺大众注意力的竞争者，但用户更是生产力。互联网作

① 陈洁. 基于"认知盈余"的碎片式新媒体内容变现研究［J］. 经济与社会发展，2017，15（06）：68-72.

② 克莱·舍基. 认知盈余［M］. 胡泳，哈丽丝，译. 北京：中国人民大学出版社，2012：139.

③ 喻国明. 互联网平台：传播生态的巨变及其社会治理［J］. 新闻论坛，2021，35（05）：7-9.

④ 赵子忠，郭好. 技术生态视域下的全媒体传播体系建设［J］. 新闻与写作，2021，439（01）：12-17.

为"母媒介",过去的一切媒介都是互联网的内容,使用互联网的人也构成内容。①

　　一方面,用户生产内容可以成为记者的信息源之一,PUGC(Professional Generated Content + User Generated Content,专业用户生产内容)的协同生产模式让新闻更贴近第一现场、抓到第一落点、获取第一信源。比如,在 2020 年新冠疫情防控期间,人民视频日播直播节目《武汉时间》(后更名为《人民战"疫"》)联合全国百家媒体、平台、政务机构以及全国人民拍客,实时报道各地疫情现状,在线陪伴用户。中央广播电视总台的融媒体系列短视频《武汉:我的战"疫"日记》则与拥有海量"自媒体"创作者的快手短视频合作,取材用户自行拍摄的 UGC 内容,用"大小屏"联动记录、传播疫情之下个体的真实生活。另一方面,活跃用户的画像、偏好数据等都可以成为记者精准定位报道、改善策采编发及交互设计的重要依据。虽然有学者已经注意到算法"过滤泡"带来的信息封闭性、隐蔽性、强制性②,但大部分用户仍然无法抵抗贴近自身个性和注意力所在的信息精准推送,主流媒体内容生产想要突圈破壁,就需要掌握用户的垂直喜好,形成新闻产品的差异话语,善用算法技术助力深度传播,这也是主流媒体从业者由生产者思维向用户思维转变,由生产新闻报道向运营新闻产品转型,进而提升主流媒体信息传播力、影响力的重要能力。

第四节　市场隐忧:新媒体强势冲击下的
传统媒体经营弱势

　　我国主流媒体运营体制的基本模式是"事业单位,企业化管理",具有意识形态上的事业和经济层面上的产业的双重属性。1996 年,试水市场化经营的主流媒体集团化改革奠定了传媒体制的基本框架,集团化改革的初始目标,便在于建立与"事业单位,企业化管理"这一体制相适应的组织形式③,通过开拓广告市场,实现通过增加媒体的收入进而缓解自身财政压力的目标。其后全面推进的"转企改制"改革,及一直酝酿的组建大型传媒集团,是媒体集团发展

---

① 莱文森. 数字麦克卢汉:信息化新千纪指南 [M]. 何道宽,译. 北京:北京师范大学出版社,2014:16.

② 伊莱·帕里泽. 过滤泡:互联网对我们的隐秘操纵 [M]. 方师师,杨媛,译. 北京:中国人民大学出版社,2020:8-9.

③ 肖赞军. 报业市场结构研究 [M]. 长沙:岳麓出版社,2009:153-156.

在体制层面的深度转型。① 虽然寻找经济支持一直贯穿于我国媒体改革的发展历程②，直到今天主流媒体仍在寻找流量变现的可行之道，但对我国主流媒体而言，意识形态引领的社会效益是根本遵循，这与西方主流媒体存在着根本区别。有学者归纳总结了美国三家代表性报业媒体《纽约时报》《今日美国》《华盛顿邮报》的融合变革之路，发现"自上而下、以资本为主导"是其变革的共同点，资本主义制度下的主流媒体以明确的市场导向为内容生产与传播转型的首要动力因素，而我国主流媒体自上而下的媒体融合变革则由国家政策予以支持和推动。2018 年 2 月 28 日，党的十九届三中全会通过《中共中央关于深化党和国家机构改革的决定》，将事业单位进行了四项分类并提出对应要求：一是承担行政职能的事业单位，改革要求为理顺政事关系，实现政事分开，不再设立承担行政职能的事业单位；二是从事经营活动的事业单位，要求推进事企分开；三是向社会提供公益服务的事业单位，要求推进管办分离，强化公益属性，破除逐利机制；四是为机关提供保障的事业单位，要求明确功能定位，逐步压缩规模，实行严格管理。从分类和要求来看，我国主流媒体单位属于向社会提供公益服务的事业单位以及从事经营活动的事业单位，要求都是去行政化、去营利性，因此，市场导向、盈利模式对于我国主流媒体内容生产转型的推动力量其实并不像西方主流媒体"疾风扫秋叶"那般，但回顾以报业为排头兵的融合转型历史可以发现，以广告和发行收入下滑为预警的经济和市场因素也构成了转型变革的预置性因素之一。

一、经营变革：传统媒体以内容为中心的商业运营模式呈现式微态势

根据慧聪媒体研究中心监测，我国报业广告的月增长率从 2005 年 3 月开始同比增速呈现下滑趋势，6 月的同比增幅已不到 3%③，这一下降趋势在国内那些十分具有市场竞争力和社会影响力的报纸上都有体现，甚至是一种普遍的"一叶知秋"的反映。曾经位居全国前十的大报只有一两家仍处于正向增长，其他报业集团都存在亏损问题。根据抽样统计，2005 年上半年国内报业集团销售额暴跌，大部分单位的实际广告收入都下跌了三分之一到十分之一，平均下跌幅度超过 15%。曾经成绩斐然的北青传媒，上半年净利润仅为 17 万元，但 2004

① 肖赞军，陈思颖 . 主流媒体集团的全面转型之困及发展研究 [J]. 传媒观察，2020 （10）：38-43.

② 陈国权 . 今天，谁来"供养"报业？——对"事业单位，企业化管理"的改革探讨 [J]. 青年记者，2018 （28）：60-62.

③ 肖景辉 . 2005，中国报业寒风中的徘徊与期待 [J]. 传媒，2005 （12）：7-10.

年的同期利润高达 6630 万元。根据中国广告协会的数据，2005 年报纸广告收入总增速虽然仍为正，但已经从过去的两位数下降到了个位数。

在分析中国报业收入式微的现状时有必要考虑当时的背景，彼时，国家对医药广告行业、房地产行业、汽车、电信等媒体广告的重要支柱产业都在进行调控，垂直类别行业产值的放缓直接导致这些主要的报业广告客户数量锐减。随着互联网 WEB 2.0 时代的崛起，户外广告、手机电视广告、楼宇广告、城市广播广告、电梯广告等依托互联网的新媒体行业迅速崛起，媒体广告份额这盘"蛋糕"被新生力量迅速分裂、侵蚀，这是传统媒体广告暴跌的最深刻、最根本的原因。①

二、产业融合：依托平台效能进行社会资源配置的转型

我国传媒业作为产业的效应是在市场经济实行之后开始逐渐显现出来的，随着社会的发展不断体现出重要性。从工业化时代到后工业化时代，社会的市场经济发展过程是越发朝着发达化、高级化方向上升发展的，尤其是在互联网出现之后，全球化、媒介化、市场化的连接无处不在，这就是社会通过信息生产与传播对资源进行的重构和重组。信息论和控制论的提出者维纳曾说过，信息是连接社会的黏合剂。互联网就是通过信息的传播对社会资源进行了架构重塑和组织再生，带来资源的对接、匹配、发现、挖掘和整合，进而形成重新连接后的新的经济、政治、文化和社会资源。因此，传媒业作为一个产业的重要性就变得越来越凸显，因为它已经在社会资源整合的方方面面中扮演着越来越重要的角色。

经济基础决定上层建筑，经济上的成功是政治上成功的先决条件。从媒介自身的发展历程看，都市报崛起之后的发行量明显超过曾经一家独大的机关报，不仅是大众百姓，政府、组织机构等也非常重视都市报在传递信息，尤其是贴近当地的社会生活信息方面的重要作用。当下移动互联网占领产业先机，必然带来市场上的优势，而这种优势也带来它在政治、文化等方面的影响力。所以，新型主流媒体一方面承担主流意识形态引领作用，另一方面也需要通过引入市场竞争机制实现自我造血，没有市场的成功，虽然当前有的媒体属于公益一类或者二类的事业单位，靠财政拨款可以维持生计，但不把"蛋糕"做大，市场的激励机制就无法对主流媒体的良性发展产生促进作用，主流媒体如果在市场

---

① 吴海民. 媒体变局：谁动了报业的蛋糕？——关于报业未来走势的若干预测 [J]. 中国报业，2005（11）：23-32，78.

经营上埋下短板，那么在政治和意识形态引领上的责任担当、对大众的影响力、对价值观弘扬的能动力都将后继无力。

第五节　文化转向：融合开放的参与式互联网文化

伊尼斯在《传播的偏向》（*The Bias of Communication*）一书中写道："一种新媒介的长处，将导致一种新文明的诞生。"① 随着中国1994年正式全功能接入国际互联网，近20年来互联网技术和内容的蓬勃发展催动着中国互联网文化的自我发展与变迁，我们知道媒介文化是影响媒介产品的重要型构要素之一，因而互联网文化也成为影响我国主流媒体内容生产转型的重要型构要素。库尔德利认为媒介文化是意义建构习惯（sense-making practices）的集合，其主要的意义资源是媒介②，互联网文化之所以具有强有力的型构力量，也是基于互联网作为媒介的意义指向。莱文森曾指出"互联网是一切媒介的媒介"③，通过回顾传播史我们可以发现一个规律，就是每一种新媒介都把一种旧媒介作为自己的内容，而互联网不仅融汇一切旧媒介成为自己的内容，而且连使用互联网的人也成为其内容，参与建构着互联网文化，可以说，强大的包容性和开放性使得互联网成为融汇万物的"母媒介"，不仅推动着自身处于不断螺旋式上升的发展进程，而且对政治、经济、文化等社会其他要素都产生了强大的影响力和型构作用，这在一定程度上印证了麦克卢汉的论断，即媒介的影响之所以非常强烈，恰恰是另一种媒介变成了它的"内容"④。在形塑开放式多样性媒介文化的成因上，库尔德利提出多种媒介文化的形成可以归因于人的各种需求⑤，在这里，需求代表一种广义的、集体确定的指向，包括但不限于经济需求、族属需求、政

① 哈罗德·伊尼斯. 传播的偏向 [M]. 何道宽，译. 北京：中国人民大学出版社，2003：85.
② 库尔德利. 媒介、社会与世界：社会理论与数字媒介实践 [M]. 何道宽，译. 上海：复旦大学出版社，2014：166.
③ 莱文森. 数字麦克卢汉：信息化新千纪指南 [M]. 何道宽，译. 2版. 北京：北京师范大学出版社，2014：110.
④ 马歇尔·麦克卢汉. 理解媒介：论人的延伸 [M]. 何道宽，译. 北京：商务印书馆，2000：46.
⑤ 库尔德利. 媒介、社会与世界：社会理论与数字媒介实践 [M]. 何道宽，译. 上海：复旦大学出版社，2014：166.

治需求、被社会和道德认可的需求、信仰需求、社会需求、休闲需求等①，因此作为主体的人不仅是互联网的内容，人的需求同时也是促进多元开放互联网文化形成的动力原因，在人的多元需求的催动下，作为媒介的互联网不断延伸和丰富着自身的内容边界和文化意旨，在辩证发展的勃兴进程中，借力"无组织的组织力量"，形成了多元融合且突破空间疆界和文化边界的参与式网络文化。

一、互联网文化特征：焦点游移、圈层过滤、主流调和

顾名思义，互联网文化是指以网络形态存续和发展、依托于网络虚拟空间的文化②，但是理解互联网文化，并不能仅从字面意思出发，认为其指向的是只存在于互联网空间的文化。在数字化、媒介化生存的当下中国社会，互联网文化已经渗入个体生活、社会运转的方方面面，人们的思维方式、话语表达方式、人际交往行为、信息传播习惯乃至社会交往方式、工作生活模式，都被数字化技术、互联网媒介文化所修正、选择、平衡，在数字化媒介逐渐渗入社会生活的过程中，互联网文化逐渐显露出焦点游移、圈层过滤、主流调和的显著特征。同时，文化是意识形态再现的载体③，其形成和发展依托于特定的历史语境，当不同意识形态再现的文化共存于同样的时代、社会、政治、经济、文化的语境中，其间的关系是相互依存、融合、辩证统一的，互联网的连接力为跨文化传播、媒介融合添柴加薪，同时也为主流媒体的国际传播、文化交流、舆论宣传延展了场域空间。

在大众传播时代，有学者将中国的文化划分为主流文化、大众文化和精英文化，三种文化彼此之间被视作有着边界清晰的判定或者立场、态度等方面的对立关系。但随着互联网的发展，对于全媒体传播时代的文化产品，无法仅凭内容生产的主体或者内容自身的话语特征将其进行框架式的单一限定，在人人发声、人人创作的互联网环境中，大众文化空前繁盛使得文化发展呈现出积极和消极影响的一体两面，有学者将中国原生互联网文化的主导形态归纳为"去理性化、去层级化、去深度化"的趋势④，这一趋势符合文化日益走向市场、

① 库尔德利.媒介、社会与世界：社会理论与数字媒介实践［M］.何道宽，译.上海：复旦大学出版社，2014：168-181.
② 张苏秋.网络文化传播生态：缘起、特征与治理［J］.中国文化传播，2022（01）：70-82.
③ 黄书泉.论三种文化的互补与整合：改革开放30年文化反思［J］.学术界，2010（02）：5-17.
④ 常江."成年的消逝"：中国原生互联网文化形态的变迁［J］.学习与探索，2017（07）：154-159，192.

谋求社会效应的现实发展，也与互联网网民的群体画像有一定程度的呼应。在全媒体传播语境下，我们仍可以发现主流文化、大众文化、精英文化彼此交织融合的影子，这种交织融合、互构同构，与社会学的主体间性有异曲同工之处，在各主体话语交互、认知共塑的媒介文化演进过程中，我国互联网文化呈现出焦点游移、圈层过滤、主流调和的显著特征。

（一）焦点游移：互联网模因的传播与变异

模因（meme），又译为米姆、谜因、觅母、谜米等，源自希腊语"mimema"，指被模仿的东西及现象。[①] 模因文化的研究由来已久，其关键要点和用户的参与、创造、传播密切相连，用户的参与也会使模因不断传播并在传播中不断变异，最终发生原本关注焦点的游移或者被新的模因取代。随着互联网对人们话语表达、文化参与、传播习惯的形塑，互联网模因借助社交平台、视频网站、论坛社区等迅速实现规模化发展，模因常见的话语呈现形式有流行语、表情包、音乐片段、标志动作、短视频片段等，其内容的生成既有偶发或者策划的原创内容，比如，独立的用户个体进行内容原创后引发他人广泛效仿，抑或平台策划玩法规则或相关话题吸引用户参与进而在平台内引发流行；也有对原创作品进行截取、改编或者再创作而生成的内容，这类内容在互联网上被称为"二改"或者"二创"，"二改"与"二创"之间也存在差别，"二改"通常指的是修改自己创作或者他人创作的原作品，包括给视听作品涂抹或增加水印、调色、裁剪、截取等，比如，电视剧制作方截取剧中片段做成表情包动图，"二创"则通常指的是在原作品基础上进行新创作，包括仿作、改编、引用并演绎、衍生等创作模式，"二创"的作品也有可能被其他用户继续再创作而生成多次创作的作品，比如，互联网画手根据文字内容二次创作出漫画作品，小说写手根据影视剧内容二次创作出文字作品，视频后期根据视听素材重新配音、配乐、剪辑画面或者创作故事线而生产出二次创作的视频等，但无论是"二改"还是"二创"，其带来的版权问题也不容忽视。

道金斯将模因的基本性质定义为长效性、多元性和易复制性，同时，群体传播、复制戏仿以及竞争选择这些原初生物学意义上的概念也越来越与当代互联网文化密切相关。[②] 在用户群起模仿、二次创作、多次创作的过程中，互联网

---

① 吕鹏，张昊鹏. 网络模因研究：概念界定、理论实践与价值启示［J］. 国外社会科学前沿，2023，513（02）：18-46.

② 吕鹏，张昊鹏. 网络模因研究：概念界定、理论实践与价值启示［J］. 国外社会科学前沿，2023，513（02）：18-46.

模因逐渐成为当代互联网文化中规模化的组成部分，同时也是互联网文化话语演进的催动要素。论其影响，一方面，互联网模因带来的社交互动、娱乐戏谑、情感认同能够使大众获得一定的信息和情绪价值，并激发用户的创作热情和创造力，促进用户积极创作内容，丰富互联网文化多模态的话语表现内容与形式，比如，网友将"萌兰""花花"等中国大熊猫样态制作成表情包、短视频，促进了大熊猫可爱形象的塑造和传播；另一方面，也要警惕互联网模因病毒式传播带来的文化浅表化和过度娱乐化，过分追求内容传播效果、戏谑效果在一定程度上也会刺激低俗、暴力、谣言的流行，模因的影响力不仅局限在互联网空间，更会在人们的现实生活场景中弥散开。此外，模因在传播和变异的过程中，用户的关注焦点也极容易发生游移，正如一本书的名字"不要因为走得太远而忘记了为什么出发"，模因的变异、互联网热点的快速迭代，也会加剧人们注意力的分散和游移，碎片信息、冲击场景对人们情绪神经、眼球的刺激也可能会导致人们对信源的忽视、对信息的麻木、对伦理的模糊、对流量的过分追逐，这对于互联网文化的良性发展无疑是不小挑战。

（二）圈层过滤：不容轻视的"无组织的组织力量"

圈层一词最初是从地质学中借用于社会学研究的概念，它是指人类个体在各种现实因素的影响下，进而形成的具有"差序格局"特征的生活圈子。① 数字互联网为人们超越时空的社交连接提供了基础设施，互联网圈层化兴起于"饭圈"，逐渐延展出国潮文化、电子游戏、小众爱好等多元化圈层，圈层内部也由趣缘聚集的"为爱发电"逐渐发展为在运作方式、效果机制上都具备组织力、内驱力、行动力的"无组织的组织"。有学者认为圈层包括圈子和层级两个方面，为圈层化研究拓宽了思路角度，然而二者都基于群体这一研究对象展开横纵分析，人们常说的互联网的圈层化，也常常指向一种"人以群分"，从这一角度出发，将社交互联网圈层的类型及其特征进行分类可以发现有以下三类：第一类，因为趣缘而凝结成相对固定的亚文化圈层，会生产出基于共同兴趣、具有一定边界感的标志符号，并通过群体或个体的符号展演，进行话语交流、文化传播和圈层身份识别；第二类，因为某一社会热点话题聚集成相对临时松散的大众自传播圈层，参与讨论的成员大多没有明显的标签化特征，在社交关系上通常处于"点赞之交"或者"已读不回"的浏览状态，而圈层内部的内容讨论热度也会随着事件的发展而呈现尖峰或者衰退的波动；第三类，因为社交

---

① 张军华. 网络圈层化传播特征与主流文化传播的破圈和出圈［J］. 海南师范大学学报（社会科学版），2022，35（01）：128-134.

关系的强连接（线上或者线下的社交关系皆有可能）勾连成相对更能够促成集体行动的组织化圈层，这与传统的圈层关系有相似之处，但比以往对行动的组织效率更高，外化形态更灵活。

相比传统社会，步入信息化时代，互联网圈层文化成为青年人"最真实的一种生活方式"——他们以符号、文本为表现形式，借助于媒体实现，由情感、技术、观念、态度、行为共同建构的自成一体的生活体系。① 圈层中的个体可以在网络上沟通形成集体认知，搭建集体行动的框架，以一种"无组织的组织"力量展开理性而高效的行动。② 比如，2019 年爱国网友自发到海外各大社交平台，传播爱国青年的声音的"帝吧"、饭圈女孩出征，就是圈层组织力的集中体现。但同时，互联网圈层之间也存在着鄙视链条，使得圈层具有一定的封闭性和排外性，有时圈层内部为了保护其边界往往会用特殊符号建立起内外部的沟通阻碍，比如，用字母指代汉字、用谐音文本代替原音文本等，也需要警惕圈层成为野蛮生长的灰色地带，当圈层传播陷入"两耳不闻窗外事"的自传播状态，圈层构成密不可分的组织力量，其内容无法逃脱个人常识经验与固化思维，进而使得交流越发封闭化、群体化，观点一致的情绪狂欢、观点对冲的喧嚣攻击、无法达成一致的观点沉默会同时或呈阶段化交叠进行，从而在个体或小群体、小组织的认知普遍化的过程中，面临复杂大众认知逻辑的检视、过滤和再造。

（三）主流调和：甄别、理解、涵容中的文化调适与社会认同

文化的发展是一个不断创新的过程，在一种文化体系中，因组成部分地位和作用的不同，可以将文化划分为"主流"和"支流"文化。③ 主流文化是指一个社会、一个时代所倡导的起着意识形态和价值观引领作用的文化，主流文化既通过"再现政治"的强大功能体现出时代性，又蕴含着国家民族的历史文化传统和人类共享的文化法则④，是一种具有主导建构力、较强传播力、开放融合力和广泛认同力的文化形式。中国特色社会主义文化就是我国的主流文化，

① 孟威. 网络亚文化圈层中的青年群体引导策略［J］. 人民论坛，2022，730（03）：98-101.

② 单凌. 中间阶层的觉醒：中国舆论场新生态［J］. 新闻大学，2017，143（03）：15-20，146-147.

③ 孟威. 网络亚文化圈层中的青年群体引导策略［J］. 人民论坛，2022，730（03）：98-101.

④ 黄书泉. 论三种文化的互补与整合：改革开放 30 年文化反思［J］. 学术界，2010（02）：5-17.

主流文化是民族精神、时代精神和群众智慧的集合和积累，是大众实现国家认同、民族认同、社会认同的重要手段。主流文化反映了一个国家的主流意识形态，是民族精神的载体，是社会稳定的精神纽带，主流文化具有精神振兴力，是弘扬社会主义核心价值体系、支撑民族生存发展的强大精神动力。同时，主流文化也是与时代共同进步发展的积极文化，其话语体系和表达方式随着时代的变迁、文化的演进而不断改革创新。

对主流文化而言，支流文化也被称作亚文化。早期亚文化研究更多关注因弱势身份聚集在一起的亚文化人群，亚文化人群也不再一定是越轨或对抗主流文化的[1]，尤其是青年亚文化群体，他们具有鲜明的爱国主义品质和民族认同感，通过亚文化所蕴含的兴趣底蕴，发扬中华文化、塑造中国青年正面形象，同时不排斥与主流文化交流、融合，文化的双向破圈现象也成为媒介文化研究的侧重点，但是亚文化也存在着一体两面的正负影响，主流文化通过甄别、理解、涵容亚文化中的共同价值观、审美多样性，推动实现互联网文化调适与社会认同的功能，促进互联网文化的美美与共。

二、互联网文化对主流媒体内容生产的型构表现

当下的信息生产活动是万物皆媒，万众皆媒的多元主体共生共享，媒体融合或媒介融合带来了社会形态的变化，形成了以数字技术为元技术平台，重新整合不同维度上的媒介样态于一身的"网络社会"[2]，以主流媒体为代表的媒体组织便成为这个网络社会里的节点，同时，政府机构、企业和其他各类组织、内容产销个体的新媒体平台、账号等，都成为分散其中的节点。多元节点就是多元主体，与之伴随的，一是"共享"视听新闻资源时代的到来，二是"共产"视听新闻文本时代的开启，三是"共绘"视听新闻图景时代的降临[3]，新闻生产活动逐渐从职业性的活动转变为社会性的活动，网络社会个体价值被激活，传播渠道被重构（以人为媒的社交分发、基于算法的智能分发），专业生产被赋能（技术、用户主体的潜力激发），多元主体下的新闻生产也呈现出分布式、碎片化、进行时式的特点[4]，新闻生产的方式深刻塑造着新闻的内容，原本

① 孟登迎. "亚文化"概念形成史浅析［J］. 外国文学，2008，215（06）：93-102，125.
② 黄旦，李暄. 从业态转向社会形态：媒介融合再理解［J］. 现代传播（中国传媒大学学报），2016（01）：13-20.
③ 杨保军. "共"时代的开创：试论新闻传播主体"三元"类型结构形成的新闻学意义［J］. 新闻记者，2013（12）：32-41.
④ 彭兰. 数字时代新闻生态的"破壁"与重构［J］. 现代出版，2021（03）：17-25.

稳定的新闻生产边界被打破，主流媒体的新闻生产正在进行从理念思维到实践突破、从内容创新到平台构建、记者转型的全方位变革。

互联网文化尤其是青年亚文化的兴起，能够防范大众对于文化认知的固化，同时，互联网环境下主流媒体面临话语权下移挑战。新闻生产主体的多元格局，使得媒体的话语权发生了下移扩散，主流舆论分散以及信息对冲的现象时有发生。虽然很多主流媒体都打造了移动端，但是移动端大多仍是新闻发布的端口，而非连接用户的平台，即使拥有百万千万级别的下载量，移动端的用户日活跃度、月活跃度和用户交互频率却并不可观，这种失序现象是伴随着话语权逐渐回归大众所必然要经历的阵痛。面对融媒体环境下"公共理性"构建的现实需要，主流媒体需要建立一个能够容纳多种声音的良性交流环境和平台内容机制。比如，人民日报尝试以新闻报道产品激活用户的个体参与和积极表达，在2019年春节期间以推出暖心微视频《牵妈妈的手》为契机，通过电子邮箱、两微平台向网友发起图文和视频征集，并将部分用户素材展示在各大网站、新闻客户端的首页和开机屏上，为节日烘托氛围，搭建用户内容生产和传播交流的渠道。

第三章

我国主流媒体内容生产的特征转向与诠释

数字化、智能化、移动化已经成为人们获取和消费信息内容的日常习惯，甚至可以说成为整个社会现代化程度的典型特征。根据 We Are Social 发布的全球数字统计报告最新数据，全球手机网民已经达到 52.9 亿人，占全世界人口的 67.1%①，在我国，根据《第 49 次中国互联网络发展状况统计报告》数据，我国手机网民规模在 2021 年 12 月已经达到了 10.29 亿，网民使用手机上网的比例为 99.7%②。如习近平总书记所说，"人在哪里，新闻舆论阵地就应该在哪里"。③随着智媒技术赋能主流媒体内容生产，媒体融合国家战略深入推进，用户媒介使用习惯变迁，我国经济社会发展和互联网文化发生转向，我国主流媒体的内容生产也呈现出渐趋数字化、智能化、移动化的融合变革特征，纵览媒体融合发展进程，如果说 2014 年媒体融合上升为国家战略正式开启了主流媒体内容生产转型的 1.0 阶段，2020 年《关于加快推进媒体深度融合发展的意见》的出台则标志着媒体融合国家战略、我国主流媒体内容生产转型开始向着 2.0 阶段迈进。在我国媒体融合 1.0 与 2.0 阶段的交汇点，全媒体传播体系的建设模式为何？主流媒体的管理变革、平台构建、话语创新呈现何种转向特征？面临何种问题？本章将基于对全国主流媒体从业者发放并回收的 6017 份调查问卷和与 27 位主流媒体从业者进行深度访谈的田野笔记尝试对以上问题进行展开分析。

---

① Social Media Users Pass the 4.5 Billion Mark [EB/OL]. We Are Social, 2021-10-21.

② 中国互联网络信息中心（CNNIC）. 第 49 次中国互联网络发展状况统计报告 [EB/OL]. 中国互联网络信息中心, 2022-02-25.

③ 习近平在党的新闻舆论工作座谈会上的讲话 [EB/OL]. 求是网, 2016-02-19.

第一节　顶层设计：四级融合全媒体传播体系的实践演进与差异比较

2022 年是媒体融合上升为国家战略的第八年，县级融媒体中心建设布局的第四年，媒体融合发展从传播端口的相加到内容生产的相融，从理念、思维转型到体制机制重塑，从万物互联的技术加持到移动化、视频化、社交化、智能化的全面创新，纵深发展、融合深耕下的全媒体传播体系正在积极构建。随着 5G 大规模商用和卫星通信技术进一步赋能，短视频、移动直播、沉浸交互产品都将进一步推动信息内容的低成本、无障碍流通，每一位用户个体都成为这个微粒化信息社会的内容生产和传播主体，内容效能无限释放，传播格局日益复杂，这无疑是一把双刃剑。根据《中国原创新闻创新案例研究报告》对新闻资讯行业整体情况的调查，我国新闻资讯内容生产的参与者泛化，标题党、内容质量差和同质化问题导致读者对当前新闻资讯行业整体满意度较低①，在用户对内容获取效率和质量的要求日益提升的情况下，主流媒体更应该承担起专业内容生产和主流价值观引领的责任，行为的改变需要身份的改变先行，正如《论语·子路》中揭示的伦理规律"名不正，则言不顺"，因此主流媒体转型和全媒体传播体系的建设与完善就更为迫切。目前，在我国融媒体建设初见成效的基础上②，全媒体标准化的技术架构和功能布局逐渐成形，全媒体传播体系建设的四级融合发展布局已经初具框架，差异化的成功经验和困难挑战并存。

一、宏观战略：从现代传播体系到全媒体传播体系

全媒体传播体系的提出和发展是马克思主义新闻观中国化的理论成果，我国的社会主义新闻事业离不开马克思主义新闻观的指导，新闻观是新闻舆论工作的灵魂③，马克思主义新闻观的核心观念主要体现在四个方面，即党性原则观

① 艾瑞咨询. 中国原创新闻创新案例研究报告［EB/OL］. 新浪网，2020-07-22.
② 张英培，胡正荣. 从媒体融合到四级融合发展布局：主流媒体发展改革的新阶段［J］. 出版广角，2021（01）：6-9.
③ 张金玺. 美国网络中介者的诽谤责任与免责规范初探：以《通讯端正法》第 230 条及其司法适用为中心［J］. 新闻与传播研究，2015，22（01）：70-87，127-128.

念，人民中心观念，新闻规律观念和正确舆论观念①，我国主流媒体是党和人民的耳目喉舌，具有引领主流意识形态和价值观的责任功能作用，这注定了主流媒体的身份定位是社会发展的参与者和建设者，具有社会主义的事业属性，主流媒体之间形成了自中央到地方横纵布局的系统联系。从我国传统媒体"三级办报，四级办电视"的传播格局到当下四级融合的全媒体传播体系建设，主流媒体发展的宏观战略设计是基于马克思主义新闻观的继承发展和一脉相连。

谋定而后动，全媒体传播体系的完整提出是对新闻舆论事业生产关系认知的发展和深化。从 2014 年媒体融合上升为国家战略时提出要"形成立体多样、融合发展的现代传播体系"，到习近平总书记在 2019 年中共中央政治局第十二次集体学习中正式提出"要形成资源集约、结构合理、差异发展、协同高效的全媒体传播体系"，体系一词始终贯穿于我国主流媒体融合改革的进程，成为媒体融合战略发展的目标。根据现代汉语词典释义，体系是指若干有关事物或某些意识互相联系而构成的一个整体，其核心体现的是一种连接关系。无论是现代传播体系还是全媒体传播体系，其推动力都离不开数字互联网信息技术的变革发展，这与马克思在论述人类社会演进的整体规律时所提的"生产力决定生产关系"② 别无二致，作为社会子系统的社会信息交互系统，全媒体传播体系的建设遵循着历史唯物主义揭示的社会发展客观规律，而从现代传播体系到全媒体传播体系的发展，尤其是全程媒体、全息媒体、全员媒体、全效媒体的提出，从产业结构、媒介形态、传播主体、内容建构四方面阐释了媒体融合的内涵③，揭示了全媒体传播环境下媒体格局和行业生态的深刻变化与发展趋势，体现着国家宏观战略对生产关系认知的逐渐完善和深化。2020 年 9 月，《关于推进媒体深度融合发展的意见》从整体建设和层级发展出发，进一步完善了关于全媒体传播体系建设的总体要求，一是要建立以内容建设为根本、先进技术为支撑、创新管理为保障的全媒体传播体系，二是完善中央媒体、省级媒体、市级媒体和县级融媒体中心四级融合发展布局，四级融合全媒体传播体系的提出标志着我国媒体融合进程开始进入深度融合发展的 2.0 阶段。随着媒体融合进入深水期和攻坚期的 2.0 阶段，国家的宏观战略政策也继续朝着横向维度的全面布局和纵向维度的深入垂直推进，2020 年 11 月，国家广播电视总局印发《关于

---

① 杨保军. 当前我国马克思主义新闻观的核心观念及其基本关系［J］. 新闻大学，2017（04）：18-25，40，146.

② 中共中央马克思恩格斯列宁斯大林著作编译局. 马克思恩格斯全集：第 27 卷［M］. 北京：人民出版社，1960：478.

③ 张建星. 推动媒体深度融合发展 打造全媒体传播新格局［J］. 传媒，2021（03）：1.

加快推进广播电视媒体深度融合发展的意见》并明确改革时间点；2021年3月，"推进媒体深度融合，做强新型主流媒体"被纳入《中华人民共和国国民经济和社会发展第十四个五年规划和2035年远景目标纲要》，媒体深度融合发展和全媒体传播体系建设成为"十四五"时期完善公共文化服务体系的重要组成部分。

在我国，全媒体传播体系的功能要义首先是实现社会效益，全媒体传播体系不是市场化集团化改革时期的"一业为主多种经营"式的以经济效益为主要目标的信息传播体系，而是通过更深更广更贴近的服务创新来实现以社会治理为引领的具有浓郁公益色彩的价值传播体系。① 有学者将全媒体传播体系的功能主要归纳为三个方面：一是主流舆论阵地，二是综合服务平台，三是社区信息枢纽。② 此外，面临当下百年未有之大变局的世界环境，全媒体传播体系还应有第四大功能——国际传播纽带，数字化、智能化、媒介化是全球发展趋势，传统媒体融合转型、全媒体传播更是全球性的时代特征，当前，作为四级融合全媒体传播体系构成要素的各级主流媒体也在因地制宜发力于国际传播，运用融合手段和多元渠道讲好中国故事，为更好发挥全媒体传播体系的社会效益形成合力。

二、整体发展：技术驱动下的媒体融合转型资源建设

在媒体融合的进程中，技术决定论或不可取，但技术融合可以被视为媒体融合的基本特征，并且是融合的其他表现形式出现和发展的前提。③ "工欲善其事，必先利其器"的融合思维也体现在我国全媒体传播体系和新型主流媒体建设的过程中。

（一）融媒体中心组建策略差异化，整合重组为主流倾向

融媒体中心在本研究中的定义并非是一个狭义的部门名称，而是指以顺应移动互联网作为社会基础连接的整体形势为前提，采用符合移动互联网传播规律的组织方式而重构的主流媒体机制体系的外在表现，是向未来媒体过渡阶段

① 支庭荣. 全媒体传播体系的全息透视：系统建构、功能耦合与目标优化 [J]. 西北师大学报（社会科学版），2019，56（06）：32-39.

② 宋建武，乔羽. 全媒体传播体系的功能、结构与技术支撑 [J]. 传媒，2020（21）：16-18.

③ SPARVIERO S，PEIL C，BALBI G. Media Convergence and Deconvergence [M]. Cham, Switzerland：Palgrave Macmillan，2017：4.

促进媒体转型和业务融合的集成中心。①② 根据调查问卷结果，94.26%的被调查者单位都已设融媒体中心，其中，融媒体中心建设策略为新建（独立于原采编部门之外）的占30.97%，选择重组（整合原有采编部门资源）的占66.74%，此外，根据访谈结果，部分媒体还采用全员转向新媒体，或新建与重组结合、在采编部门内新建融媒体团队、合并多家区域媒体的新媒体部门等其他策略完成融媒转型的组织架构调整（图3.1）。

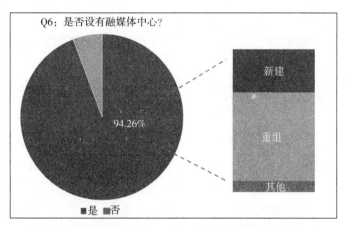

图3.1 融媒体中心组建总体情况及差异化策略

（二）融合大屏、中央厨房最受主流媒体资源建设青睐

聚焦技术先行的资源投入是主流媒体融媒体中心建设的直观体现，而在数字技术资源建设的选择上，通过使用卡方拟合优度检验分析融媒体中心技术建设的各个选项，从表3.1可知，拟合优度检验呈现出显著性（$chi = 541.566$，$p = 0.000 < 0.05$），意味着各项的选择比例具有明显差异性。具体来看，中央厨房、可视化融合大屏两项的响应率和普及率明显较高，是主流媒体融媒体中心进行技术资源建设时普遍最青睐的发展方向。究其原因，这一方面是受到融合转型初期样板单位示范效应的影响；另一方面，相比于伤筋动骨的体制机制改革和数据后台升级，作为展示前台的融合大屏、中央厨房能够更简单、直观地呈现媒体融合在物理空间上的明显变化，在媒体融合起步阶段的试水期，其所代表的符号意义更胜于实用价值。

① 宋建武，黄淼，陈璐颖. 平台化：主流媒体深度融合的基石［J］. 新闻与写作，2017（10）：5-14.

② 李彪. 未来媒体视域下媒体融合空间转向与产业重构［J］. 编辑之友，2018（03）：40-44，85.

表 3.1　融媒体中心技术基础设施建设响应率和普及率汇总

建设选项	响应		普及率 （n＝1395）
	n（频数）	响应率	
中央厨房	886	26.55%	63.51%
智能编辑部	706	21.16	50.61%
可视化融合大屏	893	26.76%	64.01%
智能演播室	695	20.83%	49.82%
其他融媒技术或设施	157	4.70%	11.25%
汇总	3337	100%	239.21%

注：拟合优度检验，χ＝541.566，p＝0.000。

（三）"自主开发+外包合作"成融媒体技术开发的普遍路径

在融媒体中心技术开发路径选择的调查中，"自主开发+外包合作"最为普遍，占比 58.57%，其中，自主多于外包占比 36.2%，外包多于自主占比 22.37%（详细频数分布见图 3.2），主流媒体与企业、高校、其他媒体平台等展开跨界、跨区域的技术合作，已经成为各级媒体进行技术升级的关键一招。将媒体属性与融媒技术开发路径进一步交叉分析发现，县媒更青睐于采用"全部外包合作"的路径，而且大多接受省媒技术支持，这符合县级融媒体中心技术人才短缺、技术资源难拓展的现实情况，也在一定程度上体现了打通媒体融合"最后一公里"过程中，政策指挥棒的明显效用。

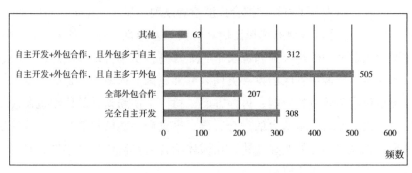

图 3.2　融媒体中心技术开发路径调查结果

三、差异比较：四级融合发展的实践侧重与现状白描

在四级融合的全媒体传播体系构建过程中，中央级、省级、地市级、区县

级媒体不仅在基于地缘情况的资源整合能力上存在差异,各级媒体的核心定位和功能作用也有所不同,通过交叉分析的数据比较可以在一定程度上观察到我国主流媒体垂直层级上的差异特点。

(一)资源建设:技术适配媒体定位,省媒重点打造云平台

1. 央媒侧重业务升级,地方媒体参与社会治理属性明显

在融媒体中心技术应用情况的调查中,从整体来看,素材共享、移动采编、多端分发是普及率最高的三项功能,分别为85.88%、81.08%、74.19%。将媒体属性与融媒体中心技术可实现功能进行交叉分析后,央媒与地方媒体在技术应用的功能侧重上显现出差异性,央媒倾向于将技术用于新闻业务升级,如移动采编、数据分析、多端分发、舆情监测,具有明显的媒体属性;省、市、县媒体则更多兼顾社会服务、电子政务、智慧城市等社会治理功能,连接本地政务、服务的综合平台属性明显(表3.2)。

表3.2 媒体属性与融媒体中心技术上可实现功能的交叉分析结果

交叉(卡方)分析结果

可实现的技术功能	名称	所在媒体的属性(%)				总计	x^2	p
		央媒	省媒	市媒	县媒			
素材共享	0	17.28%	16.38%	16.62%	9.52%	14.12%	12.929	0.005**
	1	82.72%	83.62%	83.38%	90.48%	85.88%		
数据分析	0	22.22%	25.76%	37.27%	36.44%	32.33%	20.688	0.000**
	1	77.78%	74.24%	62.73%	63.56%	67.67%		
移动采编	0	11.11%	14.41%	16.89%	26.09%	18.92%	26.461	0.000**
	1	88.89%	85.59%	83.11%	73.91%	81.08%		
多端分发	0	18.52%	19%	29.49%	30.85%	25.81%	23.124	0.000**
	1	81.48%	81.22%	70.51%	69.15%	74.19%		
实时调度	0	38.27%	32.97%	40.75%	40.79%	38.06%	7.705	0.053
	1	61.73%	67.03%	59.25%	59.21%	61.94%		
舆情监测	0	24.69%	32.53%	46.38%	48.86%	41.43%	29.053	0.000**
	1	75.31%	67.47%	53.62%	51.14%	58.57%		
社会服务	0	61.73%	43.89%	39.68%	39.54%	42.29%	15.553	0.001**
	1	38.27%	56.11%	60.32%	60.46%	57.71%		

续表

可实现的技术功能	名称	所在媒体的属性（%）				总计	x^2	p
		央媒	省媒	市媒	县媒			
智慧城市	0	83.95%	68.78%	65.95%	63.15%	66.95%	14.597	0.002 **
	1	16.05%	31.22%	34.05%	36.85%	33.05%		
电子政务	0	76.54%	59.83%	67.29%	58.59%	62.37%	14.983	0.002 **
	1	23.46%	40.17%	32.71%	41.41%	37.63%		

注：＊表示 p<0.05，＊＊表示 p<0.01。

　　融媒技术的开发是根据媒体自身定位和需求而适配设计，技术应用的侧重差异也在一定程度上体现出不同级别媒体在融媒体中心打造时，对自身功能定位设计的差异化。此外，县级融媒体中心的技术应用主要集中在素材共享，而在移动采编、多端分发、舆情监测上均显弱势，也在一定程度上体现出当前县级融媒体中心的技术应用普遍还处于初级起步阶段。

　　2. 省媒以技术赋能云平台建设，县媒加速推进融合转型

　　用卡方检验（交叉分析）对比各级主流媒体融媒体中心技术资源建设的差异性可知，央媒、省媒多建立中央厨房，省媒尤其青睐可视化融合大屏、智能演播室（表3.3）。在融媒体中心的技术建设成果上，为了实现"一竿子插到底"的省县连通，省级媒体相对更侧重于投入技术资源建设区域云平台。根据调研和访谈结果，多个省媒都建立了集新闻、政务、服务功能于一身的区域云平台，比如，长江云（湖北）、新湖南云（湖南）、天目云（浙江）、津抖云（天津）、荔枝云（江苏）、冀云（河北）、石榴云（新疆）等，云平台可实现省-县数据集中处理，以及掌上发稿、直播、编辑、政务和服务互联互通等远程协作功能，在打通媒体融合"最后一公里"上发挥了重要作用。

表 3.3　媒体属性与融媒体中心技术资源建设情况的交叉分析结果

交叉（卡方）分析结果

融媒体中心技术资源建设名称	名称	媒体属性（%）				总计
		央媒	省媒	市媒	县媒	
中央厨房	-3	7.95	2.76	10.34	4.36	5.74
	0	22.73	30.36	41.59	34.26	34.39
	1	69.32	66.88	48.08	61.39	59.86

续表

融媒体中心技术资源建设名称	名称	媒体属性（%）				总计
		央媒	省媒	市媒	县媒	
智能编辑部	−3	7.95	2.76	10.34	4.36	5.74
	0	42.05	47.35	39.66	52.28	46.55
	1	50	49.89	50	43.37	47.7
可视化融合大屏	−3	7.95	2.76	10.34	4.36	5.74
	0	29.55	29.94	38.46	34.65	33.92
	1	62.5	67.3	51.2	60.99	60.8
智能演播室	−3	7.95	2.76	10.34	4.36	5.74
	0	47.73	43.31	49.04	49.5	47.3
	1	44.32	5393	40.63	46.14	46.96

注：＊表示 $p<0.05$，＊＊表示 $p<0.01$。

在移动优先的资源投入侧重上，通过卡方检验（交叉分析）对比各级主流媒体移动优先资源投入的差异性可知，相比于无明显差异的央媒、省媒和市媒，县级融媒体中心对采编发稿、资金投入和项目孵化均有明显偏重。在2020年年底实现县级融媒体中心全覆盖的宏观目标引领下，2020—2021年各县级融媒体中心建设的持续推进力度较大，由于县级媒体呈现大基数的散点布局且整体发展起点相对较低，因此在省媒完善联动促进作用和样板单位的经验借鉴下，县级融媒体中心的融合转型呈现出了较显著的积极进展。

（二）体系型构：央媒加强央省联动，省媒牵头"花式联动"

央省市县四级融合发展布局的目标在于构建有连接力、组织力、引导力的全媒体传播体系，形成全程、全效、全覆盖的智慧全媒体传播生态，因此，发挥媒体融合先锋队优势以保障四级新型主流媒体间的实时联动与快速反应尤为重要。

根据调研和访谈结果，人民日报、中央广播电视总台等央媒通过搭建平台、邀请县媒入驻矩阵号、使用云平台、打造"全国县级融媒体智慧平台"等路径，实现与部分县媒的点对点联动。此后，在与省媒的联动加强上：一方面，央媒加强与省媒在内容资源共享、技术共融、传播平台和渠道互通中的连接，比如，新华网客户端与闪电新闻客户端深度合作，协同构建四级融媒体一体化智能媒体资源平台，联合发起"百年百城·建党百年寻声"项目等；另一方面，央媒不断加强地方站建设，比如，中央广播电视总台计划在全国各省（自治区、直辖市）均设立地方总站以加强融合联动，在 2021 年 4 月至 7 月间，重庆、浙江、河北、北京、山东、天津 6 家地方总站陆续揭牌，甘肃总站、河南总站等也正在建设中。同时，省媒基于省级云平台加强与内部各市、县、乡镇、社区的"花式联动"，包括一体调度、内容共享、数据互联、技术互通、政务服务矩阵聚合、文明实践平台服务、举办线下活动等，比如，山东闪电云平台构建了省市县三级媒体共用的"媒体大脑""指挥中心"和"内容中台"；新甘肃云省级指挥平台建立覆盖全省的指挥调度地图[1]，以实时掌控市县扶贫新闻和动态；湖北长江云按照省、市、县、乡、村五级架构开发长江云·新时代文明实践平台；浙江天目新闻举办温州龙湾区拍客大会、建立天目融媒体学院台州（黄岩）学院等线下活动加强市县融媒联动、宣传与培训。

第二节　管理变革：体制机制创新的实践突破与关键聚焦

　　主流媒体内容生产转型的长远目标是建立以内容建设为根本、先进技术为支撑、创新管理为保障的全媒体传播体系，着眼于新型主流媒体建设的媒体融合不仅是打造融合产品，建立融合传播矩阵，还要在体制机制、政策措施、流程管理、人才技术等方面进行深度变革。其中，以体制机制创新为标志的管理创新是媒体融合转型中的深层变革，其要求是构建系统完备、科学规范、运行有效的制度体系。其中，人才队伍建设成为推动主力军全面挺进主战场、走好全媒体时代群众路线的重要基础和关键保障。体制机制变革与人才队伍建设二者是相互促进、相辅相成的关系，一方面，体制机制变革可以通过组织架构一体化、内容生产机制创新、量化考核激励升级、人才引进与培养模式完善等细化措施提升媒体人才队伍的创造力，实现人才队伍的持续造血和自我升级；另一方面，媒体的核心竞争力是人，实现融合发展关键在人才、在队伍[2]，人才队伍建设不仅能够为主流媒体的体制机制创新汇聚智慧，还能为体制机制创新的科学性提供实践验证的样本和完善的方向，是解决当前主流媒体全媒体人才供

---

① 梁佳. 省级融媒体平台助力脱贫攻坚的路径：以新甘肃云为例 ［J］. 出版广角，2020（22）：72-74.

② 徐麟：加快推进媒体深度融合，需要牢牢把握这 6 个方面 ［N/OL］. 人民日报，2020-11-19.

需不平衡问题、着眼主流媒体长远发展的关键。

根据全国问卷调研和对媒体人的深度访谈结果可知，当前我国各级主流媒体都已经展开了不同程度的创新管理变革，将深化体制机制改革作为主流媒体围绕内容生产为本这一核心进行深度融合发展的重要手段，在采编流程重塑、绩效考核管理、产品运营机制等方面进行了重点突破的实践探索，同时着眼于人才队伍建设这一直接关系到主力军挺进主战场成效的关键问题，从人才引进、培训模式、工作方式等方面出发进行了初步探索，由于体制机制改革对事业属性的主流媒体而言往往是伤筋动骨，因此相比于内容话语的融合创新，现阶段主流媒体管理变革中的有效经验与差异问题同时存在。

一、目标锚定：体制机制创新引领深度融合

推进体制机制创新是习近平新时代中国特色社会主义思想的重要内容，"媒体体制"包含媒体机构的属性、媒体结构体系和媒体监管体系等；"媒体机制"包括主流媒体机构的内部组织设置、业务流程和管理体系等。① 在传媒行业的改革创新中，体制机制创新既是题中应有之义，也是其他创新取得成功的重要条件，体制机制变革贯穿于媒体融合顶层设计和主流媒体转型实践的始终，当前的媒体深度融合发展尤其强调要"推动传统媒体和新兴媒体在体制机制、政策措施、流程管理、人才技术等方面加快融合步伐"②，体制机制成为新型主流媒体深度融合发展转向的重中之重。具体而言，体制机制创新不仅涉及通过顶层设计建立集约高效、重点突出的全媒体生态型互联网平台，还包括优化组织管理和运维机制，针对固定部门和柔性组织、生产经营和激励方式等进行系统化、差异化、有侧重的制度性建设。

（一）主流媒体的体制机制创新侧重点

体制机制创新首先是思维观念的创新，移动优先作为媒体融合进程中的核心概念和关键实践，成为体制机制创新的思维观念创新前提。根据"您单位是否采取移动优先策略？"一题的调查结果，88.98%的被调查者单位都明确将移动优先作为融合改革的重要策略（图3.3），访谈对象M08尤其强调了媒体从业者中存在的对移动优先策略的认识误区："移动优先需要的首先是思维观念的同步，绝不是简单的发稿时间在移动端先发。"他强调要将移动优先策略视为体制

---

① 胡正荣. 2021年深化县级融媒体改革的新任务和新挑战［J］. 现代视听，2020（12）：1.

② 中共中央办公厅 国务院办公厅印发《关于加快推进媒体深度融合发展的意见》［EB/OL］. 新华网，2020-09-26.

机制一体化创新的前提，同时在实践中要以用户为导向调整内容生产机制中的采编流程、产品运营机制、交互链条设计等。

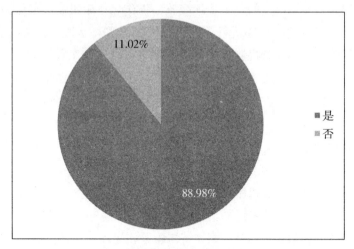

图 3.3　"您单位是否采取移动优先策略？"调查结果

　　具体到主流媒体的核心业务层面，内容建设是全媒体传播体系建设的根本，经过对我国主流媒体的深度调查发现，围绕内容建设提质增效的体制机制突破成为主流媒体锚定的重点目标，各单位深度融合发展的机制变革也主要围绕内容建设展开。根据"您单位近一年采取了哪些体制机制创新"一题的调查结果，采编流程融合创新、组织架构一体化、内容生产体系和传播链条建设分列前三，占比分别为 66.74%、54.68%、52.92%，与内容生产联系相对较间接的市场化经营管理加强、媒体内部管理机制革新则分列第四、第五，且占比均低于 30%（图 3.4）。

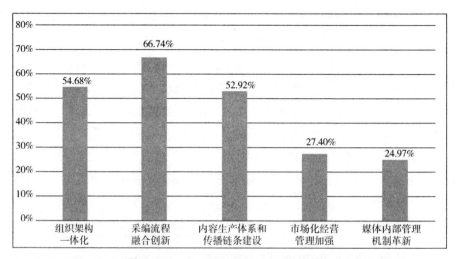

图 3.4　"您单位近一年采取了哪些体制机制创新"调查结果

（二）四级媒体体制机制创新情况的差异比较

用卡方检验（交叉分析）对比央媒、省媒、市媒、县媒在体制机制创新侧重上的数据后发现，央级媒体近一年的机制变革主要体现在组织架构一体化上，继平台融通、内容建设之后，继续"刀尖向内"打破新旧媒体机构壁垒。而县级媒体在组织架构一体化、市场化经营管理加强、媒体内部管理机制革新方面均有显著加强，体现了其从创新"前台"技术应用与产品融合到调整"后台"融合机制的深入发展（表3.4）。比如，浏阳市融媒体中心通过设立融媒体"指挥调度室"，对"一报两台一网一端三微"8个市属传播平台和"新湖南"等4个上级新媒体浏阳频道进行融媒调度，形成"一体策划、一次采集、多种生成、多元传播、全天滚动、全媒覆盖"的调度机制[1]，通过采编机制再造，发挥以党建引领业务、以业务促进融合的成效。

表3.4　媒体属性与主流媒体体制机制创新情况的交叉分析结果

交叉（卡方）分析结果

体制机制创新	名称	媒体属性（%）			
		央媒	省媒	市媒	县媒
采编流程融合创新	0	37.16	48.05	48.01	38.17
	1	62.84	51.95	51.99	61.83
组织架构一体化	0	36.74	32.81	32.88	32.92
	1	63.26	67.19	67.12	67.08
内容生产体系和传播链条建设	0	45.51	45.72	49.54	48.13
	1	54.49	54.28	50.46	51.87
市场化经营管理加强	0	74.95	73.47	72.78	68.19
	1	25.05	26.53	27.22	31.81
媒体内部管理机制革新	0	82.46	75.14	75.06	69.71
	1	17.54	24.86	24.94	30.29

注：＊表示p<0.05，＊＊表示p<0.01。

---

[1] 胡敏. 媒体深度融合中"浏阳模式"的建设与实现路径的探索［J］. 广播电视信息，2020，27（11）：14-16.

二、实践探索：围绕内容生产的管理变革重点突破

将体制机制改革做深、做细、做具体是深度融合的重点，也是深度融合发展的要义。

（一）统筹策划：内容生产机制朝向扁平灵活优化

在多年的融合转型发展中，大多数主流媒体已经探索出了保障自身当下全媒体内容生产的差异化采编机制，但究其核心，生产传播流程的优化升级都离不开统筹策划和采编制作。

根据对中央厨房使用效果的调研数据，中央厨房在加强指挥协调、推动机制改革、加强集约生产、促进流程再造、提供技术支持、增强传播效果、优化员工考核上的得分均超过 4 分（5 分满分），正如访谈对象 F10 所言："根据多年来的融合传播实践证明，中央厨房路径不仅是可行的，也是高效的。"而同时，对中央厨房作为统筹机制的自洽调整也在进行。比如，湖北广电长江云通过设立长江云编委会实现一体策划实效，打通基于微信、"学习强国"等的云调度机制以实现内容迅速策划生产、资源人员迅速集结。上海广电基于中央厨房模式设立的新闻指挥室，不仅能实现"一次对多次"的生产发布，还能实现"中文与英文、大屏与小屏、新闻与外宣"新闻生产流程的全面打通和深度互融。此外，还有媒体突破值班制的物理空间束缚，将三审三校中的第三审领导把关调整为领导 24 小时云审云校①，以在保障内容公信力的基础上提高传播的时效性。

在内容生产的团队协作机制上，工作室、项目制、阿米巴经营②成为有效激发内容创新活力的扁平化机制。在本研究中，融媒体工作室作为内容生产的一种机制模式，是指可以跨部门自由组合人员、采用项目制运营、生产融合新闻产品的小团队，根据"您单位是否设有融媒体工作室？"一题的调查结果（图3.5），16.99% 的被调查者明确选择"是"，说明工作室作为内容生产的扁平化机制还没有实现普遍推广，虽然整体来看占比不高，但工作室机制的内容生产优势和造血营收优势已经有迹可寻。比如，安徽广电融媒体工作室 2020 年总创收超 3500 万元，2021 年上半年总创收超 2000 万元，获评国家广电总局"2020年全国广播电视媒体融合典型案例"，而其主要就是得益于构建了针对激励融媒

---

① 来自访谈对象 M05，所在单位为湖南省媒，男性，从事采编工作。
② 类似全员参与的小组制，以各个阿米巴的领导为核心，可自行制订计划，并依靠全体成员的智慧和努力来完成目标，让每名成员都有参与感和获得感。

体工作室发展的政策保障体系和服务支撑体系。

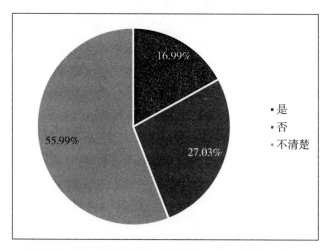

图3.5　"您单位是否设有融媒体工作室?"调查结果

（二）量化考核：人员和组织的管理创新趋向制度化

创新管理是保障。媒体融合不仅是打造融合产品，建立融合传播矩阵，还要在体制机制、政策措施、流程管理、人才技术等方面加快融合步伐，实现打散重组的组织架构重塑，通过科学管理激发媒体人的创造活力。增强传统媒体活力的一个重要手段是在内部引入竞争机制、孵化机制、优胜劣汰机制和能上能下机制。科学机制是起点而非终点，想要发挥活力机制的最优应用效果，保障融合改革的推进性，提升队伍能动性，还需切实落地、严格执行、及时调整、不断完善。

目前，主流媒体的管理制度基本完善，但实际激励效果仍不平衡。在管理制度的设置上，89%以上的融媒体中心都出台了管理办法、内容把关制度、评估督查制度、具体工作规范，在体制机制上针对融媒体中心予以量身定做图3.6，其中，省级媒体的制度完备程度最高，县级媒体的管理制度仍待完善。在量化考核制度的推行上，78.49%的被调查者单位对全媒体采编进行量化考核，量化考核指标以采编发数量和优稿数量为主，普及率分别为89.77%、82.01%，阅读点击数、受众参与度、外推效果也被部分计入量化考核指标，但受众参与度、外推效果两项考核指标的普及率均不足50%，此外，平台、频道运营情况，如粉丝变化量等也计入考核指标，量化考核基本贯彻多劳多得、质优多得原则。

在没有明确制定全媒体量化考核机制的主流媒体单位，奖金是最主要的激

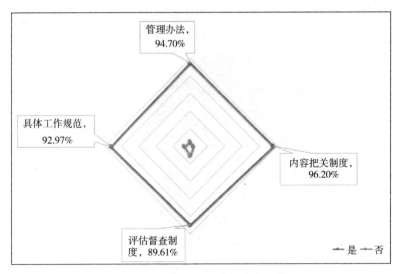

图 3.6 融媒体中心制度规范出台情况

励方式，占比 56%，职位调整次之，占比 16%。但无论是否实现了全媒体量化考核的制度化，相关机制的实际激励效果有时并不令人满意，"一方面，量化考核的平台数据统计比较麻烦，购买增值服务的预算没被批复，编辑只能自己人肉统计；另一方面，新媒体的考核标准所能影响的个人总绩效比例并不高，比如，只占 5%，个人绩效工资大部分还是依照老标准、老办法甚至是跟着职称职级走"（访谈人 M03）。在这种情况下，媒体人的积极性、量化考核的激励程度和导向作用微乎其微。

（三）自我造血：品牌运营机制创新延展媒体内容价值

主流媒体的优势在内容、在品牌，想实现持续造血，就要让新媒体品牌"出圈"，垂直多元的新媒体品牌运营也是主流媒体延展自身内容价值、推动引流变现的重要途径。目前，《南方都市报》《中国新闻周刊》《齐鲁晚报》《封面传媒》等媒体的新媒体收入占比已超过 50%，有的甚至超过 70%[①]，依然仅满足于通过传统渠道维持经营的主流媒体终将被时代淘汰。

1. 经营模式现状：财政拨款占主导，省媒多元经营拓展相对较好

从调查结果整体来看，政府财政拨款仍然是媒体融合发展的主要经济来源，普及率为 51.76%，少数起步早、发展好的新媒体集团或者地理位置优越的融媒体中心采用"拨款+自筹"方式展开经营。而在多元经营拓展的路径上，开展线

---

① 李磊. 年营收以亿计，这两家地市媒体的赚钱秘诀是啥？ ［EB/OL］. 传媒茶话会，2021-06-21.

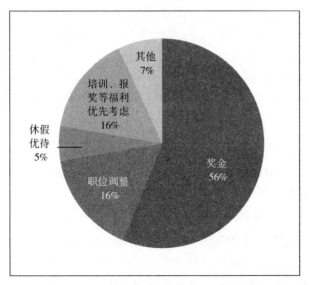

图 3.7　未明确设置全媒体量化考核制度主流媒体的激励办法情况

下活动成为普及率第二的选项，为 18.42%（图 3.8），具体包括联合举办会展、与本地商家开展利民活动、与单位合作拍摄专题专栏等。

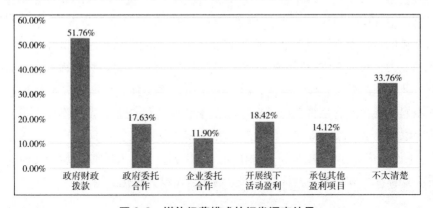

图 3.8　媒体经营模式的问卷调查结果

　　将媒体属性与经营模式进一步交叉分析后发现，在各级媒体中，省媒的经营模式差异性最明显、最多元，多采用政府委托合作、企业委托合作、开展线下活动盈利、承包其他盈利项目等多种经营方式创收，央、市、县媒则无明显差异性。今年，随着直播带货从电商平台到主流媒体的兴起，与消费场景、商业模式、公益渠道相结合的"直播+"，或许可以成为媒体拓展多元经营、实现更大商业价值与社会价值的新风口。

2. 圈层经营：全领域布局专业垂直的融媒内容工作室

在去中心化与分布式并存的互联网环境中，打造专业、垂直的工作室品牌是适应用户圈层化生存习惯的有益实践。比如，人民日报主打财经内容的"麻辣财经"，主打时政新闻解读的"侠客岛"等 54 个融媒体工作室；安徽广电主打美食的"新视点"，主打健康服务的"江淮名医帮"；荆州日报主打生活类直播的"荆女郎"等。但媒体深度融合不能仅满足于融媒体工作室的从无到有、从 0 到 1，还要做到从 1 到 100 的创新，也就是市场化、社会化的推广实践①，通过品牌运营，与人建立圈层化、社群化的情感连接，与社会建立媒介化连接，提升自我造血能力和参与社会治理能力。

3. 视频运营：发力 MCN 机构实现公司化转型

2020 年中国短视频市场规模达 1408.3 亿元，继续保持高增长态势，2021 年预计接近 2000 亿元②，而近年短视频平台不断探索商业模式，也刺激着主流媒体的市场化转型。近一年来，主流媒体全面入驻短视频领域，省级以上广电机构入驻率达 100%③，截至目前，全国至少已有 30 家广电机构向 MCN 机构转化，湖南、安徽、天津、河南、陕西等省级媒体 MCN 形成差异品牌。比如，继达人型、垂直型、共建型、产业型等广电 MCN 业态后，安徽广电 AH SPACE 构建了场景型广电 MCN，AH SPACE 不仅是网红基地，也是一个可以与产业、市场、平台嫁接的链接器。深度融合要求主流媒体发挥市场机制作用，增强市场竞争意识和能力，布局 MCN 机构成为激发主流媒体尤其是广电媒体造血活力的有效方式。此外，广东、云南、浙江、山东、山西、黑龙江、青海等广电机构相继成立新媒体孵化园，也将顺应移动互联技术和媒体传播业态发展潮流，进一步放大互联网产业的集聚效应。但同时也要警惕"挂羊头，卖狗肉"的"面子融合"，无论是成立 MCN 机构还是孵化园、文化创意园，最主要考量的还是主流媒体在媒体属性和体制内特征之下的市场化运作模式转化效用。

三、关键聚焦：主力军挺进主战场的队伍建设机制探索

人才引进、队伍建设自古以来就是广受探讨的重要话题，在中国的传统文化里就有唯才是举、求贤若渴等重视人才的思想，对主流媒体内容生产而言，

---

① 喻国明. 从"小融合"到"大融合"：推进媒体深度融合的一个关键性操作 [J]. 城市党报研究，2020（12）：1.

② 艾媒咨询. 2020—2021 年中国短视频头部市场竞争状况专题研究报告 [EB/OL]. 艾媒网，2021-01-23.

③ 宁雅虹. 广电长短视频融出新样态 [EB/OL]. 广电时评，2021-05-12.

全媒体人才建设也是当下融合转型向纵深发展的关键。

（一）全媒体记者：深入现场的"一专多能"，成效不佳的"单兵作战"

在媒体内容生产融合转型的初期，有人认为全媒体记者就是足不出户、不断拼贴网络信息并播发在多个渠道的内容编辑，即便是通过对视频进行二次加工成为爆款、被网友称为"四处观察"的抖音账号"四川观察"，也被人质疑其运营者是否有违记者"脚力、眼力、脑力、笔力"的四力要求。当下，全媒体记者需要深入一线新闻现场进行报道已经基本成为业界共识，中国新闻奖媒体融合奖的评选标准也已经着意向鼓励现场新闻报道、突发新闻报道倾斜，那么业界实践的实际情况为何呢？

根据"您单位全媒体记者是否参与新闻一线采编？"一题的调查结果，在设有全媒体记者的主流媒体中，93.29%的全媒体记者都参与新闻一线采编（表3.5），需要在实际工作中践行"脚力、眼力、脑力、笔力"的记者四力要求。在全媒体记者的本领要求上，要求一名记者兼会采拍、剪辑、编辑、新媒体端运营等多种技能的"一专多能"选项占比93.29%（表3.6），熟悉多元内容平台玩法规则、掌握动静态可视化内容的生产与传播方法成为新闻记者应有的基础业务能力，说明全媒体记者作为主流媒体的主力军，既要做到对主流媒体从业者专业的守正，同时也要通过创新向着互联网这一主阵地转移。

表3.5　全媒体记者参与新闻一线采编情况的调查数据

调查问题	选项	频数	百分比（%）	累积百分比（%）
您单位全媒体记者是否参与新闻一线采编？	没有明确的全媒体记者	217	14.66	14.66
	是	1148	77.57	93.29
	否	44	2.97	6.71
	不清楚	71	4.8	100
合计		1480	100	100

表3.6　全媒体记者"一专多能"业务要求情况的调查数据

调查问题	选项	频数	百分比（%）	累积百分比（%）
您单位对全媒体记者的要求是不是"一专多能"	是	1112	93.29	93.29
	否	80	6.71	100
合计		1192	100	100

但是，记者的"一专多能"并不意味着全媒体采编报道都适合"单兵作

战"，根据对全媒体记者采访模式的效果调查结果，"一专多能，团队协作，效果较好"的内容生产模式最受媒体人认可，占比53%，超过半数并位列第一，"单兵作战"、什么都干的模式，被媒体从业者认为效果不佳，占比20%，排在第二位（图3.9），访谈对象M10说："我所从事的电视记者岗，一般是一个人或者两个人出去进行采访，一个人的话就需要完成一条节目所有拍写剪的环节；两个人出去就是一个人负责采写，另一个负责拍剪。短的新闻，一个人是可以完成的，复杂一些的采访，两个人或者多个人一起效果会更好。有时候过分强调新闻生产的单兵作战，可能会降低新闻的质量，对新闻产品的进一步传播有影响。"团队协作的模式不是对全媒体记者专业技能和资源的浪费，而是在每个团队成员都了解各工种、各流程环节的共识基础上，更加高效、高质地完成内容产品的生产和传播，不仅降低了内容生产的沟通成本，还能提高团队凝聚力，有助于形成团队品牌。

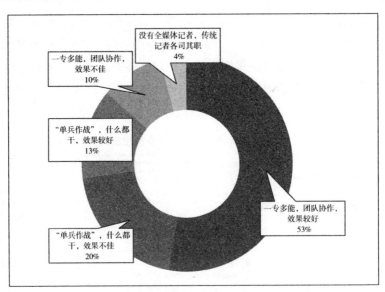

图3.9 全媒体记者采访模式及对应效果调查结果

（二）机制实施：人才引进市县弱且满意度最低，培训机制成效小

根据全国问卷调查中"您单位是否有全媒体人才引进政策"一题的数据结果，64.32%的被调查者单位设有配套政策。在全媒体人才引进机制的应用效果上，其中59.45%的被调查者单位依制度成功引进了人才。将媒体属性层级与采编人才、技术人才、管理人才、数据分析人才这4项人才引进类型进行交叉分析后发现（表3.7），不同媒体属性样本对于4个选项都呈现出显著性（p<

0.05），通过百分比对比差异可知，其中，央级媒体在采编人才（县媒除外）、管理人才（市媒除外）、数据分析人才这 3 项的引进数据上分别高于平均数值 86.40%、44.70%、36.75%，具有明显的正向显著性；省级媒体在技术人才、管理人才、数据分析人才这 3 项的引进数据上分别高于平均数值 78.98%、44.70%、36.75%，也具有明显的正向显著性；市级媒体和县级媒体的人才引进实际情况却不容乐观，在采编人才、技术人才、管理人才、数据分析人才的引进数据上都具有明显的负向显著性，说明市媒和县媒在人才引进机制的实际落实效果上，都远远不如央媒和省媒。

表 3.7 媒体属性与全媒体人才引进类型的交叉分析数据结果

交叉（卡方）分析结果

全媒体人才的引进类型	名称	媒体属性（%）				总计	x^2	p
		央级媒体	省级媒体	市级媒体	县级媒体			
采编人才	0	3.03	12.43	22.7	8.65	13.6	18.693	0.000**
	1	96.97	87.57	77.3	91.35	86.4		
技术人才	0	21.21	14.05	19.02	29.73	21.02	14.252	0.003**
	1	78.79	85.95	80.98	70.27	78.98		
管理人才	0	48.48	38.38	67.48	62.7	55.3	35.941	0.000**
	1	51.52	61.62	32.52	37.3	44.7		
数据分析人才	0	48.48	46.49	76.07	71.35	63.25	42.217	0.000**
	1	51.52	53.51	23.93	28.65	36.75		

注：* 表示 p<0.05，* * 表示 p<0.01。

根据全国调查问卷中"您单位是否建立了全媒体采编人员培训制度？"和"您单位对全媒体采编有何培训提升制度？"两道题的调查数据结果，在全媒体采编人员培训制度的应用效果上，73.99%的被调查者单位有相应的培训制度，其中，外请专家做讲座、定期举办内部经验交流会两种方式最为普及，普及率分别为 59.50%、51.04%（图 3.10）。相比于引进专业人才，通过培训实现记者转型的队伍建设方式可行性更高，但目前来看，主流媒体采取的培训方式都比较基础且容易迅速实现，多是基于转型经验或者案例介绍的理念、理论培训，想要使培训与从业者工作诉求高度契合，或者实现媒体人将输入式培训转化为输出式实践却并非易事。这一过程不仅要得到体制机制的支撑和激励，还要设计差异化的策略和对位平台标签、用户需求。

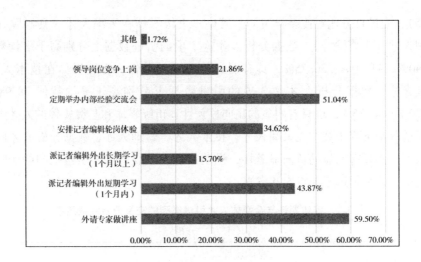

图 3.10　全媒体人才培训各方式普及率的数据结果

在"从业者对本单位全媒体建设的多方面评价"一题的回答数据中，量化考核、激励奖惩、培训提升、创意自由度、团队建设、人才引进、领导对记者创意的支持力、融媒技术开发与应用的整体满意度都介于一般和满意之间（图3.11）。经过媒体属性与各个选项满意度的交叉分析后进一步发现，央级媒

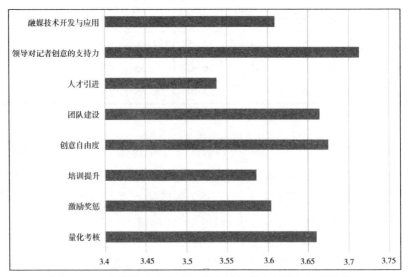

图 3.11　全媒体建设多方面满意度评价各项指标平均值①

---

① 1—5分代表满意度从很不满意到很满意，图中所示平均值范围：3分代表一般，4分代表满意。

体最不满意融媒技术开发与应用、培训提升；省级媒体、市级媒体最不满意人才引进、融媒技术开发与应用；县级媒体最不满意人才引进、培训提升。其中，人才引进和培训提升在整体评价中的满意度排名最末，体现了媒体从业者对本单位融媒人才引进和自身培训提升的高期待，这种期待也一定程度上反映出从业者自身对向全媒体记者转型的焦虑。

（三）问题短板：缺少人才最紧迫，引进机制难落实

在 2020 年我国主流媒体融合转型发展情况的问卷调查中，通过对"您单位是否有设置融媒体中心的打算"一题"是"和"否"两项回答的跳题逻辑筛选，问卷进一步对选择"否"的调查对象进行了"困扰融媒体中心建设原因"的调查，其中，人才有限、技术短板、资金困难被认为是自身单位未能建设融媒体中心的三大困难，普及率分别为 81.18%、72.94%、63.53%（图 3.12）。

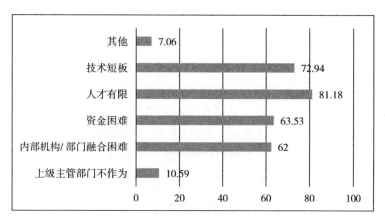

图 3.12　您认为困扰融媒体中心建设的原因"普及率调查结果

而在对媒体融合整体发展的问题与困难调查中，缺少人才、技术落后、资金短缺也被认为是目前主流媒体转型面临的三个最大困难，普及率均超过40%（图 3.13）。尤其是人才短缺的问题，这也与调查问卷"从业者对本单位全媒体建设的多方面评价"一题中，人才引进的满意度评分最低这一数据结果一致，正如访谈对象 F03 所说的："我们单位虽然地处西部，但其实最缺的不是钱，而是人，招不上来人就没法改革。现在单位里的领导和员工年龄都比较大，大家也不懂融合，所以最紧迫的就是面临着人员老化、思想僵化的问题。"

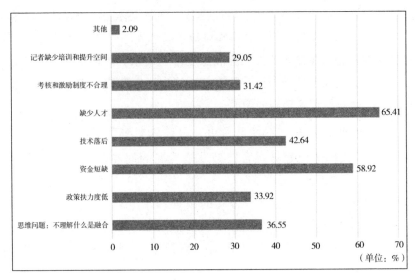

图 3.13 "目前您认为融合中最大的 3 个问题和困难"普及率调查结果

访谈对象 F01 则提出了其所在媒体人才短缺的一个重要的历史遗留原因："我单位平台建设最大的问题是技术和人才的落后，尤其是人员老化，对新媒体认识不足，思维僵化，目前该问题有改善，但是不明显。因为历史原因，之前招聘进来的很多人员学历不高，虽然有编制但基本都是在后勤和行政岗位，真正在采编一线从事内容生产工作的人员比较少。2018 年我们单位整合为新闻传媒集团后，进行了高层次人才引进，目前引进了 8 名学历为硕士、从 985 或 211 高校毕业的人员，但还在培养阶段。"新引进的从业者需要业务熟悉的时间，并且存在着数量仍占少数、短时间内难以撼动大局的问题。此外，主流媒体内容生产融合发展缺少的不仅是专业的一线人才，而且主推媒体融合发展的单位负责人、管理人也要是"一把手"且内行。"融媒体建设必须也一定是'一把手'工程，否则永远是半死不活的状态。在此前提下，必须从体制机制上进行创新，不拘一格提拔使用人才，让人才真正发挥作用。"访谈对象 M02 如是说。

第三节 平台构建：主流媒体的全媒体
平台构建与功能延展

在我国主流媒体内容生产转型的初期，就有关于"借船出海"与"造船出海"的讨论，这里的"船"就是对全媒体平台的形象比喻。"借船出海"

通过直接入驻发展成熟的商业平台能够低成本且迅速地拓展内容传播渠道，提升主流媒体内容的传播力和触达效果，进而将主流媒体的内容优势转化为主流意识形态引领的功能作用，但主流媒体"借船出海"一方面无法自主掌握平台和用户数据、保障信息安全，另一方面无法实现主流媒体盈利模式的重构和功能定位的彻底转型，因此，打造自主可控的全媒体平台是我国主流媒体内容生产和传播转型的必由之路，也是新型主流媒体建设和长远发展的阵地保障。

梳理我国媒体融合的宏观战略政策并抓取关键词句也可以发现，平台构建始终贯穿我国主流媒体融合转型的进程。从媒体融合上升为国家战略时的"推动传统媒体和新兴媒体在内容、渠道、平台、经营、管理等方面的深度融合"，到中共中央政治局在人民日报社进行第十二次集体学习时提出"打造新型传播平台，建成新型主流媒体"，再到《关于加快推进媒体深度融合发展的意见》明确"以开放平台吸引广大用户参与信息生产传播"，主流媒体平台构建的逻辑层层深入，经历了从主流媒体应势而动进行新旧融合的观念转变，到主动重塑自身组织架构打造新型平台的"壮士断腕"，再到全媒体平台构建模式逐渐成形并不断完善的深度发展。尤其是在《关于加快推进广播电视媒体深度融合发展的意见》中，对于市场机制的拓展为主流媒体平台深度构建赋能，自主可控的要求明确了主流媒体平台建设必是以我为主的"造船出海"，而对平台服务能力的深描则是对于主流媒体引领主流意识形态这一基本责任定位之上的"媒体+"功能再定位。因此，本研究首先通过全国问卷和深度访谈，对我国各级主流媒体的全媒体平台构建情况进行了比较广泛且深入的调查和分析。

一、内外兼顾：全媒体平台和内容矩阵的立体性构建分析

全媒体平台构建不仅需要在央、省、市、县的纵向体系上打造自主可控的新型传播平台，还要横向处理好主流媒体和商业平台的关系，形成立体联动的平台体系矩阵。根据对我国各级主流媒体的调查结果，从推广建设"两微一端"开始，着眼于加强自身内部发展和处理好外部平台关系的"双轮驱动"逻辑就始终伴随着主流媒体全媒体平台的布局方式和构建效果。

（一）布局方式：自建云平台为主，积极入驻新兴商业平台

主流媒体全媒体平台的构建方式目前主要可以分为三种：自建区域专属云平台、接入区域专属云平台（如县级融媒体中心接入省媒云平台）、接入央媒云

平台（如地方媒体接入人民日报的人民云平台）。根据全国调查问卷结果，自建区域专属云平台是主流媒体最主要的平台构建方式，占比37.06%，其次是接入区域专属云平台，占比14.55%（图3.14），自建平台的比例超过接入区域专属云平台和央媒云平台之和，这也与中共中央办公厅、国务院办公厅印发的《关于加强网络文明建设的意见》中"加大中央和地方主要新闻单位、重点新闻网站等主流媒体移动端建设推广力度"的政策要求趋向一致。

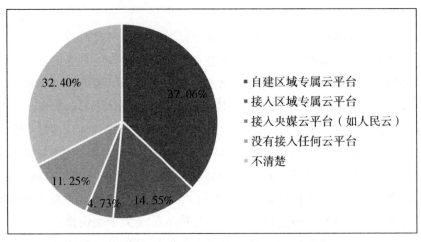

图3.14　我国主流媒体云平台建设方式及情况调查结果

那么各级主流媒体在平台构建方式上存在何种差异？利用卡方检验（交叉分析）去研究调查问卷中的媒体属性与云平台建设方式的差异可发现，省级媒体选择自建区域专属云平台的比例为49.89%，明显高于平均水平34.93%，而县级媒体选择接入区域专属云平台的比例为27.72%，明显高于平均水平13.72%（表3.8）。这也印证了前文第三章第一节资源建设中的调研结果，我国众多省级媒体都已经打造了连接省内各个区县的自有区域云平台，而在县级融媒体中心的建设方案上，省县共建也是国家广播电视总局推荐的主要行业标准之一①，我国全媒体平台的建设情况与自上而下的媒体融合战略布局相呼应，也基本与各级媒体的媒介资源和生产要素整合能力、实际转型发展情况相契合。

---

① 曾祥敏，刘日亮．当前县级融媒体建设的问题思考与策略探究［J］．中国新闻传播研究，2019（01）：134-146.

表3.8　媒体属性与平台构建方式的交叉分析数据结果

交叉(卡方)分析结果

题目	选项	所在媒体的属性(%)				总计样本数(百分比)	x^2	p
		央媒	省媒	市媒	县媒			
贵媒体目前属于下述哪种情况?	跳过	7(7.95)	13(2.76)	43(10.34)	22(4.36)	85(5.74)	234.294	0.000**
	自建区域专属云平台	28(31.82)	235(49.89)	144(34.62)	110(21.78)	517(34.93)		
	接入区域专属云平台	2(2.27)	42(8.92)	19(4.57)	140(27.72)	203(13.72)		
	接入央媒云平台	2(2.27)	10(2.12)	31(7.45)	23(4.55)	66(4.46)		
	没有接入任何云平台	14(15.91)	46(9.77)	62(14.90)	35(6.93)	157(10.61)		
	不清楚	35(39.77)	125(26.54)	117(28.13)	175(34.65)	452(30.54)		
	总计样本数	88	471	416	505	1480		

注：＊表示p<0.05，＊＊表示p<0.01。

而在全媒体传播内容矩阵的构建上，微信、微博是主流媒体最普遍入驻的商业平台，普及率①达92.47%，入驻抖音、快手等新兴商业平台的普及率次之，为58.28%，第三则是建移动客户端，普及率达46.52%（详见图3.15）。在我国媒体融合上升为国家战略的早期，"两微一端"是央级媒体、省级媒体布局全媒体传播矩阵的标配，但随着媒体融合纵深推进、县级融媒体中心建设全面铺开，在全媒体传播矩阵的布局上，入驻新兴商业平台已经超越建移动客户端成为第二优先构建方式。究其原因，一方面，独立自建移动客户端并非易事，需要投入大量资金、技术和人才，这对资源和发展不平衡的各级主流媒体而言并不适合推广普及；另一方面，部分新兴起的商业信息平台，如今日头条、抖音、快手、小红书等，已经通过商业模式实现了互联网内容聚合和用户下沉，客户端的使用率和用户活跃度为主流媒体内容传播提供了良好的信息土壤环境，但商业平台信息生态失衡，缺乏权威内容引导和专业新闻报道，积极入驻新兴平台也是主流媒体出于资源集约、协同高效、处理好主流媒体和商业平台关系考虑，

---

① 普及率用于分析多选题某项的选择普及情况，比如，有100个样本，对于某个选项共有60个样本选择，则普及率=60/100=60%，普及率加和通常会高于100%。

而渐趋形成的扩大内容声量和促进融合转型的模式探索。

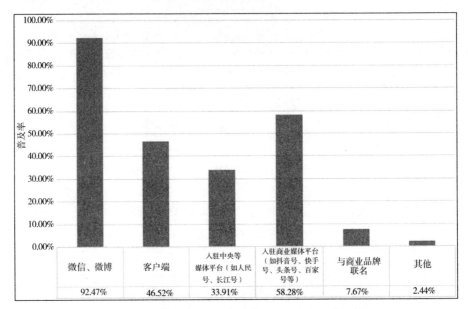

图 3.15 全媒体传播内容矩阵布局中各平台普及率

（二）构建效果："引进来"聚合互补，"走出去"收割流量

1. 引进多元内容、延伸功能增益自有平台

互联网作为一种不同于传统媒介的"高维媒介"，其最大的特点是改变了以往以"机构"为基本单位的社会传播格局①，开放聚合 UGC（User Generated Content，用户生成内容）、PGC（Professional Generated Content，专业生产内容）的优质内容，成为互联网商业平台吸引用户、增益自身的源头活水。在问卷"自有媒体平台与各类入驻账号的关系"一题的调查中，选择"用户覆盖范围属于互补关系，用户总数增加"的被调查者占 52.97%，选择"竞争用户阅读时间"的被调查者占 14.27%（详见图 3.16），可见主流媒体平台引进聚合内容的目的主要是更好地连接用户对海量信息的垂直需求，并与自身原创的专业内容产品构成互补，以吸引更多用户的注意力，从而为主流媒体的全媒体平台增益。艾媒咨询报告中的结论也印证了这一观点，即原创新闻平台的优势之一就是发现潜力作者，构建良好生态②，通过邀约潜力作者入驻，形成聚合内容品类。

---

① 喻国明，张超，李珊，等."个人被激活"的时代：互联网逻辑下传播生态的重构——关于"互联网是一种高维媒介"观点的延伸探讨 [J]. 现代传播（中国传媒大学学报），2015，37（05）：1-4.

② 艾瑞咨询. 中国原创新闻案例研究报告 [EB/OL]. 新浪网，2020-07-22.

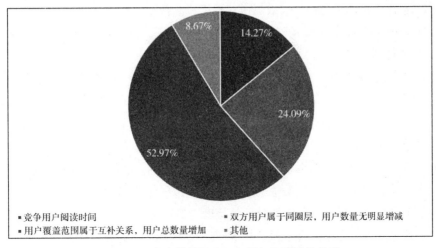

图 3.16　自有媒体平台与各类入驻账号的关系

　　此外，通过对主流媒体自有平台功能定位调查结果的统计，超过 54% 的被调查媒体拥有除新闻资讯以外的"新闻+"延伸功能，"新闻+政务"或"新闻+政务+服务"成为最普遍的平台定位。具体而言，根据全国问卷调查中"您单位的移动新媒体平台或端口有哪些功能？"一题的调查结果，舆论引导监督、新闻信息服务分列主流媒体移动新媒体平台最主要功能的第一、第二位，普及率分别为 65.75%、62.42%，这也符合主流媒体进行新闻生产的主要业务和功能责任。此外，"新闻+政务"的普及率为 60.77%，位列第三，"新闻+公共服务"和"新闻+商务"的普及率也均超过了三分之一（图 3.17）。

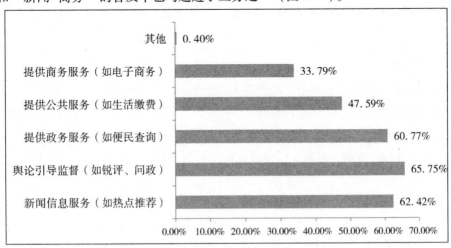

图 3.17　主流媒体移动新媒体平台或端口的功能延展类型统计数据

2. 自建全媒体平台初见成效，微信端用户活跃度最高

根据问卷中对媒体移动端"用户最活跃端口"的调查结果（图 3.18），48.17%的被调查者选择"微信"，其次是自建 APP，占比 26.74%，第三是短视频平台，占比 13.48%；在"用户数量最大端口"的调查中，排名前三的分别为自建 APP、微信、短视频平台，占比分别为 38.35%、37.85%、10.25%。由数据可知，主流媒体自建的全媒体平台在用户关注度和注意力吸引的竞争上已经初见成效，而微信、短视频平台是主流媒体通过以媒体号形式入驻，继而实现内容"走出去"的较为有效的商业平台。另一调查也佐证了本研究的调查结果，根据新冠疫情媒介信息接触渠道的用户调查，微信是成为大众接触新冠疫情信息的最主要渠道，用户对微信的黏性依赖度也最高①，"无社交不新闻"的时代特点要求主流媒体在微信公众号、视频号的运营上，应更加注重信息内容的权威真实、及时引导，同时，微信用户基数大、画像复杂，主流媒体账号的垂直内容矩阵设计可以进一步对位目标用户，以提升用户黏性，实现品牌运营。

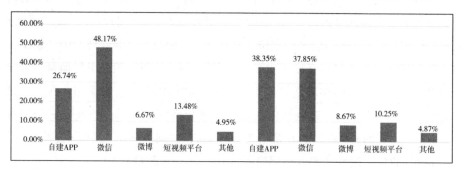

图 3.18 媒体移动端用户最活跃端口（左）和用户数量最大端口（右）

此外，短视频平台的主流媒体账号具有较大内容传播潜力，一方面，短视频应用使用时长增长明显，2020 年就已位列手机 APP 垂直类别第三名（图 3.19）②，且用户活跃度和用户规模都在调查结果数据中的前三名；另一方面，根据《2019 媒体融合传播指数总报告》，抖音平台中短视频的单条播放量明显高于微博、微信这两大社交平台，虽然开设抖音号的主流媒体之前不及微博、微信及聚合内容商业平台多，但主流媒体单条短视频抖音播放量平均为 54.7 万

---

① 曾祥敏，张子璇. 场域重构与主流再塑：疫情中的用户媒介信息接触、认知与传播 [J]. 现代传播（中国传媒大学学报），2020，42（05）：65-74，83.

② 中国互联网络信息中心. 第 45 次中国互联网络发展状况统计报告 [EB/OL]. 中国互联网络信息中心，2020-04-28.

次，是微博的 6.6 倍，微信的 164 倍。① 入局视频的新兴商业平台层出不穷，随着 5G 的大规模商用和短视频商业平台中直播功能的完善，抖音、快手、微信视频号、知乎直播、小红书短视频等类似的泛视频领域是主流媒体瞄准垂直用户、运营用户社区、提升用户黏性的值得深耕的蓝海。

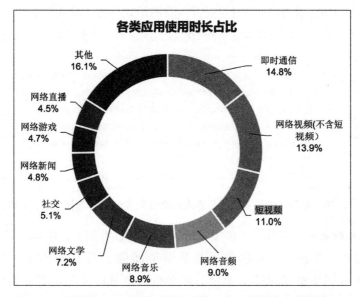

图 3.19 短视频 APP 使用时长位列第三名（数据来自中国电信）

二、功能延展：新闻端口之上的综合资源建设

在以数字化、网络化为底层逻辑的移动互联网时代，主流媒体不是游离于社会运行系统外的"平行力量"，而是与社会高度同构并深度嵌入的基础设施②，探索建立作为新闻端口之上的政务、服务、商务资源综合体，构建服务于国家治理的多功能生态级平台逐渐成为主流媒体深度融合发展的共识。

（一）"新闻+政务"是拓展平台功能生态的首选，但信息共建程度低

"新闻+政务"的主流媒体平台业务拓展是基于中国特色、中国道路的媒体发展模式，随着媒体区域云平台建设的不断完善，地方媒体接入或与政府共建政务垂直内容成为主流媒体参与社会治理的主要表现形式。在对主流媒体移动客户端

---

① 唐胜宏，王媛媛，王京．2019 媒体融合传播指数总报告［J］．传媒，2020（15）：14-15，17.

② 戴元初，康培培．国家治理视域中的媒体深度融合：舆论生态、社会表征与时空再造［J］．中国出版，2021（13）：45-49.

功能设计的调查中，提供政务服务是继舆论引导监督、新闻信息服务之外的第三
大功能，且三者占比相差不足5%。而在具体的政务功能垂直版块建设中，政务公
开、政府专栏、政府信箱成为政务版块建设的三大核心（图3.20）。此外，问政投
诉、接诉即办等注重用户交互、解决民生问题的政务功能也是媒体政务建设的重
点，这类内容通常以用户与管理员公开问答的形式呈现，形成围绕社会治理的内
容交互社区，具有用户地缘和生活的贴近性，成为平台增粉固粉的重要途径。

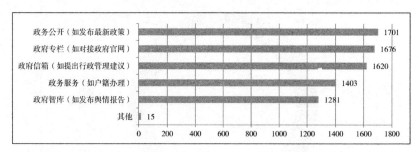

图 3.20 新媒体端政务功能垂直类别建设调查结果（总样本数：4537）

在发布政务内容和开通政务类功能入口的垂直类别上，除新闻发布外，政
策项目、便民服务、交通信息是普及率最高的三项共享内容，分别达到
74.51%、73.32%和72.73%，其他与社会生活息息相关的内容普及率也不低
（详见图3.21），延伸全媒体平台功能不仅能够为用户提供多元服务，还可创造
"媒体+"平台的经济收益，实现多链条增益效应。

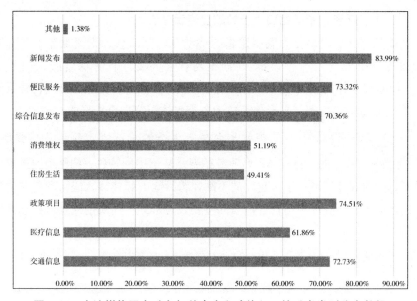

图 3.21 主流媒体平台政务相关内容和功能入口的垂直类型分布数据

但是，媒体融合发展不仅仅是新闻单位的事①，根据调查问卷中政府与主流媒体是否共建大数据中心和政府与主流媒体是否进行政务数据共享两道题目的数据结果（图 3.22），选择"是"这一选项的占比分别为 34.59% 和 34.19%，均不足 35%，说明政府与主流媒体的信息共建仍未铺开，二者在技术、内容、平台等多方面的合作仍然处于十分初级的阶段。

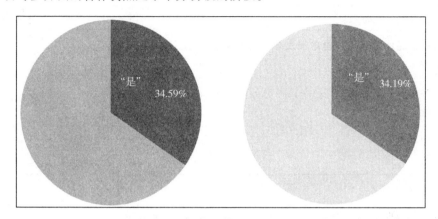

图 3.22　政府与媒体是否共建大数据中心（左）和
是否进行政务数据共享（右）调查结果

那么在政务新闻报道中，主流媒体与政务新媒体账号在信息发布的内容和时效上是否会产生对冲呢？根据问卷调查中"贵媒体与政务新媒体在新闻报道方面的互动关系"这一多选题的数据结果（表 3.9），被调查者选择"政务新媒体和记者各自单独发布，均为通稿，互不影响"的普及率达到 53.72%，位列第一，选择"政务新媒体发布消息，记者选择另外角度报道或深度解读"的普及率为 44.53%，排名第二，且这两个选项的普及率与其他选项相比有着明显的偏大优势，说明在政务内容报道上，政务新媒体与主流媒体的关系相对处于一种各自分工明确、比较和谐的平衡状态，相比于传统媒体时代信息发布者对独家渠道和信息时效的竞争性角逐，移动互联网时代的流量泛滥和平台分散为主流媒体提高信息普及性传播效果和覆盖性的到达程度提供了更多机遇。

---

① 习近平主持中共中央政治局第十二次集体学习并发表重要讲话［EB/OL］.新华网，2019-01-25.

表3.9　主流媒体与政务新媒体在新闻报道上的互动关系多选题
响应率和普及率汇总表格①

选项	响应		普及率
	n	响应率	（n=1480）
政务新媒体先发布消息，影响记者常规报道	334	15.31%	22.57%
政务新媒体发布消息晚于媒体，优先考虑记者报道	318	14.57%	21.49%
政务新媒体和记者各自单独发布，均为通稿，互不影响	795	36.43%	53.72%
政务新媒体发布消息，记者选择另外角度报道或深度解读	659	30.20%	44.53%
其他	76	3.48%	5.14%
汇总	2182	100%	147.45%

注：拟合优度检验，$\chi^2 = 762.001$，$p = 0.000$。

但政府部门偏向于将自身资源更多地投入建设内部运营的政务新媒体账号是不争事实，政务新媒体账号与主流媒体之间的联动机制仍需要完善。在媒体融合的进程中，要把社会思想文化公共资源、社会治理大数据、政策制定权的制度优势转化为巩固壮大主流思想舆论的综合优势，这需要政府单位、主流媒体、商业平台、用户个体等主体加强连接，协同参与，从数据结果来看，政府部门与主流媒体的合作机制仍然有待更加深入的实践探索。

（二）以直播带货为代表的"新闻+商务"综合经营模式显现动能

应势而动才能产生动能，从而激活存量形成增量。从对主流媒体从业者的深度访谈中发现，主流媒体的管理层访谈对象普遍存在一个困惑，即主流媒体如何安全且长效地实现内容变现、"爆款"兑现？提升主流媒体的自我造血功能成为媒体融合向纵深发展的一大难点。主流媒体的主业首先是基于党媒社会责任之上的新闻业务，其次才是寻求商务拓展的市场化经营创新，同时还要防范资本操控舆论，守住意识形态安全的防线，基于此，主流媒体的商务服务拓展可以说是

---

① 注：响应率和普及率是分析多选题各项选择比例情况等会涉及的两个名词，响应率用于对比各个选项的相对选择比例情况，响应率加和一定为100%，普及率用于某项的选择普及情况，普及率加和通常会高于100%，二者的区别在于被除数不一样。（比如，有100个样本，平均每个样本选择3项，则100个样本共选择了300个选项。以及对于某个选项共有60个样本选择，则响应率=60/300=20%；普及率=60/100=60%）在具体分析上，均可用以重点描述或分析选择比例较高项。

"小碎步前进式"谋求有限创新。

　　根据问卷调查中"您单位的新媒体端实现了哪些商务服务?"一题的调查结果,超越传统单一依赖广告投放创收的多元化经营模式已经成为主流媒体"新闻+商务"布局的共识,具体而言,承包外包项目(如承接视频拍摄与产品运营)、项目经营活动(如举办线下活动)这两项能够发挥主流媒体专业内容优势的经营模式成为排名前两位的商务服务类别,但值得注意的是,随着短视频和移动直播的快速崛起,以及电商购物平台、视频类社交平台的发展完善,以直播带货为代表的电商引流合作超过以广告投放为代表的传统商品推广盈利模式,占比 67.80%,位居第三,且数值与前两名相差较小(图 3.23)。

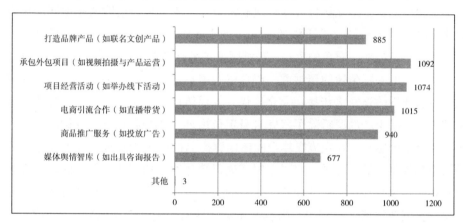

图 3.23　新媒体端公共服务功能垂直类别建设调查结果（总样本数: 4537)

　　在直播带货类的内容产品中,虽然主流媒体出现了中央广播电视总台的"小朱配琦"、人民日报新媒体公益带货系列直播、天津津云新媒体集团的"老乡别急,我们帮你"脱贫攻坚直播带货系列公益活动、湖南广播电视台的芒果扶贫云超市、湖北长江云新媒体集团的"搭把手·拉一把"湖北农副产品公益大直播等创新产品,但目前主流媒体的直播带货多以公益为主,比如,以上列举的很多案例都入选了中国记协新媒体专业委员会发布的"2020 中国新媒体扶贫十大优秀案例",在我国,尤其是在后疫情、全面小康的时代环境下,主流媒体有着持续自我造血和彰显社会责任担当的双重任务,从传统的电视购物到直播带货的转变绝不仅仅是平台渠道的更替,更是规则玩法的重新洗牌。

第四节　话语创新：全媒体内容产品链的
维度拓展与深度重构

　　主流媒体在传统媒体时期所进行的新闻报道和内容生产传播活动大多是处于一对多的大众传播维度，内容生产渠道和传播渠道都具有相对的封闭性和独家资源优势，而在数字化技术赋能的全媒体传播语境下，开放共享成为其基本特征，正如丹麦学者克劳斯·布鲁恩·延森（Klaus Bruhn Jensen）所说的："从历史的角度来看，媒介融合可以被理解为一种交流与传播实践跨越不同的物质技术和社会机构的开放式迁移（open-ended migration）。"① 主流媒体融合发展后的内容产品链在一对多的大众传播维度基础上，延伸出了一对一的网络传播，以及多对多的人际传播的新维度，而且三者绝不是相互割裂的对立关系，内容话语创新体现的是网络传播、大众传播、人际传播三重维度的交织与异构，全媒体内容产品生产的逻辑除了坚守自身定位之外，还受到移动互联网、用户等多维度因素的影响。而主流媒体全媒体内容产品的话语创新也始终是在守正的价值引领和创新的目标导向双层作用下进行着深度重构，话语创新的融合理念与全媒实践也受到评奖标准和获奖作品的引领与示范影响，而在主流媒体内容话语守正创新发展的过程中，内容产品坚守导向为先和专业引领的价值不变，全媒体技术的支撑力和融合力凸显，全媒体时代的群众路线旧貌变新颜，全媒产品在行业规范中不断提质增效，主流媒体承担起主流舆论和价值引领的责任，全媒体内容链条正在深度重构。

一、守正创新：深耕优质内容的主流媒体价值引领与样态重塑

　　专业优质内容生产能力始终是主流媒体的竞争王牌，全媒体内容产品想要实现传播影响力最大化的核心是专业且优质的内容，以传统意义上的新闻产品为例，其主题聚焦力、策划原创力是实现有效引导和传播到达的关键，也是媒体发挥社会价值、引领大众而非迎合的要则。

　　（一）价值守正：优质内容为本以提升媒体"四力"

　　媒体"四力"即主流媒体的传播力、引导力、影响力、公信力，"四力"

---

　　① 克劳斯·布鲁恩·延森. 媒介融合：网络传播、大众传播和人际传播的三重维度［M］.
刘君，译. 上海：复旦大学出版社，2020：17.

处于同一个传播链条之中，具有整体性和系统性，同时又涉及不同的衡量标准侧重，但提升媒体"四力"的目的都是更好地履行主流媒体的舆论主体职责和使命，实现主流意识形态和社会主义核心价值观的引领，因此，主流媒体内容产品不能为了提升传播力、影响力而任由其低俗化、狭隘化、迎合大众口味，必须要在价值守正的基础上，注重内容的引导力、公信力，这一方面需要主流媒体对优质内容给予足够重视和资源投入，另一方面也需要优质内容产品进行具体且实际的引领示范。

在优质内容的重视程度和资源投入上，根据全国问卷调查中"您单位在多大程度上将以下资源投入新媒体端？"一题的调查结果，优质内容是从业者普遍认为投入最多的资源类别（图3.24），这一方面是因为内容生产是传统媒体一直以来的优势所在和本职工作成果，另一方面也是因为新媒体传播平台和矩阵号的搭建让内容的多元分发更加便利和直接。但是对新媒体而言，与传统媒体内容播发即工作结束的生产流程不同，优质内容在新媒体渠道的上线往往只是开始，用户的交互参与和能动反馈可以赋予主流媒体内容新的生命。

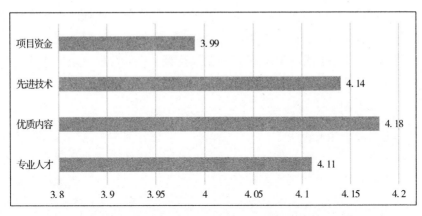

图3.24　新媒体端资金、技术、内容、人才四项资源投入的程度比较

而在主流媒体优质全媒体内容生产应该坚守的价值导向上，中国新闻奖媒体融合奖项起到了导向引领和产品示范的作用。2018年，第28届中国新闻奖增设媒体融合奖，根据媒体融合发展的新趋势、新特点，分为短视频新闻、移动直播、新媒体创意互动、新媒体品牌栏目、新媒体报道界面、融合创新6大类组织评选。评委们本着评出方向、形成导向、引领发展的原则，评出了50个重量级、现象级、代表性、标志性的媒体融合作品，其中特别奖1个、一等奖10

个、二等奖 15 个、三等奖 24 个。① 第 29 届中国新闻奖媒体融合奖在奖项类别上又增加了国际传播形成共 7 个评选大类；第 30 届中国新闻奖重新调整了媒体融合奖项的评选类别，在评选标准上增强了内容产品的新闻性、时效性和现场性，最终确定为短视频现场新闻、短视频专题报道、移动直播、创意互动、融合创新、新媒体新闻专栏、国际传播 7 个大类组织评选，并沿用至最新的第 31 届中国新闻奖媒体融合奖评选。历届中国新闻奖媒体融合奖项的获奖作品不仅在内容导向上与新闻舆论工作重点同频共振，覆盖了建党百年、新中国成立七十周年、习近平总书记重要活动、全国两会等主题报道新闻宣传，以及全面深化改革、"一带一路"倡议、全面小康等重大报道任务，还与时代发展和社会民生问题息息相关，比如，聚焦新冠疫情一线医护人员的融合创新一等奖作品《"最美逆行者"系列融媒报道》，关注突发灾害报道的短视频类一等奖作品《柳州融水突围记丨广西日报记者"失联"数千小时，在穿越 40 处塌方后发回灾区最新画面！》，讲述脱贫故事的短视频专题报道一等奖作品《十八洞村龙金彪的 Vlog丨脱贫之后》，报道长江流域生态环境保护情况的创意互动一等奖作品《6397 公里的守护》等。

从第 28 届到第 31 届连续四年的中国新闻奖媒体融合奖项的获奖作品充分体现了我国媒体融合发展的方向和探索的进路，引领着主流媒体全媒体新闻产品在价值坚守、主题聚焦、可视呈现、交互设计、多元分发、用户连接上的专业方向，激发了新一批凸显价值和导向的融媒体产品创作。

（二）样态创新：内容生产理念与实践的重塑转变

在内容生产理念的转变上，用户意识、移动优先成为主流媒体内容产品生产的先决理念。根据全国问卷调查中对主流媒体全媒体内容产品制作出发点的调查结果数据，用户导向（指侧重考虑社会效益，最大化引导和服务于人）是主流媒体排名第一的内容生产出发点，重视程度为 3.76 分（5 分满分），其次就是创新导向（指将新技术、新方式的应用放在第一位考虑），只比用户导向低约 0.3 分，而市场导向则排最末位（图 3.25）。在主流媒体内容产品的创新理念上，在坚守自身新闻舆论职责不变的基础上，主流媒体话语转变的主动性和生产观念已经朝向全媒体融合创新发生了重塑。

而在内容产品样态创新的实践指向上，根据问卷调查中主流媒体从业者对于全媒体内容产品生产的样态类别侧重的数据结果发现（图 3.26），短视频成

---

① 曾祥敏. 导向正确 融合创新 专业引领 规则探索：第二十八届中国新闻奖媒体融合奖评析 [J]. 新闻战线，2018（21）：12-15.

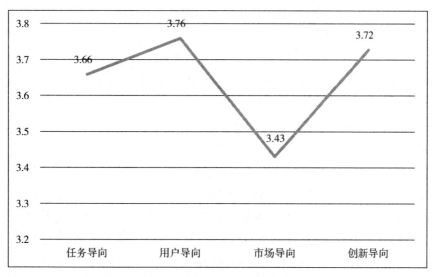

图 3.25　主流媒体全媒体内容产品制作出发点侧重程度差异的调查结果

为主流媒体全媒体内容产品生产的最青睐样态，占比 57.17%，根据 iResearch 中国网络视听节目服务协会和艾媒咨询公开发表的数据结果可知，2020 年中国短视频市场规模达 1408.3 亿元，继续保持高增长态势，2021 年我国短视频行业市场规模已经突破 2000 亿元，短视频市场的飞速扩增急需主流媒体在内容上进行价值引领和行业规范的引导，此外，图文报道、H5 新闻、移动直播、VR 新闻占比均超过 30%，在内容产品样态创新上呈现出多元化、可视化、移动化、交互化的特征。

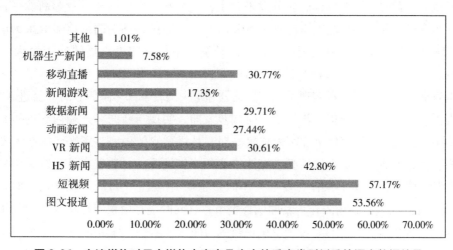

图 3.26　主流媒体对于全媒体内容产品生产的垂直类别侧重的调查数据结果

内容产品理念和实践的重塑转向也体现在对主流媒体从业者的深度访谈中，有访谈对象以自身所在主流媒体为例，深入介绍了其单位在内容生产理念与实践上的重塑与转变，一大亮点就是该广电媒体单位通过移动优先下的融合内容产品样态创新，实现了"互联网+电视"小屏内容反哺大屏的新媒体端与传统端的协同联动。他提出"一个引领、一个重塑和一个转变"的内容话语转型模式，"一个引领"就是用移动端引领电视端；"一个重塑"就是用互联网思维重塑电视新闻采编业务；"一个转变"就是将此前的"电视+互联网"思维彻底转变为"互联网+电视"思维。具体来说，我们的核心理念就是紧紧围绕"移动优先战略"，用小屏引领大屏，用小屏内容反哺大屏，把新闻频道打造成移动客户端的"增幅器"，将客户端的海量资讯在电视端进行延伸使用，最终形成大小屏协同发展，移动端、电视端一体运作、同频共振的新型媒体传播格局，真正形成融媒传播的组合拳。

对其所在媒体单位的三档"互联网+电视"样态创新型新闻节目——《闪电大视野》《闪电直播间》《闪电触角》进行具体分析后可以发现，在话语创新的特点上，都保证了内容品质上的"干货新闻+专业观点"，样态形式上的"移动可视+多元交互"，生产分发上的"品牌强化+多平台同步"。同时，三档栏目又各有定位，错时传播，形成了主流媒体新闻产品大类下的差异化、垂直化内容品牌，具体而言，第一，新闻杂志栏目《闪电大视野》每晚19点30分至21点30分直播，内容兼具新闻深度和互联网气质。节目设计分为"闪电热搜""闪电头评""融媒朋友圈""闪电会客厅"等版块，内容覆盖当下热点新闻事件，视角涵盖国内国际，通过视频直播连线等方式，整合国内各行各业的专家权威进行新闻的深度解读。在分发平台上，电视端、客户端和抖音等商业平台同步直播，并与移动端媒体粉丝进行实时互动，通过移动端的强传播效果为电视大屏更好的观看体验引流。第二，滚动资讯节目《闪电直播间》于每天10点、15点定期播出，每档时长30分钟，内容上是自采资讯与汇编结合。以《闪电直播间》为抓手，可实现重大直播策划和重大突发事件多路信号的"行进式"直播，通过大屏小屏重大新闻的实时同步发布，实现与新闻客户端内容的进一步融合。此外，该媒体单位作为省媒，拥有县级融媒体中心、省平台的技术和内容优势，通过整合全省县级融媒体中心的丰富资源，打造省市县三级融媒平台联动模式，创建了全省突发"一小时报道圈"。第三，每周六晚播出、时长30分钟的《闪电触角》作为新闻调查类节目，同时也是植根于移动互联网的深度报道新媒体IP。节目定位为全国视野的新闻深度调查，每期由1—3个调查单元组成，聚焦食品安全、环境保护、医疗卫生、金融保险等社会民生领域中涉及公共利益的焦点问题，旨在通过深耕优质内容提高主流媒体平台和品牌在全国的影响力和美誉度，其优势在于网络电视各展所长、互相借力、互相导流、共同推进，充分放大舆论声势、效果。节目开播两期就在融媒体平台收获了不小的关注度，也吸引了多家门户网站进行深度合作的产品运营契机。

二、数字智能：全媒体内容生产链条的技术支撑力不断拓展

技术赋能一直是媒体转型升级的支撑和探索重点，从每年全国两会、重大历史节点主题报道，到突发事件报道、日常新闻策划，主流媒体不断翻新技术玩法和报道样态。

（一）智能化媒体新基建支撑全媒体信息产品链

经过近年来的密集部署，智能化媒体新基建在重大报道中展现出了对内容生产链条的支撑力，以5G、人工智能为代表的媒体"新基建"不仅全面赋能智能编辑部，支撑着新闻报道生产链的流畅有序、富媒多频，还为移动直播、全息成像、机器人生产、"云连线"等可视智能的新闻产品、场景应用提供了创新空间。比如，在2021年全国两会报道中，5G技术成为各大媒体标配，贯穿两会报道各环节，体现了媒体以先进技术为支撑的深入贯彻与切实转型。[1] 人民日报通过5G云连线打造系列节目，新华社、中央广播电视总台采用5G快传技术传输现场信号。地方媒体也紧跟步伐，黑龙江广播电视台搭建5G远程交互式虚拟演播室，首次采用异地同场景虚拟访谈形式；四川日报推出"川观新闻·5G消息两会通"，基于5G技术，以原生短信为入口，支持发送包括文本、图片、音视频、小程序、服务交互等在内的多媒体内容[2]；河南日报开启两会5G云直播进行融媒报道等。

（二）数字化融合场景焕新用户沉浸感

技术创新赋能内容表达，技术融合焕新用户体验。近年来，主流媒体在新媒体内容生产中逐渐尝试将智媒技术"混搭"起来，实现场景化的沉浸体验。比如，新华网短视频《创意MR艺术舞台秀舞动"十四五"》，通过运用混合现实（MR）实时渲染虚拟引擎、动态捕捉、motion control运动控制系统、分身克隆等技术，使舞蹈演员和数据在音乐声中翩翩起舞，开创了数字视觉呈现的新表达；在《三星堆新发现》直播特别节目中，中央广播电视总台利用虚拟伸缩摇臂和现实场景结合，在三星堆遗址公园立体还原3000多年前古蜀先民的生活

---

① 曾祥敏，董华茜，罗坷欣. 媒体深度融合语境下时政报道创新研究：基于2021年全国两会媒体融合产品的分析 [J]. 新闻与写作，2021（04）：40-48.

② 陈莹. 十个关键词看懂川报转型秘诀！[EB/OL]. 传媒茶话会，2021-03-16.

基址、祭祀场景、呈现古蜀城邦的地理位置等，同时还推出《青铜立人的"秘密"》等短视频，视频中融合采用实时动作采集捕捉系统、斯坦尼康红外跟踪数据设备、虚拟现实技术、人工智能实时抠像技术，混合呈现大立人与记者的实时互动，实现混合现实虚拟技术新的突破应用。

场景化融合不仅体现在线上新闻产品的生产中，也贯穿主流媒体的线下活动，实现实景中的沉浸体验。在建党百年报道中，人民日报新媒体中心设计推出线上线下相结合的"复兴大道 100 号"互动体验馆，展馆内采用动画长廊、水幕影像、裸眼 3D 视频等展陈新技术，参观者通过观看、聆听、触摸，可实现仿若时光穿梭的沉浸体验。同时，参观者还可借助"空间站"内的 AI 技术生成本人的"航天员照"、互动体验无人驾驶新技术，线下互动体验馆成为吸引年轻人学习党史、沉浸体验主题报道的重要载体，也为人民日报新媒体强化自身品牌气质形成合力。

三、良性竞争：主流媒体专业内容的专业运营

主流媒体不仅要在内部形成良性竞争意识，更要与商业平台进行从内容质量到平台用户的全面竞争，用专业内容巩固品牌，用专业运营实现突围。通过交叉分析主流媒体不同岗位的媒体人参与生产融合新闻产品的差异性发现（表3.10），运营岗位从业者参与短视频生产的比例为 64.79%，明显高于平均水平57.17%，短视频运营崛起，成为加强传播链条的重要方式。此外，运营岗位媒体人的内容生产参与程度也有明显优势差异，尤其在图文报道、移动直播、数据新闻中均有突出的参与度，占比依次为 62.59%、44.25%、34.47%，分别明显高于平均水平 53.56%、30.77%、29.71%，内容产品运营是基于移动互联网开放连接、交互共享、时空无限、信息数据化特质的全新概念，运营岗位在全媒体内容产品链的参与度提升，反映出主流媒体在内容产品话语创新中对网络传播、人际传播维度的延展探索和内容产品链的突破重塑。

表 3.10　主流媒体不同岗位属性从业者参与生产融合新闻产品的
差异性比较交叉分析数据结果

交叉(卡方)分析结果

全媒体内容产品样态类别	名称	岗位属性(%)				总计	x^2	p
		采编	技术	管理	运营			
图文报道	0	35.80	63.96	52.50	37.41	46.44	263.726	0.000 **
	1	64.20	36.04	47.50	62.59	53.56		

全媒体内容产品样态类别	名称	岗位属性(%)				总计	x^2	p
		采编	技术	管理	运营			
短视频	0	39.90	48.23	46.06	35.21	42.83	34.554	0.000 **
	1	60.10	51.77	53.94	64.79	57.17		
H5 新闻	0	61.55	55.57	50.39	54.77	57.20	35.281	0.000 **
	1	38.45	44.43	49.61	45.23	42.80		
VR 新闻	0	72.75	60.93	71.25	72.13	69.39	52.893	0.000 **
	1	27.25	39.07	28.75	27.87	30.61		
动画新闻	0	74.25	68.11	73.47	74.57	72.56	15.705	0.001 **
	1	25.75	31.89	26.53	25.43	27.44		
数据新闻	0	72.51	68.11	70.14	65.53	70.29	11.989	0.007 **
	1	27.49	31.89	29.86	34.47	29.71		
新闻游戏	0	84.15	79.43	83.35	82.64	82.65	11.947	0.008 **
	1	15.85	20.57	16.65	17.36	17.35		
移动直播	0	70.43	77.01	62.60	55.75	69.23	87.802	0.000 **
	1	29.57	22.99	37.40	44.25	30.77		
机器生产新闻	0	93.82	94.30	87.46	90.95	92.42	44.478	0.000 **
	1	6.18	5.70	12.54	9.05	7.58		

注:* 表示 $p<0.05$,** 表示 $p<0.01$。

具体地说,在专业内容上,传统平台有通过国潮文化运营实现创意出圈的河南卫视春晚古典舞《唐宫夜宴》,春晚之后,河南卫视又凭借元宵晚会中以博物馆里的文物串联古今的《芙蓉池》歌舞节目、清明特别节目实景版《纸扇书生》和《端午奇妙游》的水下洛神舞等主打中国传统节日文化的内容产品成功实现河南卫视文化品牌优质形象的塑造,契合了年轻人对于国潮文化的热爱和追捧,奠定了其品牌气质;在短视频平台的内容品牌上,有通过接地气的互动运营,在近两个月内新增点赞数 3.5 亿、新增粉丝数 650.6 万的"四川观察";客户端则有瞄准泛文化领域属性,运营汉服社群的封面新闻;新媒体品牌有人民日报深耕时评的"人民锐评"、上游新闻做强民生服务的"帮帮"等,可以说主流媒体专业内容的专业运营在不同平台和样态间都显现出了良好的优势,让主流媒体与商业平台在竞合框架中实现了内容、品牌的良性互动。

四、用户连接：内容为本的多元网络关系搭建

构建强关系社群是主流媒体话语创新的发力方向之一①，而连接用户的多元网络关系搭建离不开内容为本的原则，专业内容始终是主流媒体的优势资源。在用户内容运营上，本研究用方差比较不同级别媒体使用网民发布内容程度的差异性问卷数据，结果显示，县级媒体、省级媒体更倾向于直接采用用户发布的内容，形式样态上尤以视频、图片为主（图3.27）。而在与用户交互形式的设计上，相比于回应新闻评论区的用户留言，央级媒体更倾向于主动设置讨论话题以形成垂直内容的话题广场。

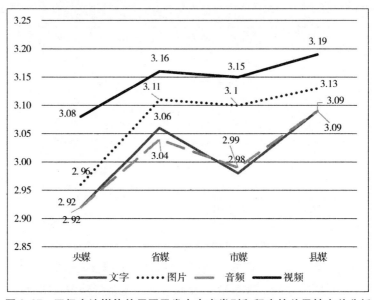

图3.27　四级主流媒体使用网民发布内容类别和程度的差异性方差分析

通过深度访谈进一步挖掘相关问卷数据的实践案例得知，访谈对象M08所在的省级主流媒体比较重视用户互动，作为管理层人员，他主张："从策采编发到效果追踪的每个环节，都要以用户为参照物。"具体考察其所在主流媒体移动客户端的用户互动形式和路径发现，互动形式涉及评论交互、话题广场设置、问答专栏运营、用户上传内容、招募用户为内容创作者等，尤其在客户端的"报料"栏目中，记者对于用户发布的内容几乎条条有回应，或予以答复解决，或附上相关报道链接，或回复"记者正在跟进了解"，"报料"信息流页面更像是用户与记者实时对话的本地话题广场、聚焦民生新闻内容的社交朋友圈。

①　罗昕，李嘉诚. 主流媒体新闻客户端发展现状与趋势［J］. 新闻战线，2021（03）：47-50.

第四章

全媒体传播语境下我国主流媒体内容生产构型分析

构型或型构（figuration）这一概念起初由德国社会学家诺贝特·埃利亚斯（Norbert Elias）提出，他从型构社会学的角度出发将构型定义为个体交织成的网络，并用这一概念来理解社会文化现象中的交织过程（processes of interweaving）。欧洲媒介化理论学者库尔德利和赫普引入"构型"这一概念作为媒介研究的切入口①，主要用以分析媒介化对现实的建构，其理由一方面主要基于两个环境视角出发的研究需求考量：第一，全媒体传播已经成为媒介研究的现实语境，多元化的媒介形式层出不穷并形成相互依赖、深度关联的整合网络，延伸至社会文化空间的犄角旮旯，媒介研究需要构建跨媒体的思维；第二，人们已经无法将媒介和社会生活完全分离，换句话说，媒介已经无法如过去一般可以成为一个独立的影响因子，当下的媒介已经完全嵌入社会空间中，媒介研究也突破了过去专注于媒介内容、媒介使用、媒介效果等领域，而是更加着眼于研究社会变迁中不同媒介之间的互动交织和关联影响。引入构型概念理由的另一方面是从构型概念主体本身的包容性和变化性特点出发，相比于结构化网络（structural network）、系统（system）等概念，构型既强调聚合又具有动态的不确定性，在研究线性时间逻辑下媒介的日新月异变化中体现出关联互动的特点。而搭建全媒体传播语境下我国主流媒体内容生产构型不仅能够在本研究中起到承上启下的关键作用，为深入研究我国主流媒体内容生产的建构性作用提供研究框架，还能为正在发展中的媒介化理论丰富中国视角和中国依据。

在前面的第二章中，通过对问卷数据和访谈结果的整理分析，研究梳理提出了我国主流媒体内容生产变革现状的顶层设计、管理变革、平台构建、话语创新等重点方面的研究发现，本章进一步对调查数据结果和研究发现进行聚类提炼，根据我国主流媒体内容生产转型的现实情况，结合媒体融合战略政策、

---

① COULDRY N，HEPP A. The Mediated Construction of Reality［M］. Cambridge：Polity Press，2017：86.

调研结果、媒介化理论推导、相关研究文献评述，进行研究构型要素的深入分析和维度讨论。

第一节 平台、内容、生产者：全媒体内容生产的三重构型维度

全媒体内容生产的三重构型维度是在基于数据资料的实证研究与进行逻辑演绎的规范研究相结合基础上，对全国调查问卷数据和深度访谈资料进行系统分析与进一步聚类提炼后得出的结果。马克思、恩格斯在《德意志形态》中指出，唯物史观与唯心史观的根本区别在于，它不是仅仅依据思想和意识来解释历史发展的进程及其动力，而是从物质实践出发来解释各种观念形态①，物质实践是凝结着社会复杂动因相互作用的辩证发展。因此本研究扎根于全媒体传播语境下我国主流媒体内容生产转型的中国特色实践进行视角延伸和理论思辨，通过归纳推导提出全媒体传播语境下主流媒体内容生产的三重构型维度——平台、内容、生产者，并从三个维度出发向纵深延展构型维度的分析要素，完善全媒体传播语境下主流媒体内容生产研究的树状模型。其中，三重构型维度的论证逻辑主要基于三个方面：第一，全国调研数据和深度访谈资料的分析与聚类提炼；第二，媒介化理论的逻辑关系推导；第三，对于我国媒体融合顶层设计的政策剖解与重点解读。

一、全国实证数据和深度访谈资料分析与聚类提炼

通过对全国问卷调查实证数据的深入挖掘和对深度访谈资料的梳理分析，研究不仅遵循逻辑架构设计和问题导向在全媒体传播体系建设、体制机制创新、全媒体平台构建、内容产品话语创新等方面有创新发现，还通过聚类提炼，明确了平台、内容、生产者这一全媒体内容生产的三重构型维度。

（一）实证分析：调查问卷和量化数据的深入挖掘

通过对面向全国各级主流媒体发放并回收的 6017 份有效问卷的大体量数据统计和庞杂的结果分析，研究紧密结合媒体融合国家战略、百年未有之大变局的国际机遇和移动互联网发展的国内媒介化环境这两项影响要素，在技术、人

---

① 马克思，恩格斯．德意志意识形态［M］．中共中央马克思恩格斯列宁斯大林著作编译局，编译．节选本．北京：人民出版社，2018：37.

才、融媒体中心等媒体资源要素，体制机制变革的上层设计，"新闻+政务服务商务"的平台功能，以及内容创新并连接用户的需求条件这四项决定性要素的建设方面，对我国各级主流媒体内容生产的转型发展进行了分层剖析式的研究分析。在对数据进行量化统计和实证分析的过程中，为了更好地聚焦研究问题、验证前期研究设计阶段的研究假设，将实证数据在排序和归类上进行了打散重组和重新聚类，重新聚类的标准是基于量化计算结果和研究逻辑走向的双重考量，具体而言，一方面，根据数据结果的显著性分析和差异性比较，筛选出显著性和差异性明显的调查问题重新聚类；另一方面，结合我国主流媒体内容生产调研发现和调查结果中具有突出意义结论的问题指向，对根据实证数据搭建的聚类进行质化调整并最终形成全媒体内容生产的三重构型维度（表4.1）。

表4.1 全媒体内容生产的三重构型维度（基于实证分析）

构型维度	二级要素聚类	具体调查问题
平台	资源建设与重组分配 平台功能自建情况 平台功能合作拓展 媒体组织架构 绩效考核管理 经营模式机制	融媒体中心建设方式和平台化创新路径、移动优先具体路径、新媒体端资源投入程度、平台建设方式、传播矩阵建设、新媒体端功能建设与活跃度、政务功能与政府共建情况、服务功能设计、商务功能设计、体制机制整体改革路径、制度规范建设情况、全媒体采编量化考核指标与奖励方式、融媒体中心经营模式
内容	内容生产机制 内容产品运营 垂直内容生产 内容生产思维 内容生产技术建设 内容技术应用态度	中央厨房建设情况与应用评价、内容产品运营方式、垂直内容工作室分布与建设情况、全媒体产品生产的逻辑出发点、融媒技术开发模式、技术赋能内容的领域和评价、从业者对人工智能等六种主要智媒技术应用于内容生产的态度评价、智媒技术应用与专业内容生产的关系与矛盾评价
生产者	全媒体记者业务 人才引进 人才培训 人才机制评价 用户参与生产及交互	全媒体记者参与新闻一线采编的程度与方式、全媒体记者业务要求与实践情况、人才引进机制建设与应用情况、全媒体记者业务培训机制完善方式与效果评价、全媒体队伍建设多元路径满意度评价

（二）聚类研究：深度访谈资料的结构拆解与逻辑重访

本研究的深度访谈采用的是半结构化的一对一访谈，重点面向各级主流媒体中采编岗位和管理岗位的媒体人进行深度访谈设计，过滤掉基础信息后的访谈提纲中，针对管理岗媒体人的固定题目为5题，针对采编岗媒体人的固定题目为6题（表4.2）。此外，由于访谈是在问卷回收之后进行，访谈过程中会根据被访者的问卷填写情况和回答中的突出亮点或问题进行1—5题不等的追问，最终形成内容深入、重点突出、可相互印证的访谈资料。

表4.2　半结构化访谈基础提纲设计

岗位类型	管理	采编
访谈重点	体制机制变革、内容产品创新、平台发展趋势、转型面临难题	内容生产与考核激励机制、记者业务、用户运营与内容生产
基础问题	1. 您单位什么时候开始建设融媒体中心或全员转向融媒体？融合发展下一步的侧重点是什么？ 2. 您单位近年重点采取了哪些体制机制革新？能介绍一下具体的实践过程、解决了什么问题、发展情况吗？ 3. 您单位近一年在内容生产上有何创新之处？或者有什么代表性报道？能结合具体案例，介绍一下采编流程、人员调配、管理考核等方面的经验和遇到的问题吗？ 4. 您单位是否设有"中央厨房"类的内容生产机制？关于中央厨房在应用中的问题，可否请您结合具体实践谈谈？ 5. 您认为您单位媒体深度融合的最大难点是什么？为什么？（比如，观念思维问题，不理解融合的意义；政策扶持力度不足；资金短缺；技术落后；缺少人才；考核和激励制度不合理；记者缺少培训和提升空间等）	1. 您单位什么时候开始建设融媒体中心？融合发展下一步的侧重点是什么？中央厨房应用于日常稿件还是重大策划？使用频率如何？ 2. 您认为在记者编辑的量化考核和激励制度上，还可以有哪些改进之处？为什么？ 3. 您在参与一线新闻采编的过程中，觉得全媒体记者该是"一专多能"的吗？您认为目前的新媒体业务实际对记者的要求更侧重什么？ 4. 您在全媒体报道中倾向于"单兵作战"还是团队合作？在实际报道中是否有什么矛盾或困难？或者觉得有什么优势呢？ 5. 您在日常报道中对用户互动设计、社群运营或者在用户内容使用、鼓励用户创作并上传等方面，有什么策划或侧重吗？ 6. 您问卷中提到的深度融合的难点，能结合日常采编工作具体说说吗？

通过对27位半结构化访谈对象的访谈记录资料整理和关键词标记（图4.1），研究发现访谈的内容结构和逻辑重点是在问卷调查中二级要素聚类基础上的再深入，这一方面是因为问卷调查先于访谈开展，访谈是基于对具体问卷

进行深入分析基础上的一对一深入交流；另一方面是因为，无论是问卷抑或是访谈都是基于研究问题之上开展的实际调查，对研究结果的一致性聚类分析都最终指向研究问题。因此，对半结构化访谈资料进行结构拆解和逻辑重访后发现，研究重点同样围绕平台、内容、生产者这三重维度展开，尤其是在对生产者这一维度的深入挖掘和直接经验获取上，访谈弥补了问卷调查无法深入了解平台、内容、生产者这三重维度的运转细节和差异化路径的不足，也通过访谈对象的所在媒体层级、地区、岗位、发展程度等条件的差异性覆盖，丰富了研究的实践案例和观察视角。

图4.1　半结构化访谈笔记中的高频关键词聚类词云图

二、媒介化理论的逻辑推理与证明

（一）基于媒介化理论的逻辑推理

媒介化理论在方法论层面上主张将媒介与主体性人之间的关系并置于多重空间之中进行考量，以主体性人为基点，基于日常生活经验的实践逻辑，在"媒介—人—社会"的"三元辩证法"中建立一种共存共生的关系和整体性理论框架。[①] 这一理论框架不仅可以将人与媒介的互动纳入空间分析中，来宏观地审视媒介与社会变迁之间的关系，也可以打破以往媒介、社会、文化之间相互

---

① 周翔，李镓. 网络社会中的"媒介化"问题：理论、实践与展望［J］. 国际新闻界，2017，39（04）：137-154.

分割的研究惯例，将媒体内容生产实践纳入当前包围式的传播信息生态系统来研究。观照本书，主流媒体内容生产实践的运作逻辑也与社会和人紧密关联、相互影响，而本书的研究落点就是探讨主流媒体内容生产转型与社会和人在连接上发生的变化和趋势（图4.2），其中，"社会"既指向我国主流媒体内容生产转型的宏观语境，又关涉主流媒体内容生产转型对社会产生的连接变化和作用方式，"媒介"指向内容生产逻辑和实践这一研究对象，"人"则指向从事内容生产实践的主体性人。将"三元辩证法"应用于主流媒体内容生产研究中的要素进一步具体化，可以凝结为三个要素：一是作为连接社会和内容生产依托组织的平台，二是作为生产对象的内容产品和其话语转型，三是作为生产者的主流媒体从业者。但是，全媒体传播视域下的内容生产者已经不仅仅局限于从业者，由于"媒介—人—社会"中的"人"即用户，根据是否参与内容生产的媒介实践可以分化为两种主体类别：一是只接收信息不参与内容生产的受众，二是既接收信息又参与内容生产实践的产消者，产消者通过直接生产主流媒体的内容文本或者间接参与主流媒体的内容交互进行内容生产，其参与主流媒体内容生产的行为是全媒体传播语境下新生的内容生产实践，产消者成为主流媒体内容生产的新主体，所以本研究将媒介化理论中"媒介—人—社会"三元辩证关系中的"人"之"产消者"，纳入全媒体传播环境下主流媒体内容生产的构型要素之生产者类别进行研究。因此，经过对媒介化理论的逻辑推理，将全媒体传播语境下我国主流媒体内容生产研究中的三个构型要素归纳完善为：第一，作为连接社会和内容生产依托组织的平台，第二，作为生产对象的内容产品和其话语转型，第三，作为生产者的主流媒体从业者和主体能动性日渐强化的用户。

（二）媒介化相关研究的观点呼应与构型证明

在经由媒介化理论推理形成的三个构型要素的可行性支撑依据上，媒介化理论的源头——卡斯特的网络视角理论与本研究中主流媒体内容生产研究"平台、内容产品、从业者和用户中的产消者"这三项要素形成了具有一一对应的合理性的逻辑证明，卡斯特提出网络视角下媒介研究的要素指的就是"工具、内容、制作者与消费者"，本研究将卡斯特过于强调技术单一指向的"工具"延展为"平台"，将作为受众的"消费者"与时俱进地适恰转化为参与内容生产实践的"产消者"，以此构成全媒体传播语境下主流媒体内容生产的研究要素。

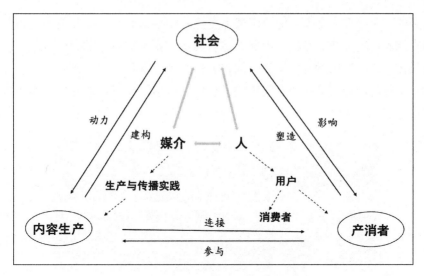

图 4.2　研究逻辑框架的理论推导图

　　此外，经由媒介化理论推导出来的三个研究要素或者说三重构型维度也与库尔德利、赫普两位学者明确的深度媒介化背景下构型保持稳定的三个维度相符合（如图 4.3），两位学者提出在深度媒介化、媒体之间相互依赖关联的背景下，构型保持稳定需要有三个维度的考量：一是共同体归属建构（relevance-frames），即建构拥有共同目标取向并且能够一起行动的共同体，这一共同体既可以是由人构成的群体组织，也可以是某个特定的数字平台；二是行动的个体集合（actor-constellations），具体有两层含义，首先关注个体之间有社会意义的联系，其次强调人的主体性；三是传播实践（communicative practices），指的是基于科学技术、物质资源之上的具体媒介实践以及媒体间的集成合作（media ensemble）。

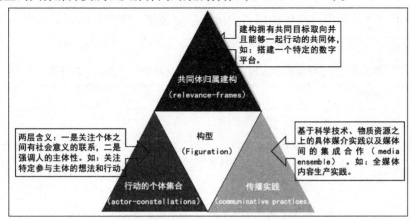

图 4.3　深度媒介化背景下构型保持稳定的三个维度

而这三个维度为全媒体传播语境下主流媒体的内容生产研究提供了模型框架的参照和逻辑延伸的空间。因此，综合以上对媒介化理论的逻辑推导，作为主流媒体连接社会的平台、作为人的代表的从业者和用户中的产消者、主流媒体的优势核心内容话语三者共同构成了全媒体传播语境下主流媒体内容生产的构型维度（图4.4）。

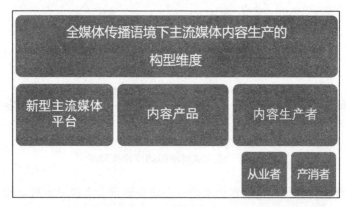

图4.4　全媒体传播语境下主流媒体内容生产的三重构型维度

三、媒体融合顶层设计的政策剖解与重点解读

自从2014年媒体融合上升为国家战略，我国主流媒体内容生产转型始终都是在相关政策文件和会议、讲话的引领和指导下展开，可以说，媒体融合顶层设计在主流媒体内容生产的全媒体转型上发挥出了强有力的指挥棒和定盘星作用，因此，本研究梳理、筛选出2013年至2021年间，具有顶层指导意义和重要节点意义的媒体融合相关文件、讲话内容共10份（表4.3），通过对这10份政策文件和重要讲话进行剖析梳理与解读，从中提炼、聚类并印证了全媒体传播语境下我国主流媒体内容生产的平台、内容、生产者这三重构型维度。

表4.3　我国媒体融合顶层设计的重要文件与讲话（2013—2021年）

序号	年份	文件名称或讲话出处
1	2013	全国宣传思想工作会议
2	2014	中央全面深化改革领导小组第四次会议《关于推动传统媒体和新兴媒体融合发展的指导意见》
3	2015	习近平视察解放军报社时的讲话
4	2016	党的新闻舆论工作座谈会

序号	年份	文件名称或讲话出处
5	2017	《国家"十三五"时期文化发展改革规划纲要》
6	2018	全国宣传思想工作会议
7	2019	中共中央政治局第十二次集体学习
8	2020	《关于加快推进媒体深度融合发展的意见》
9	2020	《关于加快推进广播电视媒体深度融合发展的意见》
10	2021	《中华人民共和国国民经济和社会发展第十四个五年规划和 2035 年远景目标纲要》

（一）平台建设：一体化融合发展理念贯穿始终

平台的兴起是新内容革命的必然结果，也是整个内容业变革的关键因素[①]。从媒体融合顶层设计来看，打造新型主流媒体、建设新型主流媒体平台的转型思路始终贯穿于相关重要文件和讲话的内容之中，从最初让传统媒体与新兴媒体在终端渠道上进行一体融合，到将平台建设指向为重塑内容生产流程、形成一体化的内容连接与共享生态，平台化建设的认识在不断提升与完善，可以说，从渠道端口融合到平台生态构建的变化是全媒体传播下主流媒体内容生产的一个本质转变，主要经历了两个阶段的变化发展。

1. 第一阶段：平台建设侧重于终端渠道的相互融合

主流媒体内容生产转型初期面临的最大问题就是传统媒体渠道优势的下降和新媒体渠道的开拓，2013 年全国宣传思想工作会议上提出"加快传统媒体和新兴媒体融合发展"，2014 年中央全面深化改革领导小组第四次会议上《关于推动传统媒体和新兴媒体融合发展的指导意见》明确"推动传统媒体和新兴媒体在平台方面的深度融合"，都是在二元主体分立的视角下强调传统媒体与新兴媒体的融合，这时的平台虽然更多指向报纸、电视、网站等传统内容端口，以及新媒体客户端类的内容分发终端渠道，但也可以被看作互联网时代对媒体作为内容生产与传播组织这一整体的认知发展。

2. 第二阶段：平台指向一体化的内容连接与共享生态

2015 年至 2016 年，全方位、一体化的发展理念明确了平台建设不仅仅是终端渠道的融合，更是各种媒介资源、生产要素的有效整合，目标是打造新型主流媒体。2017 年，《国家"十三五"时期文化发展改革规划纲要》提出要"支持党报

---

① 彭兰. 智能时代的新内容革命 [J]. 国际新闻界, 2018, 40 (06)：88-109.

党刊、通讯社、电台电视台建设统一指挥调度的融媒体中心、全媒体采编平台等'中央厨房'，重构新闻采编生产流程，生产全媒体产品"。平台不仅是主流媒体延拓的渠道端口，更是推动主流媒体自身内容生产流程重塑、内容产品话语转型的基础建设和关键机制，是自我转型和改革的关键力量。2019 年，平台建设进一步强调其在主流媒体内外双向的内容连接和生态构建上需要发挥的作用，强调一方面"要坚持移动优先策略，建设好自己的移动传播平台…… 要抓紧做好顶层设计，打造新型传播平台，建成新型主流媒体"，另一方面"要统筹处理好传统媒体和新兴媒体、中央媒体和地方媒体、主流媒体和商业平台、大众化媒体和专业性媒体的关系"①，平台建设从关注主流媒体自身，延展到了处理好主流媒体和商业平台之间的关系，共同营造良好的互联网内容生态。2020 年，内容生态建设的主体进一步延展到用户个人，"以开放平台吸引广大用户参与信息生产传播，生产群众更喜爱的内容，建构群众离不开的渠道"是主流媒体突破一直以来坚不可摧内容生产壁垒的关键发展，将用户中的产消者通过主流媒体平台纳入内容生产者范畴，使得主流媒体平台成为内容生产、传播、使用、交互等信息实践活动一体集中的生态空间，成为可以连接主流媒体人、内容生产群体、用户个人等内容从业者和产消者并提供服务、引领的信息共享阵地和内容交互圈层。

（二）话语创新：多次强调内容为本和内容生产供给侧结构性改革

内容建设为根本的理念和提法在 2014 年《关于推动传统媒体和新兴媒体融合发展的指导意见》、2015 年习近平视察解放军报社时的讲话、2016 年党的新闻舆论工作座谈会、2020 年《关于加快推进广播电视媒体深度融合发展的意见》中都有明确体现和反复强调，比如，习近平总书记在 2016 年的"2·19"讲话中再次重申："需要强调的是，内容永远是根本，融合发展必须坚持内容为王，以内容优势赢得发展优势。"② 这也是对传媒业关于技术为王还是内容为王争论的回应，明确了先进技术是主流媒体内容生产转型的支撑。

除了内容为本的守正，内容生产供给侧结构性改革和内容话语创新同样被多次提及。2019 年中共中央政治局第十二次集体学习提出要"在信息生产领域，也要进行供给侧结构性改革，通过理念、内容、形式、方法、手段等创新，使正面宣传质量和水平有一个明显提高"。2020 年《关于加快推进媒体深度融合发展的意见》再次强调"要推进内容生产供给侧结构性改革，更加注重网络内

---

① 习近平：加快推动媒体融合发展 构建全媒体传播格局［EB/OL］.人民网，2019-03-15.
② 中共中央文献研究室 . 习近平关于社会主义文化建设论述摘编［M］. 北京：中央文献出版社，2017：46.

容建设，始终保持内容定力，专注内容质量，扩大优质内容产能，创新内容表现形式，提升内容传播效果。"主流媒体的优势始终在专业内容、原创内容，尤其是针对新闻内容的独家资源和权威身份，全媒体传播下主流媒体内容话语的守正创新是寻求内容与技术、时效与深度、发现与核查、大众与圈层、生产与运营等关系之间的动态平衡。

（三）队伍优化：从优化从业者队伍建设到吸纳用户参与生产

无论是传统媒体还是新型主流媒体，内容生产离不开作为内容生产者的人这一关键主体。2015 年，人才队伍作为传统媒体和新兴媒体融合的要素之一被正式纳入媒体融合发展，提出要"推动信息内容、技术应用、平台终端、人才队伍共享融通"①。2016 年习近平总书记在讲话中进一步强调"做好党的新闻舆论工作，关键在人。新闻舆论工作队伍的政治素养、理论水平、政策水平、业务能力，直接关系党的新闻舆论工作效果"，在内容生产者尤其是主流媒体从业者的队伍建设上提出"要适应新形势新任务的要求，加快培养造就一支政治坚定、业务精湛、作风优良、党和人民放心的新闻舆论工作队伍"。②

而随着社交媒体和商业平台的发展，在全媒体传播语境下，"人人都有麦克风"的现实环境让内容生产者已经由专业媒体的从业者拓展到用户也可参与内容生产。2019 年习近平总书记在中共中央政治局第十二次集体学习强调用户意识："我多次说过，人在哪儿，宣传思想工作的重点就在哪儿"③，这也是马克思主义新闻观中人民性的重要体现。2020 年《关于加快推进媒体深度融合发展的意见》进一步丰富了对于内容生产者建设的要求，一方面，突破性地将用户中的产消者纳入内容生产者范畴，提出要"以开放平台吸引广大用户参与信息生产传播"，另一方面继续加强人才引进和专业化、年轻化从业者队伍建设，提出"要大力培养全媒体人才，实行更加积极、开放、有效的人才引进政策，提高主流媒体人才吸引力和竞争力。要优化人才队伍结构，把更多熟悉新媒体的中青年优秀人才充实到关键岗位，充分释放人才活力"。④《关于加快推进广播电视媒体深度融合发展的意见》将全媒体人才队伍建设摆在广电媒体深度融合发展阶段目标的首位："力争用 1 至 2 年时间，新型传播平台和全媒体人才队伍

---

① 关于媒体融合，看总书记的重要指示［EB/OL］. 求是网，2019-01-26.
② 习近平关于社会主义文化建设论述摘编（二）［EB/OL］. 人民网，2018-12-04.
③ 习近平主持中共中央政治局第十二次集体学习并发表重要讲话［EB/OL］. 新华网，2020-04-28.
④ 中共中央办公厅 国务院办公厅印发《关于加快推进媒体深度融合发展的意见》［EB/OL］. 新华网，2020-09-26.

建设取得明显进展。"① 内容生产者的队伍优化被置于媒体深度融合发展的关键位置，同时引导主流媒体要注重从业者和用户"两手抓"。

第二节　从中介到建构：全媒体传播下
主流媒体的平台革命

平台是将不同群体聚集在一起的新兴商业模式②，通过大数据搜集与智能计算，将信息、商品、服务与用户精准连接，影响公众的日常生活并逐渐成为网络社会的基础设施③，平台是一种技术架构，更是一个融合了内容产品、体制机制、思维方式、社会个体的信息生态系统。这一内涵从商业平台发展进程的演进中也可被印证，商业平台的发展一般是从互联网技术开发到吸引和服务用户，再到内容衍生和社交运营，最后实现建构媒介化社会的过程，以互联网短视频平台快手为例，快手的前身"GIF 快手"最初是由程序员研发的一款用来制作、分享 GIF 动态图片的技术类手机应用，随着用户对动态表情包制作需求的提升和在快手上进行动态图片社交分享的日常化，快手由纯粹的互联网技术工具应用转型为短视频社区，成为用户记录和分享生活的内容平台，当下，作为短视频平台两大巨头之一，快手成为集生活记录、社交分享、游戏直播、电商购物、参与社会公共生活等场景功能于一身的集成型平台，比如，助农扶贫系列活动就为全面小康、脱贫攻坚发挥了良好的社会效益，2019 年 6 月 22 日至 2020 年 6 月 22 日，在快手获得收入的用户数为 2570 万，其中 664 万来自贫困地区④，"幸福乡村带头人"累计带动超 3000 户贫困户增收，"福苗计划"累计帮助全国超 40 个贫困地区直播销售山货，直接带动超 18 万户建档立卡贫困人口增收，由此也带来了快手网络口碑指数的提升，为 64.7，比较积极正面（图 4.5）。

① 关于加快推进广播电视媒体深度融合发展的意见［EB/OL］. 国务院公报，2020-11-13.
② SRNICEK N. The Challenges of Platform Capitalism：Understanding the logic of an New Business Model［J］. Juncture，2017，23（04）：254-257.
③ 郭小平，杨洁茹. 传播在云端：平台媒体化与基础设施化的风险及其治理［J］. 现代出版，2021（06）：30-37.
④ 快手大数据研究院. 我的美丽家乡：2020 快手扶贫报告［R/OL］. 快手大数据研究院，2020-10-16.

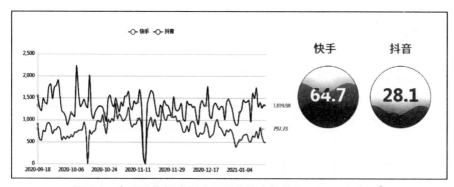

图 4.5 中国短视频头部应用网络热度指数及网络口碑对比①

注：①舆情监测时间区间为 2020 年 9 月 18 日至 2021 年 1 月 18 日。
②数据来源于艾媒商情舆情数据监测系统。

同时，提供政务服务、新闻资讯、电商购物、外卖出行、理财消费、娱乐社交、兴趣培养、线上办公和教育医疗等垂直服务的数字平台已经全方位渗透进用户生活并改变着人们的生活方式和思维方式。平台化趋势改变了人们获取信息资讯的方式习惯，也影响着社会的舆论环境和现代化治理路径，主流媒体的内容生产也从传统媒体时代通过生产内容成为信息流动的中介渠道，转型为以内容生产为抓手进而成为精准连接用户和服务用户、建构社会的平台主体。

一、连接与协作：作为全媒体服务公共传播体的主流媒体平台

随着人与人、人与物、物与物连接的无处不在，媒体平台也不仅仅是信息的流动场，更成为社会连接、社会治理的一部分。尼葛洛庞帝在《数字化生存》中说，"信息技术变革了人们的生存方式"，不仅如此，也变革了媒体的存在方式，在立体的互联网传播平台之上，信息流动的态势是"处处皆中心，无处是边缘"②，主流媒体无论是自主建设全媒体平台还是接入其他主流媒体云平台，构建平台就是构建聚合信息、垂直内容、价值品牌、精准服务的综合信息生态环境，进而基于信息内容构建兴趣交互社区、网上办事大厅、用户生活空间，主流媒体的转向不单单是一个技术化或者数字化改造的过程，而且是通过结构

---

① 网络口碑：客观实时反映网友对事件、人物、品牌的评论态度，数值范围，0 至 100。50 以上时，正向言论越多数值越大，言论偏负面时，数值常低于 45。

② 莱文森. 数字麦克卢汉：信息化新千纪指南［M］. 何道宽，译. 北京：北京师范大学出版社，2014：196.

化运作赋能信息资源，提供跨领域广泛服务的过程①，也就是建设作为全媒体服务公共传播体的媒体平台。

虽然平台化是趋势，但不是每一个媒体都要自建平台，根据问卷调查的数据结果，部分央媒、省媒选择建设自有平台以实现"媒体+"多元服务，大多县媒则选择接入平台以进行协同合作、数据共享。目前阶段中，运转成熟的全媒体服务公共传播体依旧是凤毛麟角，但建立现代传播体系的战略是主流媒体的优势所在，积极寻求差异化的发展、大连接式的协作是大部分主流媒体资源集约、加速转型、业务升级的快车道。

二、自我革命：组织架构一体化的全媒体改革

主流媒体的平台革命离不开组织架构和体制机制的整体变革，主流媒体的组织架构调整属于媒体单位的顶层设计，贯穿着从"合而为一"到"融为一体"的媒体融合全进程，体现着一家单位的改革勇气和执行智慧，决定着自身融合的深度和广度。根据调研结果，调研的多家媒体在媒体深度融合发展阶段再次对自身的全媒体组织架构进行深层调整，以倒逼主力军全面挺进主战场，激活新媒体端的创新潜力。

（一）横向设计：面向全媒体生产传播的组织"加减"

调整组织架构的直接目的就是通过机制调整推进和保障全媒体内容生产，一般采取改革组织结构、整合核心资源、更新管理和考核机制等方式。比如，2021年，上海广播电视台融媒体中心就进行了人员和部门调整，将三分之二以上的中心员工全部纳入直接从事网端生产的融媒生产序列中，新设新闻指挥室、视觉工作室以发力新媒体生产。钱江晚报全面推进移动优先，将原来的新媒体中心撤销取缔，单独成立了定位更加明确、细分的产品与内容运营、创意设计、视频等部门，以更好适应移动端生产需求。而作为北京17家区级融媒体中心之一的北京经开区融媒体中心则彻底改革，率先试水由事业单位整建制转为企业方式运营②，尝试破解人才选用的屏障。

（二）纵向布网：加强基于本地的各级媒体一体化连接

随着四级融合布局推进，各省市媒体也在加强与本地基层媒体、区域组织

---

① 喻国明：互联网进入"下半场"，主流媒体要有新逻辑丨德外荐读［EB/OL］. 新京报传媒研究，2020-08-22.

② 杨雯．北京首家试水整建制转企的区级融媒体中心正式运营：构建"横到边、纵到底"复合型传播矩阵［EB/OL］. 新浪网，2021-08-16.

的一体化连接，助推基层党建和现代化治理，建设新时代文明实践中心。比如，湖南红网正在建设连接市县资源的地市级分站、县级分站；山东广电采取"一个平台一张网"模式，通过闪电云平台搭建全省主流媒体宣传工作的三级联动机制，并同步建设山东省新时代文明实践中心，助推志愿服务的现代化、信息化管理和开展；成都广电因地制宜，形成以市级融媒平台和"看度"客户端为支撑，覆盖22个区县融媒体中心的市县垂直融合格局；荆州日报社则发挥市媒融合的主动性，在融合上半场的成果基础上，正在探索助推社区治理的"一平台三融合"工作方法，即发挥党媒平台优势，将当前正在实施并推进的融媒体中心、新时代文明实践中心、党员干部下沉社区相融合，以市—县—社区的一体化连接织密区域共享共治信息服务体系。

（三）区域协同：先"声"夺人以广播带动媒体跨域融合

随着区域经济一体化发展、城市群和都市圈相继推出，以及广播领域的媒体深度融合发展，城市广播电台的跨域协作由偶发的主题事件广播报道逐渐转变为常态化的垂直多元全媒体产品矩阵传播，先"声"夺人带动城市媒体跨域融合。继2019年9月大湾区之声开播，长三角之声、京津冀之声也分别于2020年10月、2021年2月开播。以京津冀之声为例，节目围绕京津冀经济、政治、社会、生态文明、文化等主线，将政商内容与服务性、欣赏性内容相结合，《早安京津冀》《京津冀新干线》两档早晚高峰新闻节目采用的三地信息比例为4（北京）：3（天津）：3（河北）[①]。融媒传播上，京津冀之声入驻津云、冀时客户端，同时在微博、各台微信公众号、抖音、快手等进行全媒体内容生产与传播。

主流媒体通过建立跨域协作机制，打造全媒体云平台，不仅能够促进城市资源交互、拓展用户市场，还能在协作中创新内容生产链条、推动媒体深度融合，但要保障区域协同长效发展，最重要的是基于协作的区域型媒体能否面向市场，建立在地化、品牌化的长效经营模式，比如，建立区域化的版权交易市场、孵化线上线下媒资项目、运营垂直领域内容产品等。

三、瓶颈牵制：内容平台发展的体制机制困境

体制机制变革是主流媒体内容生产转型的管理保障，也是现阶段主流媒体深度融合致力突破的关键领域，综合考量调研中转型成果比较明显的主流媒体，其体制机制变革的共性首先是"一把手"工程，其次是科学扁平一体化管理机

---

① 孙海悦. 早晚高峰新闻联动 紧追热点服务民生［EB/OL］. 中国记协网，2021-03-29.

制的严格执行与创新，但是，体制机制变革对传统媒体而言往往是"伤筋动骨"，牵涉众多利益关系，极容易成为主流媒体内容平台发展的瓶颈牵制。

（一）人才激励政策难落实：不敢"动蛋糕"的无效激励

移动优先的绩效考核与人才晋升机制优化是激励效果最直接的管理机制变革，也是媒体融合管理创新中，主流媒体采用较多的手段。但在部分传统业务与新媒体业务并存的主流媒体中，绩效考核仍有"不敢动蛋糕"、名存实亡、无效激励的情况，这种情况一方面取决于"一把手"的改革决心和力度，另一方面关键在于团队整体的执行力和向心力，正如访谈对象 F07 所说的："改革就是一把手负责，你一把手如果说不动，没有思维上的重新认识，也不理解融合的意义，这样的话可能我们下面的记者编辑再有热情，干起工作也很费力不讨好。只有每一层的领导都理顺了，然后大家本身的能力才会得到很大的激发，这样的话新闻产品才能更好。"访谈对象 F07 所在的省媒，目前虽然已经进行了部门重组的组织架构调整，但机制的细化和激励效果并没有体现出来，她说："我们单位目前对新媒体的绩效评价体系比较宽松，还在和干部岗位调整、物理空间的整合这些方面一起摸索中，暂时没形成激励效用。"而人才激励机制的失效，直接影响着记者编辑的新媒体内容生产积极性，这在主流媒体转型过程中是普遍存在的问题。"成就感、获得感低是现在地方媒体一线人员最大的问题。"访谈对象 M08 说。

主流媒体的新媒体人才流失已是不争的事实，媒体深度融合要求"把更多优质内容、先进技术、专业人才、项目资金向互联网主阵地汇集、向移动端倾斜"，绩效考核和人才晋升的重点同样要向移动端倾斜。在绩效机制上，访谈对象 M09 所在单位采取"记者和编辑不以在传统端上发稿为刚性要求，重点考核内容生产部门的日常流量、活跃度、运营等指标，每周好稿奖的 80% 奖励移动端"。此外，建立针对短期项目、品牌工作室的动态考核细则同样重要，比如，新华社、湖北广电长江云采取"揭榜挂帅"机制，面向全社、全台征集内容创意，以机制促进跨部门协同合作，提升年轻人在工作中的获得感。

（二）中央厨房建设不适配：生产内容过于同质的短板显现

根据调研数据和深度访谈比较，各主流媒体由于配置、使用中央厨房的习惯或能力不一样，其实很难用"效果很好"或"效果欠佳"来一刀切式地评价我国主流媒体中央厨房多元化、不平衡的建设和发展情况。但通过分析问卷数据和对主流媒体管理人员、中央厨房使用者的深度访谈，或许能够窥见中央厨房在深度融合发展中面临的现实困境。"一次采集，多元分发"的中央厨房在融合初期是各级媒体建设的重点，不少媒体将中央厨房建设成为拥有数据大屏、多功能办公区的物理空间，展示意义多于实用，甚至成为"节庆厨房"。随着内容生产的深度融合，中央厨房适合媒体重大策划却不适合部门常规报道的短板显现，根据问卷数据分析结果，生产内容过于同质是最大问题，一次采集、多元生成不适配，工作沟通更加烦琐，使用频率低等问题同样明显（图4.6）。

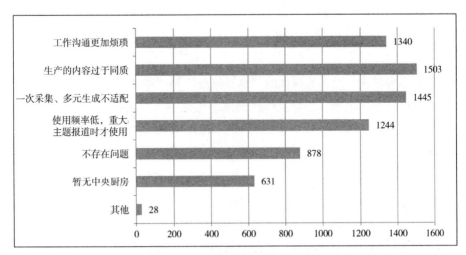

图4.6　"中央厨房使用问题"调查结果（总样本数：4537）

在深度访谈中，全媒体记者对于中央厨房的使用也提出了问题的症结所在，访谈对象M10说："现在很多新闻媒体单位都建设了自己的中央厨房，从形式上看，一些新闻素材和资讯都被搬到这个平台上了，但是平台是否能让记者编辑新闻生产变得更流畅，是否能让上传的内容得到进一步的整合，是否能让制作的新闻产品得到更大范围的传播，这些都是需要进一步调整的地方。所以中央厨房在素材整合这方面要运转起来，一是要有这个整合的机制，二是记者上传的稿件素材质量要跟上。"访谈对象F05则将中央厨房的使用问题指向制度层面和媒体属性的差异："我所知道的全国的中央厨房的调度机制其实都没有建立得很好，但是实事求是讲，它问题不在中央厨房本身，而是在传统媒体原有的机制上面。从媒体特点来看，实际上像都市类的媒体，它的信息更快，它的中央厨房功能就会发挥得更好，因为需要及时调度。而像大报、党报这种以通讯见长的媒体，能够随时使用中央厨房的这种调度的频率就不算高了，中央厨房用好了是可以很好的，但是它需要超强的策划调度能力，这样才能够比较好地发挥作用。"

中央厨房不是"一锅烩""一刀切"，在差异化建设和使用上，正如访谈对象F06所说的："各部门对同一新闻有个性化的报道侧重，存在竞争，不是对素材简单二次加工就可以。"在常规新闻生产中，中央厨房更适合作为一个优选机制，主要应用于内容生产之后的传播推广环节，通过优选同一报道选题下网感更强的产品进行新媒体端推荐分发，并根据新媒体传播效果及时统筹多次生产与传播，实现主阵地内容引领与主力军创新激励。打破中央厨房的物理空间束缚，以互联网思维优化中央厨房的内容、人员、绩效等资源配置和分工，提升记者的采编自主性，变物理空间为扁平灵活的调度机制，不失为优化升级的方向之一。

四、木桶效应：地市级媒体的"佛系隐身"与"中部突围"

市级媒体是四级融合的全媒体传播体系建设中不可或缺的一环，也是能够通过打造在地化全媒体平台实现引导主流舆论、服务在地群众、参与地方治理效果的重要主体，但是，其内容生产转型的主动性和成效却不尽如人意。

（一）麻绳最细处：处于"空心化"地带的市级媒体

根据 2020 年的调查问卷结果，作为连接"央—省—市—县"全媒体传播体系的中间一环，市级媒体的融合之路在政策支持、机制建构、融合生产、人才技术、平台合作上都处于弱势，部分市级媒体甚至进入"佛系隐身"的停滞状态。[①] 根据"您单位是否设有融媒体中心"一题的交叉分析结果，对比央级媒体、省级媒体、市级媒体、县级媒体的建设成果发现，市级媒体的融媒体中心建成度较低；而在建设策略上，资源优势和整合能力较强的央媒、省媒倾向于选择新建融媒体中心，受到政策支持的县媒倾向于整合现有人力物力资源进行融媒体中心的重组，处于中部地带的市级媒体则处于"隐身"状态不呈现出显著性。此外，在资源建设上，市级媒体的技术应用潜力也待开发。利用方差分析（全称为单因素方差分析）去比较媒体属性与技术实际应用情况的评价可以发现，县媒对于技术应用的满意度最高，市级媒体则普遍满意度较低，融媒技术的应用空间有很大开发潜力（图 4.7）。当前，处于省媒与县媒之间的市媒偏向处于一种"空心化"地带，由于缺乏顶层设计和改革合力，市级媒体的融合发展往往比较分散[②]，融合传播的效果和队伍活力也比较差。比如，在 2019 年 4 月绍兴新闻传媒中心成立前，绍兴日报社和绍兴广播电视总台这两家新闻单

---

① 中国记协新媒体专业委员会. 中国新媒体研究报告 2020：中国主流媒体融合发展现状调查和重点问题探究 [C]. 北京：人民日报出版社，2020：2-29.

② 谢新洲，石林. "上下夹击"与"中部突围"：我国地市级融媒体发展研究——基于四市媒体融合发展的实地调研 [J]. 现代传播（中国传媒大学学报），2019，41（12）：1-8.

位，共有 4 张报纸、3 个频道、3 个频率、3 个新闻客户端、3 个网站。2 个主要新闻客户端经过多年发展，用户也只有十多万，一定程度上与顶层设计不足、发展思路不明晰有关。

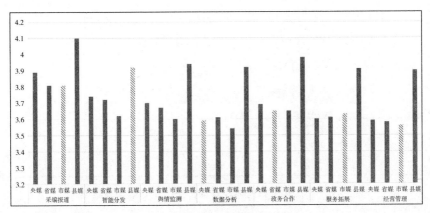

图 4.7　融媒体中心技术实际应用情况评价的对比结果

而在 2021 年我国主流媒体深度融合发展调查问卷中，市级媒体的融合发展仍处于相对弱势，但已经走出"佛系隐身"的状态，呈现出尝试"中部突围"的发展，尤其是在融合的体制机制上已经发生变革。在"您单位是否采取移动优先"一题中，87.15% 的市媒被调查者选择"是"，且移动优先的具体体现分布多元，全媒体人才数量多、绩效考核侧重、发稿优先是三项最主要的机制变革（图 4.8），市级媒体被纳入全媒体传播体系建设的激励效果初显。而在四级融合发展布局的连通中，除了找到自身的优势着力点和差异发展之道外，暂时处于"中部洼地"的市级媒体也可以通过优势省县资源的两头带动，在技术接入、机制借鉴、内容联动上加速进入全媒体传播体系建设中。比如，成都广电神鸟知讯客户端围绕时政社交党媒定位，发力新闻、政务、文创产业，吸引超过 1500 个成都社区集体入驻；长沙市不断升级聚合政务、公共和社会服务、融媒体资讯于一身的客户端"我的长沙"；芜湖市整合《芜湖日报》、芜湖广播电视台新媒体资源打造今日芜湖客户端，下载量超 150 万次①；鄂州市融媒体中心纳入湖北省市级融媒体中心建设样板工程等。

（二）突围与织网：地市级媒体加速融合需加强连接

在"目前您认为融合媒体中最大的 3 个问题和困难"一题调查中，市级媒

①　韩万春.《芜湖日报》的媒体融合探索实践："一体化"推进深度融合"高质量"提升引导能力 [J]. 城市党报研究，2021（06）：49-51.

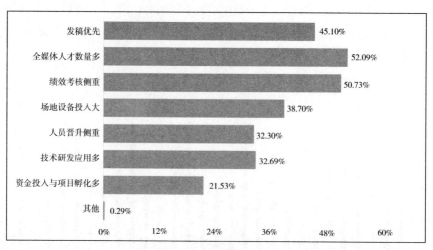

图4.8　"您单位如何体现移动优先"的市媒调查结果

体认为最需要政策扶持，而从技术、平台、机制、队伍等方面来看，作为连接"央—省—市—县"全媒体传播体系的中间一环，市媒却处于弱势。访谈对象F01所在市媒下一步的融合侧重点是"将报纸、广播、电视整合在同一平台上实现资源共享"的起步阶段，而访谈对象M06所在市媒的融合改革则已经进入"佛系隐身"的停滞状态——"硬件基本到位，体制没能跟上，流程还没打通"，他认为顶层设计是融合发展停滞的主因："体制还没有理顺，各个部门都有经营任务，各个平台的内容生产、广告创收、活动开展都会形成竞争，资源就难以互通了。"

　　当前，省县共建的渠道已经打通，市媒夹在两者之间，需要主动寻求体制机制的变革和顶层设计的重构，走出体制内的舒适圈，以尽快竞争突围和寻求揳入。一方面，要设计与省媒、县媒不同的差异化竞争发展之路，精准定位自身的用户群体和在地分众优势；另一方面，可以织入"省—县"的连接网之中，构成"省—市—县"连接打通、合作共享的立体传播体系，这一"分"一"合"需要改革的魄力和专业理念来支撑，否则市媒很容易在融合纵深发展的过程中成为洼地，落后于信息时代的发展。

第三节　从大众到定制：主流媒体内容生产的话语转型特征与问题

　　回溯我国主流媒体内容生产转型这二十余年，主流媒体的融合改革之路经历了从生存挑战的被迫转变到积极通过多方面融合变革以适应媒介化社会发展的内容生产创新路径探索，在这一过程中，最先显现出创新表征的就是数字新媒介技术对主流媒体内容话语特征变革的催动以及对生产思维逻辑、交互形式、传播渠道的赋能，可以说，数字信息技术的发展是主流媒体内容创新和生产转型的逻辑起点，对主流媒体内容生产的思维、路径、机制等都产生了直接的催化作用，比如，随着微信公众平台成为全民化、移动化、社交化的内容生产和信息交流渠道，具有科技感、视听感、交互感的 HTML5 技术页面，以起初低门槛的技术使用和视听模板的高频迭代创新迅速成为商业主、个人用户进行内容营销、吸引社交关注的新型信息技术呈现形式，这也促使主流媒体创新了内容生产中的指尖交互思维和多媒体可视化的呈现形式设计。一方面，在内容生产上，打破传统媒体硬新闻的视听传播模式，增强新闻的主题氛围营造和用户的社交体验，比如，在纪念中国人民解放军建军 90 周年时，人民日报客户端在建军节前两天推出互动 H5《快看呐！这是我的军装照》（简称"军装照"H5），借助商业平台成熟稳定的人脸识别、融合成像等技术，吸引用户上传本人照片合成军装形象并在社交平台晒出自己的"军装照"，以用户的主动参与、认同归属感的提升在网络上形成刷屏效应，上线一周，"军装照"H5 的浏览次数（PV）超过 10 亿，独立访客（UV）累计 1.55 亿①。另一方面，在传播渠道上，打破了指向纸媒、广播、电视、网站等传统渠道的分发模式，HTML5 技术页面专为移动智能端口设计，内容产品主要投放在以微信、微博为代表的社交媒体和以移动客户端为代表的应用程序（通常称作"两微一端"）上进行大规模传播和交互运营。在智能化、数字化的全媒体时代，智媒技术的加持和用户交互的增强让主流媒体内容话语从原来的单向度、灌输式生产专业内容，转变为节点化、精准式定制专业内容产品，主流媒体内容话语特征呈现出生产、传播、技术、运营四位一体的全链融合转向。

一、无运营不内容：基于用户意识的服务、审美、交互三元合一

内容运营相对于平台运营更聚焦于微观的报道作品、内容产品本身，就是运营者通过文本策划、交互参与、服务用户、平台合作等多元方式让特定内容有效吸引用户注意力，进而实现品牌影响、品牌价值的过程，这一过程颠覆了媒体单渠道、单向、单一传播信息的传统逻辑，转向了基于用户意识的信息服

---

① 人民日报客户端"军装照"H5 荣获第二十八届中国新闻奖一等奖［EB/OL］. 人民网，2018-11-02.

务、视听审美、交互体验三元合一的叙事逻辑。在移动互联网时代，主流媒体优质内容面临着"酒香也怕巷子深"的现实困境，这一方面是因为互联网内容市场已经处于买方市场，移动应用和互联网信息产能过量，用户的注意力却有限，主流媒体有价值、有深度的内容很难提升用户到达率；另一方面，互联网信息内容的圈层感强、娱乐化趋势明显，相比于碎片娱乐、感性轻松的大众话题，主流媒体的严肃内容本就在吸引力上不占有普遍优势，人们对于社交网络的依赖和平台的算法推荐更加重了信息的过滤气泡，因此，面向用户、综合发展的"无运营不内容"成为全媒体传播下主流媒体内容生产的话语转型新特征。

（一）全链条：垂直内容产品运营的常态化与中枢式

全链条运营就是在主流媒体内容产品生产的选题策划、视听创作、审核修改、分发传播、交互再生产的各个环节中，都将用户意识贯穿始终，也就是针对用户需求和画像让其获得优质信息服务、提升审美价值、满足交互体验，而运营往往应用于策划性相对较强的垂直内容产品或专题报道中。

1. 常态且传统：运营已构成内容生产基本要素

根据"主流媒体不同岗位的从业者参与融合内容生产情况"一题的调查问卷结果数据，运营岗位从业者的融合内容生产参与度覆盖了图文报道、短视频、移动直播、H5新闻、VR新闻、动画新闻、数据新闻、新闻游戏、机器生产新闻这几项主流媒体融合产品样态的基本类别，其中，短视频、图文报道、移动直播的参与度数据最具有显著性，分别占比64.79%、62.59%、44.25%（图4.9），这也体现出主流媒体在内容上对于短视频、图文报道、移动直播这三种样态形式的生产侧重，同时，在其他这一选项的填空中，从业者也主动提出少儿频道等垂直内容的运营参与。此外，访谈对象M10作为某省级广播电视台某分众频道记者，也提及了各个频道、圈层内容品牌对自身新媒体账号内容的常态化运营："我们台里各个频道重点打造了自己的一些新媒体账号，比如，农业、经济、交通广播等垂直内容频道在抖音短视频平台账号的运营上效果都还不错，粉丝关注度较高，有些适合新媒体发布的内容也会在抖音上优先发布；对于一些重要的时政信息或者民生内容也会优先在客户端及两微、抖音等平台上发布，跳过电视节目制作的步骤。"

虽然内容运营已经渗入主流媒体各垂直样态产品的生产链条，换句话说，内容运营已经是主流媒体常态化的融合产品创新路径，但从调查的整体数据上看，主流媒体对内容产品、新闻作品的实际运营行为仍显传统，并不具备全媒体传播、移动优先的显著特征，一方面，采取了多元内容运营手段的被调查者

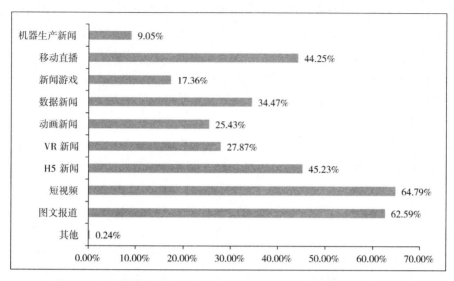

图 4.9　主流媒体运营岗位从业者参与融合内容产品生产的类别情况

所在媒体单位占比不到 50%，另一方面，对新闻产品进行内容运营的策略也不具备移动优先特质的新媒体创意，运营方式最普遍采用的是跨媒体平台传播，也就是多元分发，占比 47.17%，线上线下联动、跨行业领域合作分列第二位、第三位，占比分别为 46.18%、40.80%，而在内容生产链条中相对比较容易操作且能吸引用户关注的内容前期预热策划排名倒数第二，占比为 33.77%，仅高于排名最末位的与 MCN 机构合作。全媒体内容前期预热策划的效果或许被主流媒体从业者低估，比如，新华社微纪录片《新中国密码：15665，611612!》的主创团队在产品创作之初就确定采取"梯队式传播"的运营策略，在 13 分 14 秒的微纪录片上线前先行发布"猜谜版"推文、海报，用数字悬念、内容预告、引导用户参与讨论和拨打同款数字电话号码的方式进行前期预热运营，为"解谜版"图文发布、正片传播、气氛营造、用户讨论酝酿了关注优势，《新中国密码：15665，611612!》推出两周内，海内外总播放量达 7.28 亿次，收获点赞4036 万，由该报道引发的两个热搜"读懂父亲要从这首歌开始""新中国密码"均在微博热搜榜置顶并入围前八，热搜话题阅读量达 4.8 亿，4 个月策划准备、全链条运营设计让这一产品成为全网爆款。

　　2. 中枢且高效：垂直化、阶段性主题报道的一体整合

　　主题报道或专题报道是主流媒体引领意识形态、凝聚社会认同的重要形式，也是主流媒体内容生产和运营策划的重头部分，体育赛事、全国两会、全面小康、节日节庆等垂直化、阶段性集中开展的主题报道，都容易出爆款、获得口

碑，适合全链条一体整合、提前策划运营。而全链条运营离不开中枢式的内容生产一体统筹，中枢式与中央厨房模式类似，但相比于中央厨房的高投入更适于传统媒体基于已有资源进行融合调整，中枢式一方面是指机制和资源上的整合与再分配，即集中人力物力以形成阶段性的内容团队和运行管理机制，另一方面是指内容生产与传播业务的一体统筹和分层策划。在 2022 年北京冬奥会报道中，中央广播电视总台新闻新媒体中心就设立了冬奥视频生产中枢，一方面，在内容生产业务上，采用选题统一分配、视频资源共享、视频调性品控一致的方式，集中总台各业务部门供稿力量，集中推发一体策划，提升重点平台发稿频次，合理调配人力向短视频平台集结，提高爆款产品产出效率。另一方面，在分工合作机制上，建立了与总台业务部门统一的对接机制，共享清流素材，对外合作更加归一①。中枢式的充分利用避免了中央厨房在日常报道中同质化的弊病，在冬奥期间推出的 200 条短视频中，所有选题角度没有重复，高效生产机制基本实现了逐条精细化、差异化传播，更有利于持续生产具有竞争力的视频产品。中枢式也有利于主流媒体对品类一致、同类型业务进行"最大公约数"式的高效整合，最大化地调动部门力量，在重大事件中凝聚新媒体报道声势。

（二）大开放：重大主题产品的"破圈"联动运营

重大主题新闻的跨媒体联动合作报道是从传统媒体时期一直延续到现在的内容生产方式，在全媒体传播时代，云上编辑部让主流媒体的纵向四级联动和横向跨区域联动都变得更加高效便利，但也让内容生产突破了媒体素材相加式的内容合作，迈向跨平台、大开放、全链条相融的一体化联动运营。

其中，通过搭关系、设悬念、跨圈层的话题联动运营成为全媒体内容运营的典型方式之一，这一方式把握住了全媒体传播中贴近用户意识基础上的故事化叙事表达规律，也就是在形式上搭建贴近用户的亲近关系，在内容叙事上设置悬念，在运营策划上突破次元壁、跨越圈层阻隔。比如，在 2021 年轰动一时的四川三星堆考古新发现系列报道中，除了直击现场的考古直播、专家解读、文物展示等硬核内容，跨区域、跨媒体的内容话题运营也十分出彩。11 月 26 日，由四川日报全媒体发起、数十家媒体和博物馆官方微博联动参与的"三星堆全国找亲戚"大联动登上微博热搜，这场运营策划是四川日报发起的"#全国文物大 battle#"第二季，运营策划是基于历时三个月在长江、黄河两大流域沿线 7 省 11 个古遗址的跨区域报道，这场报道主题为具有悬念地寻找与三星堆文物相关的"失散多年的亲戚"，内容搭建起文物之间、区域文化之间的多元联

① 从百亿传播，看央视新闻短视频如何热度破圈［EB/OL］.央视网，2022-02-23.

系，从表象入手邀请博物馆专家解密"外星人创造"的神秘三星堆背后的历史文化基因，最终用"萌态手绘+可爱对话"的文物海报呈现"三星堆全国找亲戚"大联动运营的"寻亲"结果，实现了考古内容的互联网破圈传播。

此外，新华社联合微博、新世相策划运营的"年终提问 2021"也体现了搭关系、设悬念、跨圈层的运营模式。一是搭建贴近关系，"年终提问 2021"的发起时间为 12 月 17 日，在辞旧迎新的时间点，每个人尤其是年轻人都会有一些困惑和展望，在社交平台发起问答互动征集问题，让主流媒体与用户个体搭建起了具有情感共鸣、心理贴近的连接关系。二是问答形式和历时阶段的悬念感，"年终提问 2021"的制作周期经历了三个阶段：前期宣传并以微博问答互动的形式收集网友的问题、疑惑，中期筛选网友共性问题，后期邀请张桂梅、张文宏、苏炳添、王赤 4 位典型性人物，以回信方式答疑解惑，问题的悬念抛出、典型人物的解答猜想，再加上解答的期待值叠加，让这一内容产品充满了悬念感和用户期待感，形成了用户对这一内容产品的黏性关注。三是主流媒体主动寻求向年轻人群体"破壁"的跨圈层，新型内容公司新世相擅长把脉年轻个体心态，在形成情绪共鸣的基础上做好情感传播，这一 IP 拥有超过 1800 万用户，在青年垂类用户中粉丝体量大、黏性强，在"年终提问 2021"中，以新世相的《年终提问先导片》调动起年轻用户的互动参与热情，在年轻群体聚集的微博平台进行对话互动、话题运营，是主流媒体向互联网文化、年轻群体圈层"破壁"的积极运营尝试。

二、交互连接：个体广泛参与、场景深度介入

互联网的本质是连接，交互连接是全媒体传播时代媒体内容生产具有革命意义的重要特征，交互连接带来的用户广泛参与、场景深度介入为主流媒体内容生产的协商性、用户连接的立体化，以及情感共同体的建立提供了结构型的基础。

（一）边界开放：评论回复多于放出，话题广场引领强

根据问卷调查"您单位多大程度上与用户进行了互动"一题选项中"经常"和"总是"的量表数据之和结果，选项之间的差异并不是特别显著，在选择开放边界与用户进行交互的主流媒体中，边界开放的形式比较多元。具体比较各选项间差异可知，回复评论是主流媒体最常用的与用户进行互动的方式，"经常"和"总是"的占比之和为 48.29%，设置讨论话题位列第二，占比为 45.53%（图 4.10）。放出评论不如回复评论和设置讨论话题更常用，一定程度

上体现出主流媒体对于内容审核的严格把控，一方面部分平台会规定放出评论的数量最大值，比如，微信公众平台的文章底部留言放出最大值为100条；另一方面放出评论也意味着新内容的生成，媒体人常会因为要精炼评论区信息而隐藏同质内容，或者由于审核规范、保护用户个人信息等原因而隐藏评论。

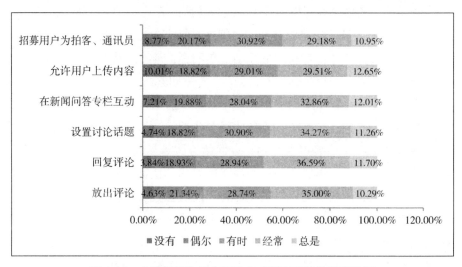

图 4.10 主流媒体与用户互动方式的程度评价量表数据

　　主流媒体对用户评论的个性化回复同样是增粉引流、走好网上群众路线的关键，比如，深圳卫健委对着急入院产妇求助的霸气回复"电话发我"，被网友点赞；开创新华社"刚刚体"的微信公众号文章《刚刚，沙特王储被废了》中的留言区回复充满个性，面对网友"就这九个字还用了三个编辑"的留言质疑，记者放出评论并回复："王朝负责刚刚，关开亮负责被废，陈子夏负责沙特王储。有意见？？？"记者与网友的这条趣味互怼获得12.8万点赞，但也用置顶回复正式回应网友"人浮于事"质疑，并在留言区与网友玩梗互夸，个性鲜明、充满画面感、展现更多编辑部花絮的评论区互动内容，为这篇简短的国际新闻消息增加了流量密码，活泼的评论区与严肃新闻内容之间的反差感也增进了记者与用户之间的交流和理解，而新华社在评论区的边界开放试验也为其他主流媒体开放交互边界、贴近用户语态、敢于推陈出新提供了积极的示范引领效果。

　　（二）时空嵌入：融合产品的核心理念是围绕人的场景连接

　　在互联网实现的各种连接中，人与人的连接是核心①，而时空嵌入式的场景传播是实现个体连接定制化、同频率、在场感的有效手段。传统媒体的思维是

――――――――

　　① 彭兰 . 连接与反连接：互联网法则的摇摆［J］. 国际新闻界，2019，41（02）：20-37.

线性的"传—受"，而融合内容生产的核心理念是围绕人的网状连接，实现多元场景中用户的深度介入，信息在流动和渗透的过程中被用户不断加工和发酵，信息的起点与终点有时并不能明确界定。在这一理念之上，内容报道的概念应该过渡到内容产品，而产品这一概念代表的是一个服务链条和辐射范围，产品包含着无数种元素，每一种元素都有助于界定其他元素，每一种元素都为信息在系统中流动做出贡献。① 一个产品也可以衍生出多个蝴蝶效应，产品的推出不是终点，而恰好是信息开始流动的起点。

有学者认为，当前传播媒介类型的划分应该以用户价值为逻辑起点，划分为社交指向（处理人与人的关系）的媒介接触、休闲指向（处理人与自身的关系）的媒介接触以及工具指向（处理人与外界的关系）的媒介接触②，这一理念或许也可为媒体人在设计内容产品与人的连接方面提供思路参考。而围绕人的场景连接这一融合产品制作的理念，前方记者的"一次采集"应当最大化靠近第一现场，最大化体现价值观和共情立场，后方编辑部的"多元分发"则应做好"素材设计师"和"素材裁缝"进行创意差异化生产，适配不同平台的话语规则，让目标用户产生"懂我""独我"的个性定制体验、"当时""当地"的场景沉浸感、"有我""我在"的参与共情。

三、新基建支撑：智媒技术竞合博弈下的专业话语回归

智媒技术指的是5G、大数据、云计算、物联网、区块链、人工智能等相互连接、竞合博弈的新一代信息技术群，它们已成为现代化社会的新型基础设施，对主流媒体而言，智媒技术是工具，是赋能新闻舆论工作的支撑手段，相比于智媒技术建设在资金、人才、资源上的持续性高投资，主流媒体构建好基建类智媒技术与专业内容生产的全面、均衡、高效、集约生态是具有前瞻性的发展路径。

（一）智媒意识较普及，大数据应用最具革命性

随着大数据、云计算、5G商用等新兴科技的不断发展，智媒技术已经逐渐渗入主流媒体的融合建设，成为内容生产转型的新型基础设施。根据两年全国问卷调查中关于智媒技术应用的数据结果，在"您认为还有哪些技术对媒体发

---

① 凯瑟琳·海勒. 我们何以成为后人类：文学、信息科学和控制论中的虚拟身体 ［M］. 刘宇清，译. 北京：北京大学出版社，2017：34.

② 喻国明，方可人. 传播媒介：理论认识的升级与迭代——一种以用户价值为逻辑起点的学术范式 ［J］. 新闻界，2020（03）：34-41.

展是重要的"一题的调查结果中，大数据被从业者认为是最重要的，不仅体现在数据可视化内容产品的创新上，也体现在为新型主流媒体的体制机制变革和平台建设提供了技术支撑，此外，人工智能、云计算、物联网的重要性依项次之，同时，在本题填空文本的筛选梳理中，5G、4K/8K、VR、AR、MR 等视听技术被三分之一的被调查者提及，认为能够赋能内容产品的样态，5G、4K/8K、VR、AR、MR 等技术的常态化应用也将助力主流媒体进一步升级，这也在一定程度上体现了报道视频化的趋势和用户对于视觉美感、沉浸体验的追求，而被调查者中选择不太了解五项智媒技术仅占 1.91%（图 4.11），整体来看，关注智媒意识的重要性在主流媒体从业者中比较能够达成共识。

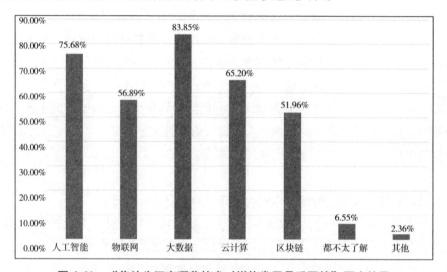

图 4.11   "您认为还有哪些技术对媒体发展是重要的"调查结果

那么在实际应用中，智媒技术的应用效果是否和重要性认知呈现相关性呢？根据"您单位应用最多或您认为最有效的融合新闻技术是什么"一题的调查数据，大数据被认为是最有内容生产应用效果的智媒技术，占比达 59.86%，其次是 5G 技术，占比 46.13%（图 4.12）。这两项技术也是主流媒体视为新型基础设施建设的重要组成部分，尤其是大数据对于主流媒体组织架构一体化、内容生产机制改革和效率提升、用户连接能力强化、资源统筹管理与量化考核等方面的全局性、革命性赋能，对新型主流媒体建设起到了卓有成效的实际作用。

（二）智媒技术的"黑天鹅"隐忧

大众信息传播的技术门槛在降低，但媒体专业数据处理的技术门槛在提高。数据化、智能化、深度连接、算法推送等对部分主流媒体而言，尤其是基层主流媒体，仍然是融合发展的一大困难。而在深度访谈中，也有主流媒体从业者

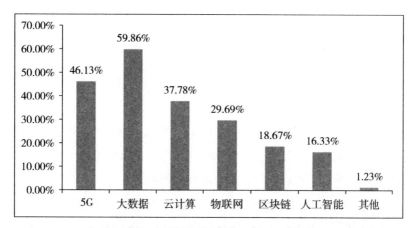

图 4.12　"所在主流媒体应用最多或最有效的融合新闻技术"调查结果

表示了对中央厨房设施、融合大屏等技术的担忧，技术加持带来的展示性、观赏性不该成为实用性、使用效率的噱头，重金投入之下的智媒技术成效如何、可被学习性如何还有待进一步考察。

主流媒体与其苦心孤诣寻求技术突破，不如先基于现有的智媒技术，脚踏实地应用于全媒体传播体系的根本——内容建设，优化智媒技术与内容生产的契合度、创意提升效果。回顾抗击新冠疫情期间互联网中的争议性报道和热门话题，网络舆情不仅随着事件发展在发酵，更随着用户的情绪波动和交互内容的滚雪球式叠加在不断发酵，用户关注的归根结底还是内容本身。"不仅过去的一切媒介是互联网的内容，而且使用互联网的人也是其内容"①，由此，内容建设，在一定程度上也是获得用户、服务用户的建设。智媒技术能够为用户带来视听体验上前所未有的新鲜感和刺激感，而当前技术社会中的计算复合体正在催生一种文化氛围，与计算有关的价值正好能够在这种氛围中发挥主导作用②，这很容易让人误认为技术就是内容，但技术从狭义上看可以成为垂类内容的组成部分，从技术应用的广义上看，技术应该是工具，是支撑，内容产品和信息本身是否符合用户关心和认可的实际需求，是否达到了时效快、信息准、内容真、立场明并且专业权威的媒体报道标准，始终是大众对主流媒体的期待，正如光明日报充满人文关怀的新媒体新闻专栏"光明追思"能在网络上形成见贤思齐、追忆名家的舆论氛围，受到网友关注与正向讨论。

---

① 莱文森．数字麦克卢汉：信息化新千纪指南［M］．何道宽，译．2 版．北京：北京师范大学出版社，2014：16.

② 戴维·J. 贡克尔，保罗·A. 泰勒．海德格尔论媒介［M］．吴江，译．北京：中国传媒大学出版社，2019：153.

四、"文化休克"：主流媒体内容话语转型的问题呈现

中国的互联网空间正在经历深刻的底层化过程①，话语空间的拓展让公共空间的热点话题更迭迅速，垂类内容纷拥更是在网络空间内外形成了无形的圈层壁垒，主流媒体内容话语的融合转型过程就是不断融入互联网空间、形成全媒体话语体系，进而引领网络空间舆论的过程，但从全媒体传播体系的整体发展情况和调研数据来看，主流媒体内容话语转型存在着明显的"文化休克"，出现了因权力结构冲突和不适应新媒介逻辑的转型问题。

（一）观念怠惰：作为社会治理和建构参与者的认知消极

谋定而后动，主流媒体内容话语转型的首要一步是思维观念转型，当前主流媒体从业者尤其是各媒体单位的一把手，基本都已经认识到了媒体融合发展的必要性，并从全媒体内容生产的实践中积累了一定经验和爆款产品，但其中不乏僵化地以作品评奖为功利目标进行内容生产、轻服务轻运营、以公信力置换短期经济效益的观念怠惰问题。根据连续两年的全国问卷调查结果发现，媒体深度融合发展的最大难题从人才、资金问题，又回到了媒体融合初期的思维观念问题，这其中包括如何在资源有限的情况下平衡传统业务与新媒体业务，如何转化体制机制变革带来的利益冲突，如何提升从业者的职业素养和获得感、使命感，如何处理好新闻、政务、服务、商务之间的关系，千头万绪的困难问题十分容易带来所谓"抓大放小"、抓业务轻服务的观念怠惰问题，最终导致新型主流媒体建设发展的不全面、不平衡。随着媒体深度融合发展顶层设计中"新闻＋政务服务商务"运营模式的正式确立，新型主流媒体作为现代化社会治理和社会建构参与者的身份更加清晰，忽视移动优先、公共服务、用户影响、互联网思维的姿态型、场面型融合，最终将致使主流媒体的资源优势无法转化成产业优势，更无法转化成长久稳定健康发展优势，演变成传统渠道、新媒体平台的"两头空"。

（二）内容极化：文化共振缺位或过度迎合市场

文化共振是指通过内容生产或者信息传播能产生情感共鸣、精神认同等相应传播效益的内容作用，文化共振往往发生在文化圈层内部或者文化圈层之间，发挥的是文化连接的作用。主流媒体想要实现这种文化连接，就需要了解用户

---

① 郑雯，施畅，桂勇．"底层主体性时代"：理解中国网络空间的新视域［J］．新闻大学，
2021（10）：16-29，117-118.

心理、改变话语习惯，在贴近时代价值观、互联网文化、目标用户群体特征的基础上形成文化共振，以媒体的内容产品为传媒介质，进而发挥唤醒、通联、整合社群与圈层的作用，再通过不同社群、圈层、社区之间的趣缘关系、地缘关系等实现传播网络节点的打通连接。但是主流媒体内容生产长期形成的严肃规范作品取向，让社群运营、产品运营的关系取向成为内容话语转型难以攀登的"珠穆朗玛峰"，甚至产生文化共振缺位或过度迎合市场的内容极化现象。主流媒体内容运营如何守正创新、在重大节点引领网络空间内容话语，是当前破题的关键，而主流媒体从业者也需要认识到在日常内容运营的过程中，以内容这一起到穿针引线作用的介质和纽带"破圈"形成交互关系，与用户保持常态互动和直接明确的文化共振才是主流媒体话语转型，提升传播力、引导力、影响力、公信力的新媒体思维与策略。

（三）样态守旧：断裂式、说教式的内容生产

当前的媒体深度融合呈现出层级发展不平衡、地区发展不平衡、业态发展不平衡、阶段发展不平衡的差异情况，以人民日报、中央广播电视总台、新华社为代表的中央主流媒体在全媒体内容话语转型上已经成功搭建起了与用户沟通交流的桥梁，而部分主流媒体的融合内容生产还处于断裂式、传者中心式的守旧样态。传统媒体"我说你听"的内容逻辑让宏大叙事、说教式传播、单向输出成为主流媒体的典型话语风格，但随着全媒体传播、底层主体性时代的来临，浅表碎片、娱乐消闲、算法定制的用户生产内容强势掠夺了大众的注意力，仍在坚守严肃传统的主流媒体面临着在舆论场中濒临"失语"的状态，以及被大众质疑甚至忽视。

（四）渠道虚设：不懂新媒体玩法规则以致信息触达失效

主流媒体在内容生产转型的过程中普遍面临着"有爆款，无流量""有用户，无用户黏性和活跃度"的问题，这让新型主流媒体平台建设和产业经营陷入瓶颈。第一是平台渠道的虚设问题，各级主流媒体自主建设的全媒体平台数量众多，但客户端的用户活跃度和打开率捉襟见肘。第二是内容渠道的失灵问题，互联网漫无边际的信息空间让文化区隔和垂直圈层成为典型特征，各个垂直圈层多因趣缘形成，普遍拥有相对封闭的圈层"过滤泡"和相对固定、规则明晰的社群组织，而垂直圈层和趣缘社群的特点表现为信息触达率高、朋辈影响力强、黏性关系紧密，主流媒体想要使优质内容精准触达用户，就必须要掌握垂直圈层、社群社区的新媒体、新样态玩法规则，否则即使在各个平台、垂直领域建立了新媒体账号，也仍然处于单向传播的旧样态。

第四节　从渠道相加到边界重构：全媒体记者的观念革新与实践调试

主流媒体内容生产实践的主体是全媒体记者，全媒体记者的观念革新与媒体融合发展实践呈现正相关变化，正如众所周知的马克思主义基本原理——实践是认识发展的动力，认识产生于时间的需要。随着我国媒体融合进入深度融合发展的2.0阶段，全媒体记者的内容生产观念和实践也在不断经历着革新与调试。在观念革新上，全媒体记者从对媒体融合的认识是渠道终端取向的"传统+互联网"的内容生产端口、账号的叠加，到内容生产应该是不设边界限制的融合边界重构，逐渐从内容生产的传统线性思维朝向互联网节点连接思维的根本革新转换；在实践调试中，全媒体记者不断突破传统媒体依托资源，以及生产者主体身份限制，从互联网热门内容与形式的追随者逐渐转换为具有流量影响力和优质口碑的引导者，并通过资源的充分开发与最佳配置使新闻传播的社会价值得到发挥。① 有学者提出主流媒体的新闻资源包括环境资源、信息资源、媒介资源、用户资源，其中，用户资源包括显在与潜在的媒介消费者，新闻资源的开发与利用包括发现、鉴别、转换、整合、展示、增值等环节②，而用户资源不仅包括消费者，还包括内容产消者，内容生产资源的开发与利用还涉及与产消者的共同生产、交互生产，以及产消者个体、群体之间的独立生产和话题讨论衍生等。在全媒体内容生产中，作为信息消费者、内容生产者和传播中介的用户，不仅参与新闻传播活动的各个环节，还会依照自己的喜好，各自建立异构化的信息渠道与媒介使用时空，即与海量庞大的"社会媒介系统"相区别的"个人媒介系统"③。大量研究也证明，新媒体用户作为关系网络中的节点，一方面通过自我塑造获得存在感和归属感，另一方面通过情绪表达谋求情感支持和获取社会资本。④ 全媒体记者如果还是因循单一信息连接的传统渠道，就无

---

① 蔡雯. 新闻报道策划与新闻资源开发 [M]. 北京：中国人民大学出版社，2004.

② 蔡雯，汪惠怡. 现代化传播体系建设中的资源共享与边界重构 [J]. 传媒观察，2021 (11)：5-12.

③ 喻国明，曲慧，方可人. 重新理解媒介：以受众"媒介观"为中心的范式转换 [J]. 新疆师范大学学报（哲学社会科学版），2021，42（02）：111-119，2.

④ 蔡雯. 媒体融合进程中的"连接"与"开放"：兼论新型主流媒体建设的难点突破 [J]. 国际新闻界，2020，42（10）：6-17.

法有效触达智能移动时代的互联网用户，围绕社交、工作、生活、娱乐、教育等浸入式媒介化生存领域衍生的用户行为特征和心理需求，并在智媒技术的辅助下革新观念和调试实践，正逐渐成为全媒体记者进行内容生产边界重构的重要决定因素。

一、关系：全媒体生产者对智媒技术的应用态度与趋势

全媒体传播时代，智媒技术是全媒体记者进行内容生产依托的重要资源，不仅能够扁平化管理数据库资源，通过自动化生成技术提高工作效率，实现具有科技感的视听效果创意，还能够描摹出用户媒体使用习惯的数字画像、搭建起与用户个性化沟通的时空通道。

（一）融媒体中心技术应用满意度较高，大数据、人工智能最为需要

作为内容生产者，全媒体记者对数字技术、智媒技术的态度往往决定着其进行内容生产时的行为指向，直接影响着创意生成和落地。

1. 采编报道相关技术满意度最高，智媒意识较普及

在全媒体记者对融媒体中心技术应用于各类业务工作的满意度的调查中，研究问卷采用矩阵量表的形式，将态度选项中的"非常不满意""不满意""一般""满意""非常满意"五个量级分别赋值为 1—5 分，评分越高，说明全媒体记者对该项智媒技术的满意度越高，从量表数据的总体统计结果来看，采编报道、智能分发、舆情监测、数据分析、政务合作、服务拓展、经营管理各选项的评分值均处于 3.68—3.92 分，处于接近满意的标准。其中，采编报道、政务合作是技术应用满意度最高的两项，而采编报道和政务合作也是主流媒体进行内容生产最核心的两个类别，选项中的数据分析、经营管理满意度最低，一方面是因为全媒体记者不太涉及经营管理工作；另一方面目前数据分析功能对于智媒技术的应用门槛依然较高，尤其是对大部分出身于文科专业的全媒体记者而言，但随着大数据应用的发展，已经通过后台代码的不断升级优化了前台功能的使用便利度，数据专家型人才的引进也提升了团队的工作能力（图 4.13）。这也恰好说明了在深度融合发展中，全媒体记者新闻报道的专业内容生产优势是不会被时代所彻底改变的，任何时代，专业、及时、权威的新闻内容和信息都是大众的刚需，但智媒技术是主流媒体与用户建立连接、实现业务水平迭代升级的基础设施，主流媒体在数字媒体技术开发与运维上还需加强，全媒体记者也应该主动学习、有针对性地学习、终身学习和了解与自身业务工作相关的智媒技术，提升技术应用于内容生产的创意和想象力。

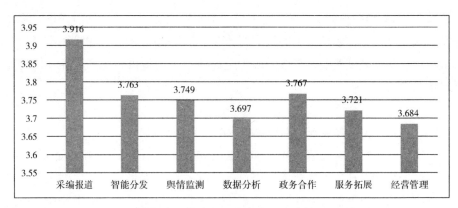

图 4.13　融媒体中心技术应用满意度平均值的调查数据结果

（二）对智能技术应用仍有困惑，但总体态度趋于积极

在"技术创新与媒体保持内容的专业性是否有冲突"一题的调查中，90.27%的全媒体记者认为"不冲突"，体现了媒体人对于数字技术创新对内容专业生产影响的总体乐观态度。而关涉到具体的机器写稿、算法分发技术的态度调查，作为新闻内容产品生产、传播两大环节的重要智能数字技术，二者从应用伊始便带有"双刃剑"的标签，机器写稿在伦理法规、专业能力、职业替代性等方面都受到了关注和讨论，算法黑箱、信息茧房、对人的异化也是被讨论的热点话题，根据调查问卷的数据结果，全媒体记者对于二者的态度也不再呈现压倒性的积极支持。

在"机器写稿对内容生产的影响"一题的问卷调查结果中，认为"正面影响大于负面影响"的被调查者最多，占 31.89%，但认为"负面影响大于正面影响"和"说不清"的比例均超过 20%（图 4.14），机器人写稿究竟是"捣乱"还是"添花"，不少主流媒体从业者在概念和实践层面仍有担忧或困惑。而在"您认为媒体是否应该应用算法分发技术"一题的调查中，选择"是"的被调查者占 64.32%，远高于选择"否"的 3.78%，还有 31.89% 的被调查者选择"说不清"（图 4.15），算法分发技术是实现连接用户、个性定制、垂直生产、形成社群的关键，但信息茧房、过滤气泡、内容无底线、技术对人的异化的负面效果也增加了数字技术影响效果的不确定性。但根据前文调查问卷题目中，主流媒体从业者对智媒的普遍了解和技术的乐观认知，从业者在这里选择"否"或"说不清"，未必是对数字技术、智媒技术的否定或陌生，而是在一定程度上体现了主流媒体内容生产者辩证看待数字技术对专业内容生产的应用效果的理性思考。

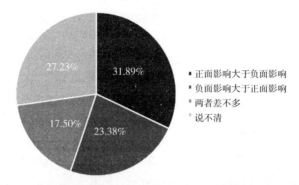

图4.14　机器写稿对主流媒体内容生产影响的调查结果

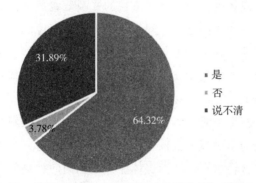

图4.15　"媒体是否应该应用算法分发技术"的调查结果

二、隐忧：思维观念与资源流通的边界重构

随着媒体深度融合发展，主流媒体从业者在内容生产的观念与实践上都有了质的变化，中国新闻奖媒体融合奖项获奖作品、媒体融合先导单位和典型案例评选等本质上都是对主流媒体从业者的认可，但是根据调查问卷和深度访谈发现，全媒体记者在媒体资源整合与流通、思维观念方面仍然存在不充分、不平衡的发展问题和现实困境。

（一）思维观念转型回归是深度融合发展的最大难题

思维观念转型曾是媒体融合1.0阶段的最大问题，如今迈入深度融合发展的2.0阶段，根据深度融合问卷调查结果，媒体深度融合的最大难题回归到思维观念问题本身，差异在于，主流媒体从业者不是不知道何为融合、怎样融合，而恰恰是在了解了媒体融合面临的机遇和阵痛之后，对自身深度融合的忧虑。"问题的关键可能不在于大家想不想融合，而是在电视和报纸暂时不会消亡的背景下，媒体人如何在完成传统渠道内容制作与发布的同时，能有更多精力去走进新媒体。"在访谈对象M10的工作要求中，传统渠道的内容是他需要完成的主业。此外，新媒体优先在内容生产过程中也出现了"变味"的情况，访谈对象M15说："只追求形式，一切以获形式奖为主，不注重内容和思想表达，追求短平快，无法产生人民需要的东西。"矛盾之下，我们不能忽视一个现实，深度融合发展需要更强定力、更大勇气，新媒体优先不一定是全员转向新技术、新媒体渠道，而是准确定位自身品牌优势进而守住根据地、占领主阵地的深度考量，也是资源配置、利益平衡的智慧操作，更是敢于开拓创新之举。

（二）资源整合平衡成掣肘地方主流媒体纵深发展的关键要素

根据全国问卷调查数据和对数据进行交叉分析后的结果发现，政策、资金、人才、技术等主流媒体进行内容生产依托的资源要素成为地方媒体从业者认为掣肘其深度融合发展的关键原因。问卷中对于政策资源的诉求是深度融合发展调查中出现的新现象，不仅是处于"中部洼地"的市级媒体呼唤政策引领，地方主流媒体也都急于寻求政策支持，现实中的地方主流媒体往往是纸媒、广电并存，在媒体融合1.0阶段的发展是各有侧重、各有优先，进入深度融合2.0阶段，纸媒与广电的新型主流媒体建设都需要本地政策的倾斜与扶持才能实现媒体深度融合的平衡与全面发展。而对省、市、县级的地方主流媒体和从业者来说，内容生产的融合转型不仅面向媒体业务，也面向社会的现代化治理和信息时代的市场竞争，媒体属性、服务属性与产业价值的综合立体需求倒逼主流媒体必须提升向内整合自身资源和向外融通地方资源的能力。

在整合自身资源上，省、市、县都面临着是重组传统媒体资源还是新建融媒体中心、是合并集中统筹还是分散重新配置、是增加源头投入还是减少终端支出、是重点培育核心品牌还是形成垂直赛道竞争的抉择，但无论选择何种道路，面临的都是鲜花与荆棘并存的局面。以县级融媒体中心建设为例，正如访谈对象M03所说的："新建融媒体中心可以不受原有人员、制度等因素的制约，相比重组的阻力要小很多，但也可能会遇到支持不足，难以调动核心资源等问题。"即便不存在新建还是重组抉择的县域媒体，也会面临着自身建设资金适宜遵循公益几类的资金问题、"单兵作战"还是合作共建、如何进行体制机制改革和可持续运营、全媒体内容生产如何实现本地化创新等问题，而相对于政策支持的县级融媒体建设，市级媒体更是迫切需要政策的顶层设计引领。

聚焦主流媒体自身的内容生产业务本身，政策、资金、人才、技术等资源的限制也会让全媒体生产陷入瓶颈，"资源有限的频道，仍然将主要力量集中在电视节目的制作上，因为传统的电视端还没取消，一个频道肯定还是会将主要力量用于完成电视节目的制作，这是他们的本职工作。虽然对于播出的新闻节目，会在节目播出后当天或者第二天在移动端等新媒体平台上进行拆条分发，但是关注度很少，一是自建移动端的用户活跃度不足，二是相关的电视节目即使在新媒体端发布，从内容上来看，对观众的吸引力也不高"。访谈对象 M10 如是说。

在融通地方资源上，以探索建立"新闻+政务服务商务"运营模式为引领的省、市、县级新型主流媒体，在融合深度发展、打造地方属性的服务综合体时，也时刻面临着艰难的抉择：在政务服务资源建设上由纸媒和广电谁来牵头？在市场机制引入上，经营造血会否触碰到媒体身份红线？横向和纵向的新型地方主流媒体如何形成差异化的功能和内容优势？主流媒体如何与渗入地方、收割下沉市场的商业平台形成竞合关系？同时，在地方资源有限的情况下，地方主流媒体尤其是省级主流媒体正在积极拓展区域合作新方式，探索提升区域资源的整合融通能力，尤其是通过内容生产促进区域全媒体记者之间的交流学习，多位地方主流媒体的访谈对象都提及人才成为制约其内容生产融合发展的最主要资源要素，尤其是省级媒体和县级融媒体中心对于人才的需求更为迫切，优秀人才留不住、引不进，自有人才培训提升难度大、周期长，正如访谈对象 F05 所说的："首先人才是最大短板，因为毕竟是传统媒体在转型，它跟互联网公司或者特别是现在处于巨头地位的移动互联网信息平台不一样，移动互联网公司它本身是适合新新人类重新成长的，这也是个社会转型出现的新行业，肯定得要涉及新鲜人才的引进，而主流媒体的内容采编生产，在新媒体内容的生产力度方面肯定还是有很大提升空间，因为原来的人才力量惯性是生产消息通讯，以文字稿件为主，现在就要全面发力。"

全媒体人才培养和主力军队伍建设无疑是主流媒体内容生产转型的阿喀琉斯之踵①，聚焦主流媒体全媒体记者人才需求侧画像，互联网原住民、掌握视听技术、创意执行力强、懂项目运营、擅长团队沟通和协作等标签成为综合型人才必备技能，但是目前的全媒体人才培训方式仍多采用讲座、内部经验交流、赴其他单位参观等短期培训模式，与实践发展需求不相符合的概念式培训让不同层级、地区、发展阶段的主流媒体之间的融合转型差异分化越来越大，马太效应明显。此外，根据深度访谈资料，地方主流媒体领导年龄偏大、思想上深刻烙印着传统媒体的工作模式也成为人才队伍建设的关键问题。领导型人才出现青黄不接的断层现象，主要是领导岗位缺乏与互联网一起成长起来的互联网原住民，缺乏能够统筹主流媒体"新闻+政务服务商务"边界突破和资源重组，并实现具体项目落地、常态化的全媒体人才。

---

①　阿喀琉斯是荷马史诗中的英雄，阿喀琉斯之踵寓意致命的弱点，要害。

三、重构：全媒体记者内容生产的链式编程

产消者交互、内容产品运营已经成为全媒体传播语境下主流媒体内容生产边界重构的新式法则，但相比于互联网商业平台，主流媒体在内容生产链条的边界重构和体系编程方面显然勇气不足。

（一）生产关系：信任机制难调节关系，用户主体性局限

主流媒体平台对用户的信任机制、关系机制仍未显著建立，主要体现在机制规则中对于用户参与内容生产的功能设置局限，对用户主动生成内容的审核迟滞、及时反馈周期相对较长，不友好的用户体验导致用户的获得感低，情绪上的触发—反馈机制不灵敏，最终导致主流媒体的内容链条无法对用户形成习惯养成的黏性效应，也就是主流媒体从业者在调节传统生产者与用户产消者之间的生产关系时，没有通过信任机制的建立有效调节主流媒体与用户，尤其是用户中的内容生产者和产消者之间的关系，未能有效满足用户深度参与、主体控制、得到情感安慰的需求，智能化趋势下，媒体技术的变革和用户需求的变化使得提升用户体验感成为媒体融合的主攻方向[1]，但以用户为主体的平台建构和内容生产开放程度仍很局限。根据调查问卷数据结果发现，在用户交互的开放程度上，允许用户上传内容和招募用户为内容创作者这两者的占比最低。虽然马克思与韦伯都认为"排他机制是产生权力的一种结构条件"[2]，但日益扩张的个人主义让用户的主体意识空前高涨，这就使得媒体深度融合不可能是一个封闭系统，而须成为一个开放性的、超载的、不断接受新的可能性的系统，也就是要把新型主流媒体与全媒体传播体系的建设，提高到在新的内容生产力基础上重构新的内容生产关系的高度来对待[3]，这就要求主流媒体更大程度开放用户参与平台内容生产与传播的权限，通过重构新的内容生产关系、传播交互关系提升用户的主体性。

在大众传播时代，内容的影响力和公信力决定着信息端口是否会被打开，现在的移动互联网时代则是端口是否能打开决定了内容是否有影响力和公信力[4]，因此提升主流媒体内容端口矩阵的用户吸引力和活跃度，是提升主流媒体内容

① 段鹏. 试论我国智能全媒体传播体系建设的实践路径：内容、框架与模式［J］. 现代出版，2020（03）：11-18.

② 戴维·维勒. 网络交换论［M］. 刘军，译. 重庆：重庆大学出版社，2014：12.

③ 陈接峰，荆莉. 媒体深度融合的结构选择、制度设计以及供给侧改革的路径［J］. 编辑之友，2021（10）：35-42.

④ 胡翼青，罗喆. "版权之争"还是"端口之争"：一种思考新旧媒体之争的新视角［J］. 新闻界，2018（04）：10-16.

传播力、引导力、影响力、公信力的关键之一。然而根据问卷数据的分析结果，大部分主流媒体仅采用多元分发的方式实现内容产品的初级运营，缺失对内容产品的前期预热策划，也没有跨平台的长效协作机制，更没能搭建全媒体内容生产与传播链条的一体化运营模式。由此，主流媒体的内容生产者将自己封闭在传播链条之外，运营的主动性和创意发散力远远落后于商业平台，精耕细作的内容"爆款"成为昙花一现，自建的端口和平台无法凝聚用户依赖。

（二）调适机制：运营创意粗放，多任务集成结构松散

全媒体内容生产链条的重构是内容生产关系与产品运营机制的重新调适，尤其是产品运营、项目培育机制的引入，为全媒体记者在团队中进行多任务内容生产、多角色生产链体验建构了锚定自身工作适配角色和兴趣取向的调适机制。这一调适机制的特点就是团队协作、周期制作、全媒体产品线多任务并行，文字记者可以在一定周期阶段内体验现场出镜、视频策划、新媒体运营、线下活动策展等多元工作角色，并在多任务内容生产和角色体验中找到兴趣点和"一专多能"的适配方向，为全媒体记者工作创意和获得感提升提供自主性更强的机制保障。

产品运营、多任务集成是互联网内容生产的新媒体逻辑与工作常态，但在主流媒体中还未发挥出明显的机制优势。一方面，内容产品的运营机制比较粗放，抛却全媒体记者主观消极的运营取向，还受限于技术应用、资源局限、目标引导、激励机制、团队组建等客观条件，没有针对自身优势资源寻找目标圈层用户，没有对位目标圈层需求精准规划运营产品和流程。同时，试错机制、激励机制不够灵活，比较困难的常态化机制建立被相对容易的短期利益收割冲淡，都会导致人才活力难维续，运营项目的常态化落地难。另一方面，主流媒体的多任务集成表现在"一专多能"的全媒体记者或几人的小规模团队往往需要同时进行同一主题、多元内容产品生产，或多主题策划、产品运营的集成生产，但目前内容产品的常态化集成生产结构仍然比较松散，一是体现在全媒体记者"单兵作战"进行集成生产的实际效果并不理想，大众对主流媒体内容产品的高质量期待往往会给高强度"单兵作战"的全媒体记者带来巨大的心理负担；二是小团队项目制、工作室模式的内容集成生产结构还在实践探索阶段，虽然已经出现了比较知名的工作室品牌和爆款产品，但这一机制结构的普及化经验、可量化考核模板目前都处于摸索阶段，不少访谈对象还提及有所谓的工作室而没有实质性工作的机制虚设问题。互联网热度弥散迅速、用户注意力松散游移，夭折项目、短效项目比比皆是，全媒体记者对多任务集成结构的探索还需主流媒体领导支持、机制保障、组织和团队协作能力锻炼等多方面的提升加持。

第五章

重塑媒体：主流媒体内容生产结构自我的 三个面向

　　我国主流媒体内容生产转型已经进入了媒体深度融合发展的 2.0 阶段，在主流媒体平台、内容、生产者这三重构型维度发展的动态过程中，主流媒体的旧有壁垒被逐渐打破，一种全新的、向内结构的自我重塑正在逐渐形成，主流媒体的发展坐标和价值建构也在游移探索中进行着不断突破的创新尝试。根据两年全国问卷调查的数据分析和对主流媒体从业者深度访谈的梳理提炼，全媒体传播语境下主流媒体内容生产的现状和问题需要被辩证地看待。面对深度媒介化中内容生产的全新价值逻辑和网络社会生态，主流媒体一方面不能回避问题，要分阶段解决痛点问题，具体来说：一是要明确新型主流媒体在地区和层级等方面的发展不平衡问题，以及相比于商业平台在智能技术通用性进化、平台创造力中呈现的当前弱势；二是不能主观夸大主流媒体内容在互联网信息时代的传播力、引导力、影响力、公信力，认为主流媒体仍然是信息的"强制通过点"。另一方面，要坚定主流媒体的责任担当，将媒体融合发展贯彻到底，具体来说：一是要在积极融入市场机制的过程中守住主流媒体平台底线，不与商业平台盲目攀比，不照搬盈利模式；二是坚持内容为本，不断提升全媒体记者"四力"基本功，严把内容审核关。从全媒体内容生产的三重构型维度来看，平台化、生态化、开放化是主流媒体在重塑自身过程中，内容生产着力向内的三个面向。

第一节　平台化：全媒体传播体系的内容 生产供给侧改革

　　媒体的深度融合就是平台化、移动化和智能化的过程①，随着数字技术、虚

---

　　① 宋建武. 媒体深度融合：平台化、移动化、智能化［J］. 视听界（广播电视技术），2018（04）：43-48.

拟技术、人机交互的纵深发展和应用拓展，未来的现代化社会发展趋势一定是平台社会。当下，"何为元宇宙""元宇宙的未来在哪里"等讨论热潮引发了业界、学界、政府部门的大量关注，虽然与 Facebook（"脸书"，也译为"脸谱网"）公司这一提出元宇宙设想的国际互联网平台密切相关，但元宇宙的核心概念之一就是互联网平台，平台是元宇宙的基础设施，也是元宇宙进行规则、协议、标准等逻辑构建的底层框架，可以说，平台已经发展为当下和未来社会中的核心基础设施和关键的社会操作系统，平台化也成为全媒体传播体系内主流媒体内容生产供给侧改革的新型基础设施建设。而在主流媒体平台化的构建过程中，平台意味着集成、融合、开放、共享①，在作为内容生产供给侧改革依托的平台化建设中，平台会成为家长式角色的存在，一方面制定和执行着内容生产领域的权威，另一方面有着自律、移植和主导秩序的运作机制②。而平台想要发挥供给侧改革优势、实现内容生产立体生态的建构，就要更加深入地实现集约式的资源建设、矩阵式的渠道连接、垂直化的内容生产、"媒体+"的服务延展，在管理机制、功能生态、产业价值、联动协作等方面重塑自身，进行向内结构的逻辑重建。

一、中台管理：技术驯化早期掌控阶段的统筹调试

数字技术对于主流媒体平台化发展的驱动作用已是不争事实，但在讨论社会层面技术的事实性之前，学者们也注重思考人们是如何采纳、掌握和使用不同技术的，由此，驯化理论被提出，莱斯利·哈登（Leslie Harden）指出事务和服务进入人们的生活后产生的驯化现象并不是一蹴而就的，而是经历了一定时间段的驯化周期。③ 在技术驯化周期的早期掌控阶段，可以观察到清晰的社会形塑要求的出现，使用和呈现事物、对象或服务的方式使我们有机会对技术及其使用打上我们自己的印记。而面对实际使用时，人们可能需要临时就其影响生活的方式做出判断，或寻找创新的方式将其安置于所处环境中，习惯随着技术的确立得以建立，使用行为也随着动态发展和演进日渐明确④。而对主流媒体深

---

① 曾祥敏，齐歌夷．媒体"平台化"建设路径与方略研究［J］．新闻与写作，2017（11）：29-37.

② 皇甫博媛．"算法游戏"：平台家长主义的话语建构与运作机制［J］．国际新闻界，2021，43（11）：111-129.

③ HADDON L. The Contribution of Domestication Research to In-home Computing and Media Consumption［J］．Information Society，2006，22（4）：195-203.

④ 理查德·塞勒·林．习以为常：手机传播的社会嵌入［M］．刘君，郑奕，译．上海：复旦大学出版社，2020：18.

度融合发展的平台化建设而言，中台技术的引入目前就处于技术驯化的早期掌控阶段，主流媒体需要中台技术满足数据资源、人员考核等方面的管理能力提升要求，但中台作为技术同时也是主流媒体管理机制创新，目前还处于中央媒体和省级媒体进行探索尝试的试点状态，其建设逻辑和经验推广需要在技术、管理机制、管理者理念等多方面动态发展的过程中日渐明确。在现阶段，中台技术或称中台管理机制可被视作技术赋能管理创新的新生模式加以借鉴和考察。

中台起初是互联网商业平台在业务体系扩展、组织不断膨胀过程中进行资源集约化整合、平台业务一体规划的问题解决模型，近年来，随着大型主流媒体平台资源的持续扩大和业务的不断拓展，搭建中台"新基建"成为主流媒体管理创新中的热门话题，主流媒体尤其是省级媒体纷纷入局尝试打造技术中台、业务中台、数据中台、AI 中台等，与其说中台是技术创新，不如说中台是管理机制和管理思维的创新，能够减少"烟囱式"重复建设，打通业务实现差异化竞争。根据全国调研和主流媒体管理人员的深度访谈结果可知，比如，央视网近年就在进行数据中台、安全中台建设；湖南广电则借助集团整体数字化建设主导组织变革，通过搭建数字中台管理系统，推动企业资产财务、人力资源、产权管理、版权管理、审计分析等集团管控信息系统的集成应用①；四川封面新闻基于智媒云搭建了双中台——业务中台与数据中台，共同支撑起智媒云上层的应用和产品矩阵；浙江日报重点建设具备"1+6+39+X"能力体系（即 1 个基础数据能力体系、6 类智能体系、39 项智能服务能力体系和 X 项个性化扩展能力体系）的全媒体智能中台②；山东闪电新闻则将闪电云平台作为全台的技术后台、内容中台和外联总台，实现一体化运作。

进一步聚焦中台机制对于主流媒体内容生产的实际应用，以省级媒体四川新闻网的中台管理体系为例，该媒体打造以融媒体、智媒体和 RCS（Rich Communication Services & Suite）富媒体通信为核心的多维一体的媒体平台矩阵中台。在多维一体的媒体平台矩阵中，媒体的内容生产依托多个专有技术和软件平台，采取内生发展和外延并购双管齐下的方式，持续进行技术创新和产品升级。在全媒体传播矩阵中台的集约效果加持下，内容生产面向的渠道端口逐渐形成了"网、端、微、屏"多元立体传播渠道，实现了内容多屏互动的传播生态，内容中台运用人工智能、大数据等技术手段，使得媒体可以根据用户画像进行内容

① 国家广电智库.【启航新征程】湖南广电聚力建设主流新媒体集团［EB/OL］. 国家广电智库，2021-08-05.
② 唐中祥. 建设新型主流媒体 打造新时代重要传播窗口：浙江日报报业集团关于加快推进媒体深度融合发展的思考［J］. 传媒评论，2021（02）：8-11.

158

产品的细分策划与个性定制，进而促进主流媒体形成统一指挥、智能分发、精准推送的新闻传播平台。在内容中台的运营效果上，川网传媒通过全媒体传播矩阵中台实现一次采集、多元生成、多端传播、强化适配，让内容生产和传播的产品能够通过智能手机、平板电脑、个人电脑终端等多元化移动端口实现用户获取信息的便捷高效，同时通过精准、集约化的管理设计，实现内容产品的差异化生产和定制化传播（图5.1）。

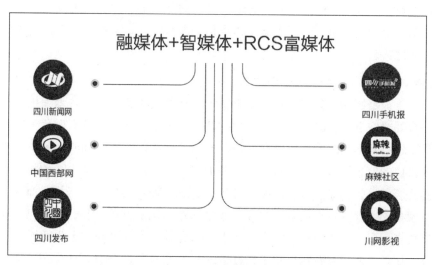

图5.1　川网传媒中台管理体系布局下的媒体矩阵

　　总而言之，中台机制是主流媒体朝向数据化、智能化发展的积极尝试，作为管理机制的创新，优势就是提升了主流媒体一体统筹、资源整合、扁平运转、高效联动的能力。但是中台机制并不是适用于所有主流媒体进行管理创新的万金油，第一，中台机制的建设需要主流媒体自身强大的智慧和资源支持，相对而言更适于资源丰富、需要发挥内外联动作用、机制改革已走入深水区的中央媒体和省级媒体；第二，中台机制不是遮掩形式主义的数据大屏的新名词、新概念，而是一种数据化统筹思维、平台化管理机制的创新，进而逐渐引发一次具体实践的尝试，这需要时间来消化改革的阵痛，主流媒体应避免照搬"中央厨房"式的一刀切建设误区。

二、生成型媒体：数字化综合服务生态圈的逻辑进路

　　作为平台的媒体在当下已经成为很多人生活日常及常规仪式的构成部分，媒体以及互联网平台已经不单纯是实现某些实际功能——比如，获取资讯和娱乐休闲——的技术工具，它们通过平台化的发展逐渐演化成一个完整的体验环境，正在构建的数字化综合服务生态圈。随着智媒技术、数字技术越来越深地介入媒体和人们的日常生活，指向 WEB 2.0 时代强调社交体验的新媒体一词已经不能够准确描摹不断迭代更新的未来媒体样态，因此指向动态发展过程和交互建构的"生成型媒体"被学界提出，它指的是尚未完全普及，但已经出现了大众化苗头的媒体。具体来讲，以计算机、大数据、物联网等技术所搭载的媒体形式都可以说是生成型媒体，包括区块链技术、元宇宙等都是生成型媒体范围内的讨论对象①，同时，生成型媒体也指向主流媒体的"新闻+政务服务商务"数字平台化发展，新型主流媒体也是未来数字化综合服务生态圈建设的重要主体之一。

（一）日常生活的数字化介入

从生成型媒体的角度来看，主流媒体平台的未来将会进一步增强内容产品和平台的时空沉浸体验吸引和社交关系架构，这也符合 WEB 3.0 时代人们对于高质量、高水平互动关系的追求期待，人们希望能够在社交和游戏的氛围中得到有价值的信息回报、情感回报甚至经济回报，因此社会日常生活的数字化介入趋势会越来越明显。当前，各级主流媒体都在探索"新闻+政务服务商务"的平台架构模式，这也是数字化综合服务生态圈建设的基础一步，主流媒体通过数字化多元服务介入用户日常生活，逐渐弥合线下生活圈与线上生活圈的生态差异，比如，四川发布客户端正在打造的"发布系"政务新媒体生态，就着力于通过"发布系"的关联，为用户提供更细分的区域化"新闻+政务+服务"多功能融合服务平台。基于此，该平台构建了一个更有未来感的"新闻+政务+服务"发布模型：市民刘先生通过媒体查看了"小学生就学"相关政策，政策原文关联引导用户点击，大数据"中台"检测到该信息，立即对刘先生的所在地区、性别、年龄、工作、阅读习惯、喜好等进行人物画像，有针对性地推送相应办事服务、生活服务功能等深度叠加服务，无限增强用户黏度，提升媒体在用户端的打开率。同时，在相应页面设置政策规章、服务事项的反馈通道，搜集用户意见反馈。依托这一模型，主流媒体平台既能通过数字化技术赋能内容生产、服务协作、用户停留，同时可以真正实现"主力军全面挺进主战场"的新路径，成为主流媒体平台更好服务社会治理、打造数字化综合服务生态圈的新示范。

（二）应急处理的常态化创新

主流媒体平台进行数字化综合服务生态圈建设就必须要做到突发事件应急

---

① 杨璐. 互联网消灭的40件事 [J]. 三联生活周刊，2022（03）：32-39.

处理的常态化创新保障，在抗击新冠肺炎期间，主流媒体体现出内容服务能力建设的能力。

1. 应急处理中的多元协作：共生力量，拼合众识

移动社交媒体语境下的话语情境是大众话语与精英话语的交织，相比于专业媒体的精英话语模式，大众话语具有多元共生、拼合互补的特点。疫情防控期间舆论场的多元主体，体现了这种共生与拼合的力量，推动了真实呈现、知识科普、舆论监督和问题解决。

主流媒体平台与自媒体良性互动，力量共生，完善众识。抗击新冠疫情期间，主流媒体不仅生产了大量与抗疫相关的视听产品，及时回应大众关切的问题，消解大众疑虑，其社交账号还积极转发自媒体优秀的抗疫视听产品，形成了舆论场上的正向传播合力，例如以"孔xx"等为代表的up主、微博博主，以"九磅xx便士"等为代表的科普自媒体，他们拍摄、制作的呈现武汉真实情况、科普疫情知识的短视频，被人民日报、央视新闻等主流媒体的新媒体账号转载，形成了优质内容和正向精神的扩大传播，主流媒体和自媒体的良性互动，不仅丰富了信息传播，还展现了疫情之下个体的责任和担当。内容生产市场化制作由此也将进一步发展，受疫情影响的小微视听制作企业，也将重新寻求主体的价值坐标、生存空间与发展方向。

2. 数字化内容生态：服务需求、深度连接

新冠疫情加速促进了5G的大规模商用，移动优先、服务分享、场景连接将成为伴随数字化内容产品的常态，并形成基于信息和平台的综合服务的生态。大小屏与移动平台的交互、信息与消费的联动、场景与需求的交融，这些都将继续拓展主流媒体数字化内容服务的影响力外延。在以疫情为代表的突发应急事件发生和处理期间，主流媒体、电商平台纷纷开通"爱心助农"绿色通道，通过直播拉动农产品销售。其中不乏县级融媒体中心的身影，比如，浙江长兴传媒集团携手"长兴鲜"电商平台推出《帮扶在行动》战"疫"助农公益活动，通过在长兴电视新闻综合频道、掌心长兴APP、公众号、广播台、长兴新闻网等多平台的矩阵式融媒体直播，为滞销农产品寻找出路。①在"爱心助农"项目中，淘宝、抖音等互联网企业也通过直播打开了农产品的销售渠道，实现了数字化视听内容产品与大众生活的深度连接和云上云下服务生态圈打造。未来，数字化移动的"媒体+购物""媒体+地图""媒体+健康""媒体+趣缘""媒体+家庭""媒体+社区""媒体+教育""媒体+公益"等模式将深度介入和

---

① 农产品搭乘"长兴鲜"出村进城［EB/OL］. 长兴县亿政府网，2020-03-10.

连接人们的日常化生活，数字化综合服务生态圈的建设也将愈发完善。

三、产业价值重构：市场竞争中的平台、品牌、经营机制

经济基础决定上层建筑，随着"增强造血机能"明确成为媒体深度融合发展的要求之一，主流媒体的产业价值重构、产品变现和平台造血成为转型发展的关键。目前部分主流媒体在平台运营和"新闻+政务服务商务"模式上出现了只顾眼前利益，以服务名义透支自身公信力的情况，这种追求短平快效益的方式严重损害了新型主流媒体的形象，制约了新型主流媒体的价值提升和长远发展，而要实现产业价值重构，就要在数字赋能、移动发展的环境下寻求社会价值与经济价值的长远统一。

（一）打造品牌集群，以平台优势和资源引流扶持品牌成长

为了顺应全媒体传播时代用户圈层化、社交化生存的网生习惯，在当前互联网内容生产与传播环境处于去中心化、分布式生产的现状背景下，打造专业优质、趣缘垂直、用户聚焦的内容工作室品牌，成为主流媒体既有样板示范又有推广可能的有益实践。比如，人民日报主打财经内容的"麻辣财经"，主打时政新闻解读的"侠客岛"等54个融媒体工作室；安徽广电主打美食的"新视点"，主打健康服务的"江淮名医帮"；荆州日报主打生活类直播的"荆女郎"等。但媒体深度融合不能仅满足于融媒体工作室的从无到有、从0到1，要做到从1到100的创新，也就是市场化、社会化的推广实践①，通过品牌运营，与人建立圈层化、社群化的情感连接，与社会建立媒介化连接，提升自我造血能力和参与社会治理能力。比如，安徽广电融媒体工作室2020年总创收超3500万元，2021年上半年总创收超2000万元，获评国家广电总局"2020年全国广播电视媒体融合典型案例"，而其主要就是得益于构建了针对激励融媒体工作室发展的政策保障体系和服务支撑体系，实现了发挥平台优势和进行资源引流以孵化品牌集群、扶持品牌成长的目标。

而对刚开始建设品牌集群的主流媒体而言，也可通过借鉴商业平台的运营模式对自身取长补短。比如，小红书2022年3月1日发起"安福路在线"活动，以"好设计、闭眼入"为理念，集结站内上千家设计师品牌发售春季新品，帮助设计师打通从内容到售卖的链路，同时推出设计师扶持IP "RED LABEL"，联合SHUSHU/TONG、HAIZHEN WANG、FENGCHENWANG等30多家知名设计

---

① 喻国明. 从"小融合"到"大融合"：推进媒体深度融合的一个关键性操作 [J]. 城市党报研究，2020（12）：1.

师品牌，进行"独家设计款新品首发"，通过强资源点位曝光、千万级流量倾斜等方式扶持设计师及其品牌成长。这场商业品牌集群运营活动为新兴的小微品牌提供了平台支撑和用户引流的宣传机会，为成熟品牌进一步增强用户黏性、提高曝光度凝聚了市场力量。同时，打造品牌集群也是符合市场优胜劣汰模式、促进竞争合作的积极尝试，对主流媒体品牌集群打造的借鉴意义而言，一方面，有益于主流媒体优化资源分配、选择投融资方向、测试用户喜好、优化运营机制；另一方面，也有助于主流媒体内容品牌及时调整运营策略、聚焦目标用户、促进与市场的交流融合，实现主流媒体内容品牌良性生态的长久维护。

（二）市场机制借鉴引入，"内补外调"压实平台造血机制

"发挥市场机制作用，增强主流媒体的市场竞争意识和能力"是媒体深度融合顶层设计中对主流媒体的明确要求，提升主流媒体的投融资能力、增强自我造血机能需要"内补外调"两手抓。

1. "内补"：增强会员机制与周期产品的付费吸引

增强主流媒体平台、内容产品、经营活动、品牌周边等内部优势资源的变现能力，尤其是提升独家资源、优质内容产品的付费吸引力。参考商业平台的内容付费营收成效，这一路径是完全可以借鉴尝试的。根据互联网内容商业平台发布的2021年第四季度及全年财报，B站月均付费用户增长至2450万，同比增长37%，付费率提升至9.0%，其中，"高级会员计划、直播服务和其他增值服务"首次超过手机游戏成为第一大收入来源，虽然B站对于"其他增值服务"未做详细解释，但我们可以认为增值服务营收主要来自大会员和直播打赏分成，这一方面得益于B站的直播推广运营机制、主播激励计划等，另一方面是B站对于优质内容、独家资源的深耕。同样得益于内容产品优势，爱奇艺2021年第四季度营收73.9亿元，其中会员营收41亿元；芒果超媒的公司核心主业芒果TV互联网视频业务（广告＋会员＋运营商业务）2021年也保持稳健增长，实现营业收入112.61亿元，同比增长24.28%。

因此，主流媒体通过发挥专业内容、优质资源优势进行运营策划，尤其是视频内容的运营策划，是可以实现内容变现、平台造血的，而且出现了央视频以东京奥运会全媒体内容产品制作为契机试水会员制运营的示范案例，虽然奥运会内容具有周期性，但单个周期产品的引流能力往往能够为平台造血打开市场，众多商业平台也将未来的运营重点放在单个产品的精细化、先锋性宣传运营上，以产品带平台、带品牌口碑。

2. "外调"：延展垂直合作品类和服务能力范畴

主流媒体与商业平台的运转逻辑本质不同，但在互联网信息市场中，二者要根据所处情境切换竞合关系，在不影响社会效益底线的基本原则前提下，主流媒体必须以产业化思维和对市场机制的最大化利用，谋求与商业平台竞争的优势。随着媒体深度融合发展的不断推进，"新闻+政务服务商务"的运营模式已经历了各层级主流媒体多方面的摸索实践，新型主流媒体想要增强市场竞争意识和能力，首要的是要增强对外合作的选择能力和运营能力，实现优势资源的置换共享，进而延展主流媒体平台的垂直合作品类和服务能力范畴。比如，对以广播电视为主要业务的主流媒体而言，可以发挥广电优势和当地资源特色优势，采取移动端的广电+电商直播、广电+行业活动、广电+文旅、广电+云上文博、广电+云上书屋、广电+车展、广电+金融、广电+线上教育、广电+养生健身等垂直类目合作实现造血营收。同时主流媒体要掌握 Z 世代、银发一族、她群体的用户信息获取习惯，当前女性群体、00 后以及老年群体成为智能移动消费环境下的主力用户，主流媒体更要善于和聚焦此类用户群体喜好的品牌和平台合作，比如，助力脱贫攻坚公益直播期间，中央广播电视总台推出"小朱配琦"的主持人朱广权与淘宝带货主播李佳琦合作公益带货直播，主持人欧阳夏丹联合王祖蓝的"谁都无法'祖蓝'我'夏丹'"直播带货，这种跨界混搭的直播运营尝试实现了"公益的性质+新鲜感十足的合作形式+用户喜好的定位捕捉"的 1+1+1>3 的公益口碑、社会效果和经济效益。北京冬奥会期间，光明网联合小红书开设《冬奥有我——冰雪志愿者日记》新媒体专栏，通过北京冬奥会青年志愿者的第一视角，记录志愿者生活点滴，展现青春力量，小红书是聚焦 20—30 岁年轻女性生活方式的新兴互联网商业信息和消费平台，平台用户垂直且黏性高，该新媒体专栏通过 vlog、手绘漫画、图文日记等形式展示志愿服务之旅，不仅是聚焦垂直用户、提升信息触达效率的运营尝试，也为之后延展运营产品和消费群体奠定了基础。

而主流媒体要切实提高服务能力，则要增强与服务类互联网商业平台进行产品合作的运营能力，尤其是重点产品、垂类品牌的优质策划与运营，比如，抗击新冠疫情期间，第一财经商业数据中心联合高德地图推出服务类信息产品《实时更新：你的定制防疫地图》，用户可以点击链接获取自身定位，并根据定位查看、检索周边地区的实时疫情，包括确诊病例数量、最近确诊地点、本省疫情、抗疫锦囊、抗疫姿势等有用且及时的刚需信息，主流媒体与商业平台通过地图入口整合信息，形成"空间信息流"，即在特定的地理位置上产生或者与某一特定空间有关的所有信息的汇聚，满足用户基于社会热点、地缘时空的信息需求。类似还有人民日报与自媒体账号丁香医生合作上线的疫情地图，疫情地图以信息瀑布流的融合界面呈现，综合中国国家卫健委、中国疾病预防控制中心等权威发布渠道的数据，以可视化图文生动呈现各地确诊、治愈和死亡病例的汇总情况与地域分布，带给用户及时高效、理性直观的疫情信息和防控进展，为助力用户随时获取新冠疫情信息提供了渠道搭建的服务。

四、合纵联盟：全媒体传播体系主体间关系再造

我国全媒体传播体系的战略布局已经初建，未来必将是做深、做准、做细的全面推进，需要传统端与新媒体端、垂直平台与横向平台、差异化平台矩阵之间的多元联动。

（一）小屏反哺大屏：媒介使用场景的交互引流与丝滑切换

无论是传统媒体端还是新媒体端，主流媒体的各个平台都是全媒体传播体系的构成要素，不少地方主流媒体的一把手、管理人员都会担心全员转向新媒体对于传统渠道和阵地的不可逆损失，尤其是传统端收益尚未到山穷水尽这一步的广电媒体，但在大小屏共存的全媒体传播时代，相比于用户自主选择性强、场景切换随意、内容包罗万象、信息及时、社交丰富的移动小屏，代表客厅文化的电视大屏大部分时候已经成为大众消闲陪伴的背景音、老年用户的自留地、媒介仪式的展演舞台，当然这不意味着电视端就已经完全落后、被时代淘汰了，电视内容的严格生产规范、高质量输出，以及权威意义和仪式属性都没有被小屏取代，智能电视带来的大屏审美体验、在线教育应用、家庭交互场景拓展也是移动端小屏无法实现的。在大小屏各有优势、并存共生的现实环境下，以小屏反哺大屏成为促进平台间联动的试验性办法。正如访谈对象M13说："在传统媒体中，融合发展目前是主流，我单位也不例外，过去的传统媒体思维碰见新的形式、新的趋势，难免在思想认知上存在各种不同的看法。为何要融合？最大的原因是用户的转移，作为央媒承担国家宣传政策，必然要把宣传阵地转移到新媒体中，在那里继续引导舆论。新媒体在于速度，电视端在于沉淀、在于长专题持续报道，用新媒体的内容形式先去吸引用户，再把用户引导到电视端，在电视端再引导用户互动，小屏大屏联动起来。"

此外，以短视频反哺移动长直播也是主流媒体内容生产遵循以小向大引流联动关系的路径体现。以央视新闻微信视频号2021年国庆节升旗的主题新闻报道策划为例，就采取了截取直播中精彩片段做成短视频发布，并在短视频界面插入"正在直播，进入观看"的点击按钮，这一以短小精悍、亮点突出的短视频向完整叙事的移动直播引流的反哺方式，实现媒介使用场景、多元内容体裁的交互引流和丝滑切换。

（二）细化体系联动：四级融合、区域协作提升平台使用率和用户活跃度

全媒体传播体系建设是遵循互联网开放连接逻辑而设的方向目标，其关键就在于联动能力。一方面是体系内不同层级的纵向融合全媒体传播体系联动能力，这也是适应现代化社会治理、遵循我国上下连通的传统组织架构的布局模式；另一方面是体系内同层级或同一经济区域横向协作的联动能力，比如，京津冀、长三角、大湾区等区域协作。

在全媒体传播体系的纵向联动上，省市县一体统筹、层级联动的平台协作机制较为普遍。正如访谈对象 M11 谈及的所在单位的垂直体系联动样态："在县级融媒体中心建设过程中，省平台全面支撑各区县建好一个'采编中心'，提供'一县一端'全媒体解决方案。"目前其所在省级媒体平台已接入128 家区县融媒体中心，为 89 个区县 APP 提供技术支撑，建成新闻通联、内容生产、政务服务等 16 个功能模块，已注册用户近千万，为全省亿级别用户提供通用计算能力资源池，且支持资源弹性伸缩。在平台联动和使用效果上，"一县一端"到达率也在不断提高，成为引导群众、服务群众的重要抓手，更与客户端日活相辅相成。

在全媒体传播体系的横向合作上，以经济圈打造、区域经济发展为连接纽带的内容产品联动生产和运营更为突出。在 2022 年全国两会期间，多家主流媒体一改过去单打独斗的方式，以多元形式联动策划推出多组重磅系列报道，聚焦热点话题，发挥地域特色，展现平台优势，形成跨区域报道"朋友圈"。比如，天津津云新媒体集团联合北京千龙网、长城新媒体集团策划推出《云瞰京津冀》系列访谈节目，创新采用 5G+MR+AR 技术打造"协同号"虚拟空间站，让三地演播室能够在同一空间云端连线，并同步推出长视频、短视频、二维码海报等多种融合新闻产品，形成了区域内容生产运营的深度融合。黑龙江日报联合辽宁日报、吉林日报，围绕"黑土地保护"话题同步推出大型主题策划报道，展示亮点，汇聚观点，共同探寻回归"捏把泥土冒油花，插根筷子也发芽"的现实路径，共同描绘"一畦春韭绿，十里稻花香"的美丽画卷。七省市主流媒体——重庆上游新闻、江苏现代快报+、上海澎湃新闻、浙江天目新闻、安徽大皖新闻、湖北极目新闻、贵州天眼新闻——联动策划，会集全国人大代表、政协委员问策长江经济带，呼吁联动发展，共建"长江创新联合体"等。区域

主流媒体的联动策划与内容运营已经成为平台间合作的基本路径，未来将是在政务、服务、商务、文旅、教育等方面的更深联动与合作运营。

（三）差异立体布局：矩阵意识下的大众化与专业化双轮驱动

互联网公司在发展过程中都致力于建立自身品牌的树状产品生态体系，布局多元赛道和差异化产品矩阵，已经出现了字节系、阿里系、腾讯系等互联网商业巨头，以字节系为例（图5.2），其产品以用户覆盖率最广的今日头条、抖音领衔，平台布局涉及互联网新闻资讯、视频直播、在线教育、拍摄剪辑、线上办公、知识问答、文学小说等多领域赛道，既有主打大众化内容、用户广泛参与生产和社交的内容信息平台，比如，抖音、今日头条，也有定位于垂直内容领域的专业化平台，比如，深耕汽车领域的懂车帝，专做网络小说和趣缘社群运营的番茄阅读。

图 5.2 互联网商业公司字节跳动系列产品矩阵概览

主流媒体也不能把鸡蛋都放在一个篮子里，继续坚持一家媒体只做一个客户端，一个客户端里包罗万象内容的模式。观望媒介化社会的未来趋势，在互联网信息传播环境和用户的媒介使用中，新媒体平台是逐渐淡化单位组织意识而逐渐增强平台的个性特征和用户针对性，其内容属性和使用体验会成为优势吸引力，因此，主流媒体要突破以组织架构划分移动平台的固有模式，建立内容平台矩阵化布局意识和风险投资意识，以兼顾打造大众化、专业化平台的双管齐下、双轮驱动路径，完善全媒体传播体系中的内容矩阵布局。其实中央和各级主流媒体已经开始了矩阵布局的尝试，只不过受资金、人才等资源条件限制，大部分主流媒体内容矩阵布局的第一步都是建立多元平台的差异化新媒体账号，少数资源比较充盈的中央主流媒体建立起了多元平台矩阵布局，比如，中央广播电视总台先后推出主打新闻资讯的央视新闻客户端、主打短视频和直播的央视新闻移动网（现改名为"央视频移动网"）、主打视频社交的央视频客户端等，人民日报先后上线人民日报、人民日报+、人民视频等客户端。相比于互联网商业平台在垂直领域的精耕细作，主流媒体的平台矩阵差异化布局并不突出，基本都是围绕新闻内容进行形式体裁区分，但这也是由主流媒体的事业属性和社会效益为主决定，其垂类平台矩阵、差异定位体系的打造需要未来很长一段时间的持续探索。

第二节　生态化：内容生产的媒体逻辑重塑与专业价值再造

传媒业界的生态格局已经发生变化，由传统媒体赖以生存的信息内容生产单向逻辑转向强调关系广泛连接的网络化逻辑。在传统新闻业态下，专业新闻机构和新闻从业者是毋庸置疑的生产主体，而支撑其主体地位的则是一整套严格的生产程式——这套程式既烦琐又昂贵，却是新闻品质和行业标准赖以维系的基础。[①] 在这套生产程式下，新闻内容有着标准化的形式，以固定的线性时间表向大众发布；而大众对新闻的接受，亦因上述程式和时间表的存在而保持着一定的情感和心理距离[②]，大众对内容选择的局限和媒体话语权威地位的认知使得新闻内容和发布主体都处于信息内容生产层级的较高位置。但随着移动终端和信息技术的发展让个体声音越发能够被大众听见，个体的自由表达一定程度消弭了话语垄断的弊端，也带来了信息爆炸、冗余、嘈杂、倦怠的弊端，信息俯拾皆是带来的是用户对有价值、与自身关切、专业权威内容的更大需求，知识付费、新闻付费、成人课程的潮流趋势可以体现出用户的市场需求，新冠疫情、北京冬奥会、中美贸易战等重大主题事件期间，大众对主流媒体内容的依赖和正能量内容的追求，也体现了主流媒体在专业内容和价值观引领上具有的优势。哈佛大学尼曼实验室（Nieman Lab）预测"对一个新闻编辑部来说，最

---

① 常江，何仁亿. 数字新闻生产简史：媒介逻辑与生态变革 [J]. 新闻大学，2021（11）：1-14，121.

② KOMERLINK T, MEIJER I. What Clicks Actually Mean：Exploring Digital News User Practices [J]. Journalism, 2018, 19（5）：668-683.

重要的不是'非营利'，而是它所遵循的价值观"①，而价值观的传递体现在媒体内容生产的媒体逻辑中，媒体逻辑是媒体内容生产过程中发挥重要作用的一股力量，同时作为一种社会力量，媒体逻辑不是静态的，而是动态变化的，媒体逻辑直接关系到媒体内容效果和社会变化。因此，全媒体传播语境下的内容生产发挥传播力、影响力、引导力、公信力的过程其实也是主流媒体通过专业守正、效应叠加、运营前置、技术保值、品牌冲卡等多元话语创新路径实现价值观传递、认同、引领、影响的内容生态化发展演进过程。

一、专业守正：主流意识形态全媒体传播引领力新视域

法兰克福学派强调"媒介即意识形态"，实现主流意识形态传播与引领的关键之一，就在于主流媒体优质内容生态环境的营造。在全媒体传播时代，互联网成为承载一切媒介内容的"母媒介"，使得作为现实社会反映与延伸的网络空间成为思想文化交锋、意识形态博弈的前沿阵地，人们思想活动的多元差异化、时空连接力、个体分享性日趋增强。互联网内容的散射传播与多节点分享，使得主流媒体一方面要强化舆论引导、思想引领、内容权威等传统能力；另一方面更要寻求创新突破，提升全媒体内容"突圈破壁"、深入人心的能力。

（一）记者"四力"的具象映射：信源核查、深度思考、多角度发声

记者"四力"指的是脚力、眼力、脑力、笔力，是对新闻记者业务能力的综合考量标准，其中，脚力是基础，眼力是关键，脑力是核心，笔力是落点。在全媒体传播时代，面对信息混杂的网络舆论场，记者"四力"的具象映射有了新的发展，脚力和眼力要求记者在新闻报道中增强信源核查能力和细节观察能力，脑力要求记者锤炼"逆碎片化"趋势的深度思考和价值引领能力，笔力要求记者在新闻报道中呈现多角度信源、进行理性发声的事实报道和强化舆论引导能力。

当网络匿名化信息泛滥、自媒体主观呈现事件碎片、感性煽情碾压理性思考时，主流媒体的新闻报道要揭示事情发生发展的原因，揭示事物之间的内在联系和发展趋势，引导人们认识事物的本质和规律，进而引领主流舆论，这是主流媒体专业守正的必然要求，也是其权威公信力得以保障和延续的核心关键。纵观牵动大众关注度的地方性社会事件，每一次都会有大众对主流媒体调查记者呼唤的声音，从事件在社交媒体平台上被碎片拼接发酵到有关部门发布正式

---

① 传媒观察丨尼曼实验室关于 2022 年新闻业的预测④：重建新闻生态系统［EB/OL］. 传媒观察杂志，2022-02-21.

公告，大众期待的是主流媒体的权威介入和内容真相的多角度呈现，一直以来马克思主义告诉我们，主观和客观是相对的、辩证存在的关系，媒体和新闻报道不存在绝对的客观，而地方媒体与当地的关系往往牵一发而动全身，本地媒体对本地部分负面新闻的遮蔽有着多重原因和考量，不得不承认，新闻内容生态正在经历全新变革，主流媒体在调查性报道中的角色正在由事件的调查者转变为信息的发布者。诚然，深度调查需要时间深入当地，事件背后的原因和牵涉群体纷繁复杂，但任由舆论讨论发酵、短视频片面截取的事实引爆话题甚至被国外媒体故意歪曲污蔑，这无疑对主流媒体公信力乃至政府形象都是一种损坏，新型主流媒体必备的核心价值之一就是助推国家治理体系和治理能力现代化，而媒体在社会负面舆情事件中的迟滞、鲜有质疑或者质疑而不调查，抑或是秉承流量至上原则一味追求新闻煽情、单信源事实放大，无疑都是不符合新型主流媒体核心价值和时代定位的失责表现。

（二）视频化趋势的专业引领：价值共享、极致表达、趣缘创意

根据中国互联网络信息中心（CNNIC）发布的《第 49 次中国互联网络发展状况统计报告》数据，截至 2021 年 12 月，我国网民规模达 10.32 亿，人均上网时长保持增长，手机仍是上网的最主要设备，其中，即时通信、网络视频、短视频用户使用率分别为 97.5%、94.5% 和 90.5%，用户规模分别达 10.07 亿、9.75 亿和 9.34 亿。[①] 视频化已经成为人们获取信息的日常习惯，无论是网络视频还是短视频，视频类内容对社会发展和生活的介入成为媒介化社会常态并且呈现出越来越深度介入的趋势特点。但视频类内容产品也存在着信息呈现浅表化、碎片低质、过度娱乐、断章取义、情绪极化、审核松懈等弊端，通过人工智能技术进行深度视频造假更是引发了信息环境的混乱，因此，主流媒体在内容视频化的趋势下更应该加强专业引领，实现视频内容在价值观传递上的共情共享，在视听语言和叙事上的极致表达，以及精准对位用户趣缘喜好和圈层审美的创意发挥。比如，在国际传播上，如何用短视频讲好中国的脱贫攻坚故事？新华社"复兴路上工作室"与中国搜索"中国好故事"数据库联合制作的《一杯咖啡里的脱贫故事》就立足中国脱贫攻坚的主题，从一颗云南咖啡豆的小切口着手讲述宏大主题故事，以"当咖啡之豆来到茶叶之乡会有什么样的火花"这一带有悬念的提问实现开篇吸引，同时，采用中西合璧的实景+精致手绘动画的融合视听叙事表达，将中西文化的交流融合、中国高铁的快速发展等串联于

---

① 中国互联网络信息中心. 第 49 次中国互联网络发展状况统计报告［EB/OL］. 中国互联网络信息中心，2022-02-25.

分屏互动的视听画面之中，以 3 版分镜头脚本、4 版美术画稿、近 50 张逐帧手绘图、3 版动画成片、8 个多语种版本等对短视频创作的极致追求，最终实现主题表达、艺术创意、信息呈现、技术创新、文化融合、趣缘叙事集于一身，该短视频一经推出在国外主流社交平台的点击量就超过 1 亿人次，成为具有引领力的现象级视频作品。此外，《主播说联播》也是传统媒体老牌节目在移动社交短视频时代的创新，其中的网言网语"不会又要退群吧"等频繁登上热搜，《主播说联播》系列短视频衍生出的"#新闻联播主播手里的稿子长啥样#"等关注节目幕后花絮故事的话题也受到用户大量讨论，让原本严肃的节目更加接地气、贴近时代。

二、效应叠加：流行符号价值创新与游戏模式借鉴

主流媒体内容生产在话语转型过程中出现了观念怠惰、内容极化、样态守旧、渠道虚设等"文化休克"的问题，虽然已经在数字技术的赋能下实现了新媒体内容思维和用户思维的转型，但许多内容产品在创意表达上仍处于大众化与垂直化中间的"夹生"地带，出圈或者形成爆款者少。马尔科姆·格拉德威尔（Malcolm Gladwell）在《引爆点》中提出"流行理论"，归纳出爆发流行、形成引爆点的三大法则，即"附着力因素法则""环境威力法则"和"个别人物法则"，分别强调内容与形式、环境因素和关键人物对引发流行的重要性。在形式的创新上，最大化发挥新媒体符号的表意价值，能够发挥信息内容与情绪共鸣的双层效应，而参考游戏模式中"参与—沉浸—反馈"的用户自我实现过程，能够增强用户对内容产品的记忆体验。

（一）符号价值：跨界融梗、情绪传导、审美体验

数据显示，2020 年网络视听用户规模继续增长，短视频使用率最高，为 88.3%；在泛视听领域市场规模上，短视频占比最大、增长最快，同比增长 57.5%[1]，短视频在媒介生态中的地位持续攀升。自被业界称为"短视频元年"的 2014 年以来，经过多年发展，人均使用短视频的时长仍在攀升，短视频市场潜力仍然很大，用户需求值得深挖。从打造爆款短视频内容的业务角度看，能够破圈的短视频产品一般拥有三个话语特征：选题角度新颖、极致的共情力、新意的画面表达。比如，北京冬奥会期间，以中央广播电视总台生产的短视频《当冬奥遇上武侠》为代表，主题上踩准冬奥和武侠这两个兼具热度和国民度的优势 IP，在镜头语言上用冬奥比赛中的冠军运动员高光片段与武侠影视作品中

---

① 　2021 中国网络视听发展研究报告［EB/OL］.知乎网，2021-06-06.

的相似动作画面做古今视觉类比，用人物抠像配以武侠花字的静帧展现运动员突出特点，进而形成统一风格的人物群像，在视听融合上实现了基于"武侠风现场解说词+江湖气背景音乐+运动员身法动作+影视作品武打动作"的热血情绪营造，通过创新混搭的热点与亮点结合实现了强大的共情吸引，"中国功夫""剪辑绝了"成为用户评论区热词。此外，中央广播电视总台生产的《旋转的盛宴》《你赢了我就不算输》《中国队冬奥手势》《上场》《国风》《薪火》等精致化混剪视频，都是将精选后的赛场热血拼搏群像画面和解说词以蒙太奇的表现方式进行跨时空、跨主题、踩点像的混剪，用小切口、小切面的细节排比强化情绪氛围，突出差异化的主题和视角创新，让每一支短视频都具有独特的保鲜力。

不仅短视频的话题角度和呈现方式具有"保质期"，把握玩梗、品牌的新鲜感与长尾效应之间的平衡也是全媒体内容生产通用的法则。2023 年 7 月 9 日，新京报视频号发布《中国军号、中国船舶、中国军工、中国航天科工视频魔性配音引关注 网友：都说官方账号不要交给 00 后，现在一发不可收拾》短视频，将大国重器的精彩画面配以或萌态或正热门的魔性配乐 BGM，用严肃画面+幽默音乐的反差设计，实现了兼具趣味创意和情怀共鸣的模因传播，起到了良好的宣传效果，短视频下的热门评论"00 后负责编辑，90 后负责发送，80 后负责向 70 后解释，这是爱国的一种方式"更是引发了近 4 万赞、2 万讨论的衍生内容，不失为玩梗的新鲜感与长尾效应之间的一种无意平衡。

但是，主流媒体对于网络流行语的使用需要慎重，需要分场景、分平台、分语义地根据内容造梗，避免歧义。2021 年，作为表示惊叹、赞赏的"永远的神"的拼音缩写——"YYDS"走红网络，于是在东京奥运会举办期间，出现了人民日报《YYDS！中国举重梦之队》、封面新闻《YYDS！中国就是这么红》等微信推文标题，以及新华社以"YYDS"的谐音"杨杨得胜"的微博话题，回顾中国体育健儿的夺金时刻。2020 年 5 月，长征五号 B 运载火箭首飞成功，某官方微博账号用了"好看到原地爆炸"的网络流行语来形容，这种场景下使用这一流行语是不妥当的，容易产生歧义。① 近年来流行的"网言网语"大部分属于网络亚文化中的新造词，往往红得快也过气得快，属于"快消"词汇，而主流媒体应该制定自己的编辑手册来规范此类语言的使用，比如，在进行严肃新闻报道的时候就要审慎使用"网言网语"，即使是在比较灵活、轻松的社交平台或者评论区、话题广场，也不能只求一味迎合大众喜好、追求刷屏的流量

---

① 周琪. 网络流行语是否适合入新闻标题［J］. 青年记者，2022（02）：1.

效果。

（二）游戏模式："参与—沉浸—反馈"中的用户自我实现①

曾经作为亚文化的网络游戏正在逐渐走入大众视野，游戏模式中"参与—沉浸—反馈"的用户交互机制深刻影响着现代人信息获取和使用的体验化、交互化偏好，而游戏化对于新闻实践话语的介入，正在成为解构主流媒体内容生产的专业逻辑、价值判断与职业观念的未来力量，并发挥出改造业态的文化潜能②，新闻游戏的"参与—沉浸—反馈"模式能够在用户参与感、获得感、掌控感充分发挥的过程中完成用户的自我实现，而游戏作为信息获取、内容消费、价值认同的仪式载体，也更具备软性渗透力、广泛接受度的形式样态上的亲和力效应。随着内容生产的融合转型，新闻游戏逐渐成为主流媒体融合产品话语表达创新的重要方略，从早期初显游戏模式雏形的 H5 融合界面，比如，以"参与—生成—分享"为基本交互形式的《"军装照"H5》《测一测，你能当两会记者吗？》等简易新闻游戏产品，到逐渐提升界面审美、沉浸交互体验、即时触击反馈的《海拔四千米之上》、*Kungfu legend：Experience the Shaolin way of life* 等全景融合交互的大型新闻游戏，主流媒体尝试在话语创新上不断提升用户交互体验、鼓励用户自主进行信息探索，但相比于国外媒体的《雪崩：特纳尔溪事故》（*Snow Fall：The Avalanche at Tunnel Creek*）、《和世界空气污染最严重的城市比比：你的城市怎么样？》（*See How the World's Most Polluted Air Compares With Your City's*）等大型沉浸式的新闻游戏产品，我国主流媒体对于游戏模式的借鉴创新其实还有很大的提升空间，随着元宇宙对新闻游戏想象力的提升，主流媒体通过专业合作、产品共创等方式都可以对沉浸参与的新闻游戏内容产品设计和奖励反馈的交互体验规则进行更加专业化的包装。

三、运营前置：一体化、垂直化、扁平化、机动化的产品机制

相比于互联网商业平台，主流媒体内容生产的运营方式目前存在着统筹和开放度不够、运营方式相对简单、团队产品链意识缺乏等不足。根据调查结果可知，一方面，采取了多元内容运营手段的被调查者所在媒体单位占比不到50%；另一方面，对新闻产品进行内容运营的策略也不具备移动优先特质的新

---

① 任志强. 以游戏化思维创新主流媒体客户端用户运营［J］. 中国报业，2020（03）：48-51.

② 王婧雯，雷建军. 游戏化的新闻：数字新闻业的边界互动与逻辑协商［J］. 编辑之友，2022（01）：50-56.

媒体创意。在内容生产链条中相对比较容易操作且能吸引用户关注的内容前期预热排名倒数第二，一体化、垂直化、扁平化、机动化的产品运营前置机制亟待建立，这也是内容产品运营能够发挥更大作用的前提。同时，当我们将目光放到国际主流媒体，我们会发现当前世界上各种成功的新闻机构都不再谈论商业模式，取而代之的是专注于建立商业基础设施来支持生产人们愿意付费的新闻产品并改善其运营。对于内容产品的运营策划成为新闻业进行内容生产的共识。

（一）社区运营：引导个性交互，定制贴近服务

县级融媒体中心建设是媒体融合的"最后一公里"，社区就是媒体融合的"最后一百米"，社区本应是传播党的政策和声音的最后落点，是最接近基层群众、体现马克思主义新闻观中人民性的重要阵地，但是互联网平台对下沉市场的争夺、自媒体信息的泛滥，使得现代社区的信息内容以多渠道、碎片化、社群化呈现，而传统媒体对于社区这一基层信息舆论场的内容生产与传播并不重视，形成了部分盲点，满天飞的各种信息便成为影响社区治理和信息传播的重要因素。

但实际上，社区作为地缘属性强、信息扩散快、便于线上线下混合社交的区域内容集散地，社区运营是主流媒体打通融合"最后一百米"、实现综合服务的积极手段。比如，小时新闻客户端就将引导用户互动分享的"帮帮团"社区版块拆分为"记者帮"与"社区"两块内容，"记者帮"的主要功能是提供给用户向各采访部门报料和求助的线上渠道，强化客户端的互动属性，在互动中强化一个个人格化的内容IP形象，并对用户报料，记者接单跟进处理，形成闭环；"社区"则是媒体发布活动、用户分享生活和直接生产内容的UGC平台，以一个个群组的形式运营，促进用户基于地缘进行信息生产和交互，提升"帮帮团"内容的服务属性和内容的接近性。除了线上社区运营，荆州日报社还进行了促进线下社区运营的探索尝试，荆州日报社先后与视信网络、电信公司、淘屏等合作建设集移动互联网、IPTV电信网以及户外终端智能传播于一体的智能传播网络平台，建立走入家庭、进入公共场所以及置入手机用户的全屏传播形态，其中党报智能联播屏覆盖了中心城区70余个住宅小区，打造"主播说新闻"社区播报IP，多时段滚动播出，让党的政策更好更快地传达到社区，2020年抗击新冠疫情期间以"两微一端"为主战场的主流宣传成为社区防疫的有力助手。

此外，在贴近本地需求的垂直服务内容运营上，钱江晚报全媒体地产中心

打造并运营"i购房宝"小程序，作为依托钱江晚报主流媒体品牌和公信力，自主研发的区域用户精准、活跃的房产导购平台，"i购房宝"面向浙江全省购房者及房企，提供基于各个社区地理位置和房产供求的一站式置业服务：楼盘信息、摇号动态、中签查询、房价查询、电子地图找房、专家咨询、VR全景看房等。同时，它还实现了与官微、客户端等新媒体端口的分发和引流。2020年疫情防控期间，"i购房宝"成功运营了杭州首个线上房博会，160多个楼盘近千名置业顾问参与在线服务，服务人群超10万，较好实现了社会效益和经济效益的双赢。

（二）激励机制：鼓励团队合作运营与社会化交互生产

设置有趣、合理的激励机制是运营内容产品得以吸引用户注意力、形成内容规模效应的关键，运营前置就是要在进行了市场调查、用户需求和喜好调查的基础上，将内容运营模式中的奖励机制也进行前置规划和带有激励效果的小区域测试，以奖励机制促进内容生产和用户参与。由此，主流媒体便可以以趣味、互动、互利、个性的内容产品设计和运营，满足用户的利益需求，进而调动起用户参与内容生产的动机，形成全媒体记者和产消者共同生产、交互生产的链式连接以及趣缘、关系用户群的延展，其中，游戏闯关、积分兑换实物、界面视效奖励、好友排名激励、红包提现奖励等都是比较普遍的运营激励机制。比如，小时新闻"帮帮团"社群为了激励用户积极发帖，除了用户发帖，跟评等活跃行为都有积分，积分可以在客户端积分商城兑换各种福利，除此之外，帮帮团各群组还会不定期组织线上线下活动。比如，活跃度最高的"好摄之友"群组，日常会通过"每日一图""爱拍""晒美图上开机页"等线上活动和用户互动，获奖的用户可以得到积分或者实物奖励。线下，也会不定期举行分享会或者采风活动，来提高用户黏性。比如，和肯德基联合打造"好摄之友"主题餐厅，作为小时新闻的摄友沙龙、主题摄影展示场所。除了通过帮助帮帮团各群组的热帖上首页热帖、登报纸版面来激励之外，对高质量的帖子还会进行二次加工、补充采访，做成"帮帮团分享"的稿子，发在客户端首页和报纸版面。

此外，激励机制还体现在主流媒体内部对运营部门、运营产品的绩效考核上，比如，访谈对象M09所在主流媒体每周都会评运营奖，奖励各群组的社群运营，这一奖项由各部门申报，编委会根据活动的社会影响、运营效果等综合考评。同时，其所在媒体对各部门社群的用户活跃度设立年度考核指标，按季度进行分解考核，达标情况和部门整体绩效挂钩，有效激励了运营创意的推陈出新和运营人员的工作热情。

四、技术保值：转技术基建存量为内容创新增量

全媒体时代，大众信息传播的技术门槛在降低，媒体专业数据处理的技术门槛却在提高，智媒技术与内容生态的双轮驱动是未来主流媒体内容生产的普遍发展方向，近年来主流媒体对智媒技术投入十分重视，也出现了一批标志性的黑科技产品和内容生产应用，进入媒体深度融合的 2.0 阶段，关键问题已经转向体制机制和人才建设，对于疫情导致全球经济下行大环境中资源有限、技术投入已经略显吃力的主流媒体，变技术基建存量为内容创新增量的技术保值策略是适合其因地制宜发展的方向，技术保值是面向实际问题而提出的发展方案，即不少主流媒体购买了大量智媒技术软件或大数据应用却因为应用型全媒体人才短缺而无法将技术投入内容生产应用，技术保值不主张一味引进新技术、新设备，而是全方位挖掘现有智媒技术与全媒体内容产品更好的融合之道，同时提升对技术的维护应用能力和风险抵抗能力。

（一）技术服务内容产品，量体裁衣务求适配

目前，技术平台新闻化、传统媒体技术化趋势明显，尤其是媒体融合上升为国家战略后，主流媒体以人工智能、大数据中心、云计算、5G、VR/AR/MR等为代表的技术体系建设如火如荼，新闻生产、界面交互、算法推荐、数据处理等方面都彰显出技术赋能带来的创意突破，但在发挥主流意识形态引领作用的全媒体传播体系中，在中央媒体、省级媒体、市级媒体和县级融媒体中心四级融合发展的布局中，根据资源积累、在地特色、目标定位、人才潜力等，量体裁衣，积极探索适合自身内容传播，适合平台建设的融媒技术，做好技术与内容融合的"加减乘除"，即技术加内容创新产品样态，技术乘内容升级产业模式，技术与内容相减提升传播效率，技术与内容相除淘汰落后产能，这是主流媒体持续发展的要诀，也是主流意识形态持续发挥引领力的要诀。尤其在媒体深度融合发展的当下，体制机制改革是技术赋能的重点，比如，湖南广电借助技术上的数字化建设主导组织上的体制机制变革，通过搭建数字中台管理系统，推动企业资产财务、人力资源、产权管理、版权管理、审计分析等集团管控信息系统的集成应用。① 此外，县级融媒体中心在发展自身的媒介技术时，也要格外注意经济适用度，要从基层社会治理、基层信息服务、新时代文明实践中心建设的定位出发，考虑技术应用于在地化融媒实践中的可用度、因地制宜的适

---

① 国家广电智库.【启航新征程】湖南广电聚力建设主流新媒体集团［EB/OL］.国家广电智库，2021-08-05.

配度、技术实现的可能性。

（二）技术服务用户需求，价值引领才是目的

Web 3.0 时代的移动互联网用户是能引发蝴蝶效应的"全新物种"，同时也是能贡献集体智慧的创作潜力股，用户在内容消费、平台使用上的兴趣导向、社交伴随、全移动化日常、弱目的性阅读、强参与感等，相比于大众传播时代都浮现出全新特点的内容需求和应用场景。比如，用户在新闻信息获取和信任度上的社交化趋势，移动全场景的信息伴随习惯，以及用户对效率和沉浸的不断追求，都是主流媒体可以用算法技术、人工智能技术进行针对性服务的趋势。一方面，主流媒体要加大自有移动端建设推广力度，以主流算法全方位武装自有平台，以大数据锚定用户群体画像，并主动打通与社交平台、商业平台连接、分享、社交适配的信息生态，服务于用户平台间奔走的社交分享习惯；另一方面，主流媒体要加强第三方平台的矩阵账号布局，打造垂直特色品牌；根据新冠肺炎疫情信息接触渠道的用户问卷调查，微信成为大众接触疫情信息的最主要渠道，用户对微信的使用黏性也最高。[①] 因此，做好内容引领、价值观引领、主流意识形态引领，仍要多元垂直布局社交平台、短视频平台、生活消费平台等，借大平台用户基数大、垂直圈层化之力，实现主流意识形态的有效传播和引领。

（三）注意技术规制与技术警惕，防范资本操控舆论

社交媒体时代"去中心化"和微粒化的裂变式传播打破了原来中心化、封闭化、层级化的信息流通模式，传统"把关人"发挥作用的信息结构和权力情境不复存在。[②] 在后真相的信息情境中，要想实现有效的话语传播监管和主流意识形态引领，防止资本操控舆论，必要的技术规制对于净化互联网话语空间和自媒体账号信息具有重要的保障作用。信息内容监管需要重点关注网络信息空间、自媒体领域核心管控技术的研发和应用，加大对内容检索、信息筛选、审核过滤和算法推送、大数据、区块链、云计算等核心智慧型技术的资金投入，将动态舆情监测数字化、制度化，构建积极运用先进技术的舆情调查和研判预测机制。

此外，根据项目组对全国各级主流媒体融媒体中心技术开发路径选择的调

---

① 曾祥敏，张子璇. 场域重构与主流再塑：疫情中的用户媒介信息接触、认知与传播 [J]. 现代传播（中国传媒大学学报），2020（05）：65-74，83.

② 张林. 自媒体空间主流意识形态话语"传播力"的提升策略 [J]. 广西社会科学，2020（12）：47-52.

查问卷结果，"自主开发+外包合作"是融媒技术开发的普遍路径①，主流媒体与企业、高校、其他媒体平台等展开跨界、跨区域的技术合作，已经成为各级媒体进行技术升级的关键一招，尤其县媒更青睐采用"全部外包合作"的路径。需要注意的是，面临技术人才短缺、技术资源难拓展现实情况的县级融媒体中心，如果采用接受省媒技术支持的方案，或许相对更为安全。

五、品牌冲卡：以圈层化、人格化名片打通平台"任督二脉"

传统媒体曾经是大众传播时代主流内容传播渠道的主导者，但在互联网时代，这种渠道主导作用正在朝向智能商业平台游移，主流媒体也因此而逐渐转换为智能商业平台内容的生产参与者、市场开拓者、传播贡献者，同时主流媒体还要被商业平台的规则所驾驭驱动，无形中被商业平台的规则玩法、算法指向形塑着内容生产导向和从业者观念。商业平台对主流媒体在内容生产风格、传播渠道阻隔上的作用力，可以说成为全媒体传播语境下主流媒体内容生产亟须打通的"任督二脉"，主流媒体的优势是专业且优质的内容产品、公信力极强的品牌影响，而要丰富品牌内涵、强化品牌在平台化社会中的影响力，也就是形成品牌 IP，圈层工作室、虚拟主播成为当下潜力显著的品牌 IP 打造的重要思路。

新媒体正呈现出虚实混融交往、人—机深层互动以及平台化发展的趋势②，主流媒体想要打通平台在内容生产和传播渠道上的"任督二脉"，深耕品牌工作室运营，并建立常态化的工作室、项目孵化机制可以成为具有建设性意义的参考。根据本研究发放的全国调查问卷中，主流媒体对于自身内容品牌工作室运营，以及常态化建设机制发展现状的调查结果，初步建设形成了数据导向、趣缘导向、"网红记者"导向等品牌化打造的工作室机制的主流媒体从业者单位，占比可以达到 83.14%，媒体人对于品牌打造、建立垂类工作室的意识都比较积极，实践上也勇于尝试。但通过对"请列出您单位代表性工作室名称"的填空题进行人工筛选后发现，经过在搜索引擎、社交媒体、内容聚合类客户端等商业平台的抽样检索，主流媒体的品牌账号内容存在着产品风格定位混乱、评论区和话题互动质量参差不齐、有粉丝关注却少见含金量留言的情况，总体来说，

---

① 中国记协新媒体专业委员会. 中国新媒体研究报告2020：中国主流媒体融合发展现状调查和重点问题探究［C］. 北京：人民日报出版社，2020：2-29.
② 苏涛，彭兰. 虚实混融、人机互动及平台社会趋势下的人与媒介：2021 年新媒体研究综述［J］. 国际新闻界，2022，44（01）：44-60.

从内容产品的效果呈现来看，工作室项目的试错意义较强。这或许和体制机制的局限有关，主流媒体从业者未能从绩效考评的竞争机制、成就感获得的心理满足等方面实现工作室模式的正向激励。此外，如何实现工作室内容品牌引流变现的持续造血，实现市场机制、竞争原则下常态化、持久性的运营创新，也是关键问题。

除了打造圈层化品牌名片，人格化也越发成为品牌吸引的关键法则，尤其是突破了二次元圈层文化的虚拟人成为未来感十足的发展新风向。《广播电视和网络视听"十四五"科技发展规划》中明确提出要"推动虚拟主播、动画手语广泛应用于新闻播报、天气预报、综艺科教等节目生产，创新节目形态，提高制播效率和智能化水平"。人格化的虚拟形象能够为品牌增加贴近用户的交互感，为品牌气质的树立提供具象抓手，尤其是随着二次元文化与主流文化的不断融合，基于人工智能和虚拟机器人技术发展而生的人格化虚拟主播、虚拟人物成为形塑力强、适配度高、具有元宇宙气质的新兴品牌形象代言人。其实数字主持人、虚拟主播早已在主流媒体中频频亮相，比如，在 2020 年全国两会期间纷纷亮相的新华社全球首个 3D AI 合成主播"新小微"、人民网"小晴"、澎湃新闻"小菲"、央视网"小智"、齐鲁壹点"小壹"、每日经济新闻"小每"、广视新闻"小逸"，以及中国经济网、新疆日报等媒体的 AI 主播都"上岗"报道全国两会新闻。2022 年全国两会期间，中央广播电视总台央视网推出的特别节目《两会 C+时刻》中，超写实虚拟主播小 C 成为节目核心，与既有 AI 主播相比，虚拟主播小 C 不仅在技术层面达到了实时的动作捕捉和渲染，还是"思想+艺术+技术"理念在实践层面的创新融合，展现了未来"传媒+科技"的更多可能。而在重大主题报道中，契合报道主题、符合实际工作需要的数字虚拟记者也刷新着主流媒体的品牌形象，比如，随着神舟十二号载人飞船发射圆满成功，中国三位宇航员首次进入自己的空间站，新华社数字记者、全球首位数字航天员小诤也进入中国空间站进行载人航天工程、行星探测工程、探月工程等国家重大航天项目的"现场报道"任务。北京冬奥会期间，AI 手语主播入职总台为听障用户提供 24 小时的赛事资讯手语服务，并与"段子手"主持人朱广权 PK，一则朱广权用超快语速的顺口溜挑战 AI 手语主播"手速"的短视频成为爆款，而这位 AI 手语主播也凭借过硬的专业能力轻松应战并得到认可。实际上除了虚拟主播，数字虚拟人在品牌 IP 打造、品牌形象营销中的应用尝试还有很多，比如，北京冬奥会期间，冠军谷爱凌的虚拟形象"MeetGu"成为中国移动 5G 冰雪数智达人；多才多艺、集智慧与美貌于一身的人工智能虚拟学生华智冰成为清华大学学生等，数字虚拟人成为打造品牌、提升影响力和传递品牌价值、形象的重要领域。

品牌打造本属于市场营销的概念，但在媒介化环境下，无论是市场营销还是主流媒体内容生产都离不开社交媒体，离不开智媒技术，国外品牌就有借用虚拟人形象以赋予品牌更加鲜活、具象的人格化特征。当元宇宙迅速走红，我们不得不承认当下已经是虚实边界越发模糊的时空环境，拟人 IP 的虚拟化、元宇宙化、虚拟人的技术研发与场景应用等，也将为未来品牌气质塑造、人格化具象阐释提供充满无限技术想象和应用探索的空间。

第三节　开放化：从业者与产消者的主体连接与差异生产

互联网和网络信息通信技术的发展为信息内容的社会化生产提供了必要条件，在《网络的财富》一书中，尤查·本科勒（Yochai Benkler）认为，网络的影响比起它对经济或组织机构的影响更为深刻。他指出 21 世纪初期早已出现了网络信息经济，其核心特征在于去中心化的个人行动——尤其是那些经过随机分配，并且通过非专属权体系制约的非市场机制来实现的一类重要的新型协作合作行动——在工业化信息经济领域里扮演着比从前更为重要的角色。[①] 无数个体、群体和组织成为网络信息内容的生产者，受众或者用户中的内容生产个体也被称为产消者，内容生产群体或者组织则以自媒体账号的形式呈现出来，而网络内容生产活动无须由市场性标准驱动，生产模式也呈现或松散或有组织性的多元局面，这也是顺应互联网开放共享这一核心特性的规律发展。因此，全媒体传播语境下的主流媒体内容生产也需要遵循互联网的开放逻辑，卡斯特鲜明地指出"去中心化的大众自传播赋予作为产消者的用户生产、选择、投放、接收信息的权力"[②]，与大众传播时代封闭内容生产边界以赢得注意力的逻辑不同，新型主流媒体应该开放内容生产边界以建立从业者与产消者之间的主体连接，并通过个体与个体之间的连接、个体与群体之间的连接、群体与群体之间的连接进行分布式、交互式、差异化、均衡化的内容生产。"融合不是硬融合而是一种软性的融合，是内容的融合、机制的融合、人员的融合，因此融媒体内容一定

---

① 特里·弗卢. 新媒体 4.0 [M]. 叶明睿，译. 北京：人民日报出版社，2019：92.
② 曼纽尔·卡斯特. 重新思考信息时代：网络社会中的传播 [J]. 全球传媒学刊，2022，9（05）：3-7.

是基于人、制度、技术的产物，尤其是人。"访谈对象 M13 谈及的主流媒体要做到的人的软性融合，不仅包括主流媒体内部从业者之间的融合，还涉及内容生产领域上从业者和用户中产消者的软性连接，也就是基于主流媒体内容文本之上的生产主体间交互行为、消费心理、情绪体验、认同吸引等各方面的连接。

一、社会化协作：生产链入口开放的互联网群众路线

全媒体传播时代的互联网群众路线不仅要求主流媒体从业者生产贴近大众、沾泥土冒热气的内容产品，更要做到生产链入口开放式"开门办报"，内容生产的从业者与产消者共同协作。开放内容生产的参与入口是打破主流媒体"自娱自乐"、践行"开门办报"的重要体现，传统内容报道中的提问者往往是记者，但社交平台让用户个体成为提问者，比如，新华社在 2021 年 12 月 17 日联合微博、新世相策划的年终提问报道，就以吸引年轻人参与、引领年轻人为目标，设计与年轻用户个体心态密切相关的话题、问答互动的形式提前征集问题和困惑，并邀请张桂梅、张文宏、苏炳添、王赤四位不同领域的典型人物以回信方式与用户对话，这场"中央主流媒体+头部社交平台+年轻态新媒体 IP"的互动报道吸引用户留言参与 10 万余条，而张桂梅、张文宏、苏炳添、王赤这四位时代的前行者既自带流量，又拥有令人崇敬的精神力量，他们对留言中聚焦的普遍性问题进行针对回答，高契合、高价值、有温度的回信与用户产生了强烈共鸣，而对名家回信和用户留言进行金句海报二创则是"开门办报"的又一体现，提问发起两周内，"年终提问 2021"话题总浏览量就达到 10.9 亿人次，12 月 21日张文宏回信播发后形成破圈刷屏效果，新华社公众号推文 1 小时内突破 10 万阅读量，48 小时阅读量达到 100 万，新华社微信单条涨粉 1 万多。

二、流动与渗透：用户与从业者的内容消费心理连接

尼葛洛庞帝曾经对个体连接的社会进行预言，他认为数字化生存具有"赋权"的本质，因为数字化让个体介入变得容易，同时它也具备流动性特征以及引发变迁的能力。① 用户生产内容对主流媒体而言已经成为平台信息衍生的常态，用户可以独立生产内容，也可以随时随地与主流媒体从业者进行评论区留言、话题讨论、平台互动等信息交互连接行为并因此生产衍生内容，用户个体与从业者之间的关系既松散又紧密，一方面以用户个体为节点的人际连接、信

---

① 尼古拉·尼葛洛庞帝. 数字化生存［M］. 胡泳，范海燕，译. 海口：海南出版社，1997：271.

息连接、平台连接呈现散射式网状分布，用户主体掌握着连接的主动权；另一方面，用户的注意力具有游移性，能够在数字化信息网络中不断流动与渗透，并与网络中的元素形成具有阶段性依赖的稳固关系。这是一个用户注意力争夺的流量时代，格拉德威尔的《引爆点》告诉我们，如果能抓到用户的注意力，才能进一步地去影响用户。而抓住用户注意力最好的方法就是让用户参与其中，形成用户与从业者之间的生产者群体认同和内容共识，增强用户对于平台、内容、人的信任和依赖，建立主流媒体从业者与用户内容消费、平台使用的心理连接。

全世界的媒体都在寻求用户对于自身平台的信赖，但根据国外的调查，人们现在越来越不信任机构，包括企业和品牌。2017 年，艾德曼信任测量（Edelman Trust Barometer）调查的受访者中有三分之二表示对"主流机构"的信任程度较低。没有信任，就失去了用户的内容接触主动意愿和信息消费行动，失去了从业者与用户交流互动的渠道，"金钱是交易的货币，信任是互动的货币"。媒介信任主要指公众对媒介的依赖程度和对媒介的主观评价，媒介可信度由公平、无偏见、报道完整、正确、可被信任构成。[1] 媒介信任程度高的公民会更多地使用媒介，并被媒介传播的信息所引导。[2] 根据新冠疫情中用户媒介信息接触、认知与传播行为研究的问卷数据结果，从信息传播机构的横向比较来看，用户对主流媒体公信力保持着一如既往的信任，其中人民日报、中央广播电视总台、新华社等中央媒体可信度最高，表示"非常信任或完全信任"的用户占86.31%[3]，地方主流媒体的可信度紧随其后，超过商业平台、自媒体账号、社群和亲朋好友等信息传播渠道的信任度，主流媒体内容的权威力和公信力在全媒体传播语境下依然拥有显著体现。但不得不承认的是，在突发事件、重大舆情事件或者煽情效果明显的社会事件发酵期，不经核查的信息、需要漫长时间调查的信息依然在影响着主流媒体的公信力。

当前的主流媒体，需要增强大众对其内容的信任，同时也需要增强对于产消者内容生产的信任。当前的用户生产内容并非都是信息泡沫，专业垂直领域的创意内容甚至拥有用户更高的信息黏性和交互依赖，比如，善于将科技与生活结合

---

① MEYER P. Defining and Measuring Credibility of Newspapers：Developing an Index ［J］. Journalism & Mass Communication Quarterly，1988，65（03）：567-574.

② 李静，姬雁楠，谢耘耕. 中国大学生在社交媒体上的公共事件传播行为研究：基于全国103 所高校的实证调查分析 ［J］. 新闻界，2018（04）：44-50，71.

③ 曾祥敏，张子璇. 场域重构与主流再塑：疫情中的用户媒介信息接触、认知与传播 ［J］. 现代传播（中国传媒大学学报），2020，42（05）：65-74，83.

进行视频生产的自媒体内容生产者"老师好我叫何同学"，制作专业生物科普和辟谣视频的自媒体账号"无穷小亮的科普日常"，在抗击新冠疫情期间拍摄《武汉日记》vlog 的 B 站 up 主"蜘蛛猴面包"，与共青团中央合作创作《兰陵王入阵曲》的国风原创人"柳青瑶本尊"等，这些自媒体内容生产者在其专业垂直领域都拥有忠实度强、活跃度高、画像明确的用户群体，并多次以专业的圈层优质内容实现出圈破壁以及专业影响力、文化影响力的扩散。主流媒体内容生产者如果牢牢防御自身的内容生产边界门槛，无异于"闭关锁国"，遵循互联网内容的流通与渗透规律，实现内容生产主体之间的消费心理连接和差异生产，以多元内容维护主流媒体内容生态的均衡环境，是适应未来信息社会的必要条件。

三、情绪连接：孵化共情体验的结构化用户圈层

情绪连接是 WEB 3.0 个体交互特点下的关系连接，是一种"非理性"逻辑的新媒体优先思维转换，但作为互联网舆论特征的"非理性"不是反理性①，而是相对强调个体与个体之间的情绪共振、共情体验等心理连接和社会认同，而这种情绪连接也呼应了数字新闻学领域的"情感转向"论，在当下的全媒体传播生态下，人与包括技术在内的其他新闻要素的连接首先是情感性的，尤其是在内容移动化、视听化、场景化、体验化的发展趋势之下，竖屏小屏、个体观看、群体弹幕等形式和内容使得共情体验的实现将比大众传播时代更为普遍和容易。例如，在 2020 年五四青年节前夕，B 站推出的宣言片《后浪》登录央视一套《新闻联播》前的黄金时段，随后与光明日报、环球时报、中国青年报等主流媒体联合发布于社交平台。在《后浪》中，何冰以激情澎湃的演讲表达对年轻一代的认可、赞美与寄语，引发了强烈的青年情绪共鸣与刷屏效应，虽然也引发了不少争议，比如，有些人看到时代发展、未来可期，也有人看到享乐主义与阶层固化，但视频内容聚焦 B 站的最大用户群——青年，以激情澎湃的内容文案和演讲形式实现了结构化用户圈层的共情体验连接，可以称得上是成功实现情绪连接的内容产品案例。

基于以上的共识发现，主流媒体想要建立共情体验的结构化用户圈层，就必然要了解目标用户画像和可接受的话语表达方式，从人格化的形象塑造起步，让媒体人与用户建立一对一的心理连接，让用户之间形成内容交互次生的结构

---

① 喻国明．"破圈"：未来社会发展中至为关键的重大命题［J］．新闻与写作，2021（06）：1．

化圈层社群。① 比如，中央广播电视台的主持人就通过鲜明的个人风格实现了新媒体平台中"粉丝效应"的打造，对原本就有一定大屏知名度的主持人、新闻记者来说，全媒体传播的环境、社交账号和新媒体平台的加持，为其展现多元性格侧面、形成大屏与小屏的差异化人设打造提供了优势，目前幽默风趣的主持人撒贝宁，新闻"段子手"朱广权，具有"反差萌"的新闻联播主持人康辉等都是成功的个人IP，与互联网用户建立起了基于喜好的情绪连接和粉丝社区效应，而中央广播电视总台记者王冰冰的出圈，则更具有全媒体传播时代的情绪连接特征，这位有着东北口音、可爱脸蛋、优秀出镜报道能力的地方记者，因为在B站上受到用户关注将其出镜报道的新闻二次创作、剪辑成拼接视频而迅速博得大众关注，成为主流内容的注意力密码。从地方媒体调到中央媒体后，无论是"悬崖村脱贫""内蒙古草原生态修复"等新闻内容的采访，还是成为共青团中央组织的"青年大学习"的主讲人，王冰冰备受用户，尤其是青年群体喜爱和追捧，"粉丝效应"都会"自带流量"吸引大批用户观看内容，而这种通过打造"网红记者"与用户建立情绪连接的运营方式恰恰成为助力主流内容出圈的优质手段，让用户主动使用主流平台、主动接收主流内容、主动建立主流连接，无形中也就顺利发挥了主流意识形态和主流价值的导向引领作用。

四、行业吸引：搭建从业者后备军对主力军的职业认同

主流媒体得以不断创新的关键在于人才，因此搭建主流媒体后备军对新闻行业的职业认同、与主流媒体记者的直接交流也成为主流媒体开放化的发力方向之一，这与面向用户松散的内容生产平台开放不同，是队伍建设机制的后备保障力量的开放。新闻行业、主流媒体对年轻人的整体吸引力如何？德勤（Deloitte）发布的《数字媒体趋势报告》（*Digital Media Trends*）显示，Z世代会更加关注游戏、视频、音乐等内容娱乐形式而对新闻没有太大的兴趣，而他们的媒介使用方式也会影响其他世代的消费者。对主流媒体而言，其新闻内容生产不仅面临着年轻用户的流失，也面临着队伍建设中年轻记者和编辑的流失。正如被访谈对象M09切身感受到的行业人才现状："新闻业对年轻人的吸引力下降，整个行业都面临青黄不接的问题。"访谈对象M11也提到队伍构成中尤其缺少专业人才的问题："目前内容生产的媒体人队伍构成虽然以80后、90后年轻人为主，但新媒体专业人才非常短缺。"主流媒体包括央级、省级、市级、县

① 曾祥敏，刘日亮."生态构建"：媒体深度融合发展的纵深进路［J］. 现代出版，2022（01）：50-63.

级，中央主流媒体在人才吸引力上拥有较大优势，但地方主流媒体的情况不容乐观，尤其是全媒体专业人才的缺失已经成为地方主流媒体内容生产深度转型发展的关键阻碍。

究其原因，第一，互联网内容行业的百花齐放让新闻行业对个体意识强烈、追求新鲜挑战的年轻专业学生的职业吸引力相对下降。对用户个人来说，社会化、媒介化的个体已经习惯于不断地在社交平台主动展示自我，或者被深度媒介化的社会环境卷入进行被动的自我展示，并频繁地管理自己的日常形象，对主流媒体的后备军——新闻传播专业的学生们而言，由此带来了他们自我实现的新机会，比如，成为网红名人、自媒体账号的创建者和运营者，或者产生与展示自我反向极端化的职业选择，比如，远离传媒行业和记者工作。第二，主流媒体的安全边际感强，试错意愿较低，相比于商业平台爱折腾爱尝试的特点，主流媒体更愿意在媒体融合整体发展趋势向好的前提下保持比较稳定、风险较低的发展模式，比如，主流媒体很少尝试的微信群用户运营，虽然微信群对于用户黏性维护、日常互动、了解需求有着诸多优势，但群内信息也充满不确定性和 24 小时不间断进行内容审核和维护的难度，因为无法保证社群中 24 小时都没有人发布不良信息，而不良信息的截图扩散，极有可能对主流媒体的形象造成损伤，所以大部分主流媒体出于趋利避害的考虑都会拒绝这一方式。主流媒体的严格体系和制度规范对部分追求个人获得感、新鲜挑战、自由无拘工作环境的创作型年轻人来说会觉得难以胜任。第三，主流媒体从业者待遇的局限让队伍主力军流失严重，后备军存在生活保障的后顾之忧。资金问题一直是主流媒体，尤其是地方主流媒体的困境。访谈对象 M09 说："市场化生存的都市报一直是自带干粮搞融合，新媒体自我造血能力不足，来自新媒体的经营收入尚不能覆盖全报社的采编、运营成本。同时，媒体深度融合带来的员工工作强度大大增加，但薪酬激励缺乏足够空间，骨干人才流失的问题比较突出。"

而要解决全媒体人才这一问题，主流媒体尤其是地方主流媒体必须要加强从业者与后备军的连接、交流，通过吸引双一流高校和专业学生、把握本地新闻传播专业学生、组织外地学生实地学习或参加工作坊等形式建立情感认同和职业认同。第一，加强教学实习实践基地共建共享，为不同年级、专业需求、兴趣导向的新闻传播后备军提供实习实践机会、朋辈锻炼和交流机会、组织优秀媒体从业者进校园开展讲座和招聘宣讲等。第二，加大力度改革选人用人机制。针对新媒体高端人才配置尚不能适应媒体融合发展的需要的现状，重点启动新媒体高端人才、急缺人才定向招聘、社会公开招聘，制定以有效形式吸引外部人才加入工作室的具体办法，对特殊人才给予特殊待遇和绿色通道，加快改善新媒体专业人才匮乏的现状。第三，完善聘用制度。全面实行由身份管理转为岗位管理，积极争取成为全省首个新闻单位人员编制总量管理试点单位，在编制总量范围内实现自主设岗、自主用编、自主进人、自主设定职称体系，由本单位确定考核标准，自主考核录用。打破身份限制，确立能上能下的灵活自主选拔使用中层干部的机制，将更多熟悉新媒体的中青年优秀人才充实到关键岗位。此外，有一定经济基础、政策优势环境、媒体产业服务需求的地方主流媒体也可借鉴由事业单位整建制转为企业方式运营的体制机制彻底改革，以北京经开区融媒体中心为例，2020 年 7 月 30 日注册成立企业，采取了包括调整业务结构，重构用人、绩效考核体系，花大力气引进人才、培养人才在内的一系列措施，在市场营收上的效果也十分显著，仅半年时间，其平均单月内容生产量比 2019 年增长 114%；APP 阅读量比 2019 年增长 251.2%，仅会展业务总收入就超过 5000 万元，融媒体内容运营业务也实现总收入百万突破。① 但需要注意的是，北京经开区汇聚了众多高技术产业和现代制造业，一是经济基础比较有优势，二是区内对政令通达、精准传播的服务需求较为显著，有利于形成事业激活产业、产业反哺事业的双赢局面，地方主流媒体还需因地制宜重点培育自身优势吸引力，以品牌吸引促人才吸引。

---

① 李磊. 直接转企! 这家县级融媒体中心的做法能"抄作业"吗? ［EB/OL］. 传媒茶话会，2021-08-18.

第六章

嵌入社会：主流媒体内容生产的关联调适意义

彼得·伯格（Peter Berger）在其著作《现实的社会构建》（*The Social Construction of Reality*），以及库尔德利在其著作《现实的媒介化建构》（*The Mediated Construction of Reality*）中有一个共识，那就是社会产生于人类生产，尤其是对共同性的生产，而在媒介化社会中，主流媒体内容生产已经深刻嵌入社会并成为社会共同性生产之一，其对社会具有关联性和建构性的调适作用，这种调节作用不是起着简单的中介或者居间的作用，而是反映当下技术主动性、能动性和智能性的动态过程，可以说，网络社会表面上是媒介技术延伸的结果，其实质却是社会互动关系的投射，这也是数字媒体带来的社会的深度媒介化。随着全程媒体、全息媒体、全员媒体、全效媒体的出现和发展，相比于大众传播时代，传统媒体相对单一的信息内容和传播渠道指向，当下的全媒体传播环境呈现出新旧媒体既冲突、又依存，多媒体相互关联、高度杂交的环境特征。身处全媒体传播环境中的主流媒体不再如大众传播时代一般拥有技术、渠道、资源的独家优势，而是成为移动互联网海量信息流动中的动态节点，与商业平台、自媒体账号、用户个人等共处于信息交织的立体网络中，正如赫普强调的"所有的媒体不再是孤立、离散和僵化的，而是处在彼此复杂的关联之中，并在此关联中发展和彰显各自的独特性"[1]，新型主流媒体与全媒体传播体系的建设可被视为一种新的社会结构，这种新的社会结构需要通过影响内容生产关系来改变传播资源与权力的重新配置[2]，也就是说，新型主流媒体成为嵌入、建构现代化社会的力量之一。而这一观点也与许多社会学家的研究不谋而合，正所谓"秩序存在于协调的过程之中"，社会学家认为虽然多种手段都能够指向社会矛盾和冲突问题的解决，但通过内容生产和信息传播的力量实现社会调适是现代

---

① HEPP A. Deep Mediatization：Key Ideas in Media & Cultural Studies ［M］. London：Routledge，2020：84.

② 陈接峰，荆莉. 媒体深度融合的结构选择、制度设计以及供给侧改革的路径 ［J］. 编辑之友，2021（10）：35-42.

社会的通行规则，主流媒体内容生产转型是全媒体传播体系建设的核心组成部分，而全媒体传播体系建设过程中的多种调试，其目的之一就是实现现代化社会秩序建构，关涉信息环境的建构、社会凝聚的整合、行业生态的平衡等方面。

第一节　整合社会凝聚：多元主体协同
交互的关系延伸

　　社会凝聚是一个关系范畴的概念，是透过主流媒体内容生产实践变革的表象，窥视其背后的核心变量、生产逻辑及关系影响，想要整合社会凝聚就需要建立并延伸个体之间、群体之间、个体与群体之间有意义的关系。而主流媒体通过内容生产实现关系建立与延伸的关键就是要满足用户的群体归属需求、主体认知需求。在传统媒体的大众传播时代，主流媒体更多负载的是传媒的功能，依赖独家信源和渠道就可以实现功能立身和社会影响力，但在当下的媒介化社会中，人们的日常生活已经与各种新媒体平台深度勾连，从一组数据中就可以看出线上化生活的普及性：截至 2021 年 6 月，微信月度活跃用户数 9.97 亿，淘宝 8.29 亿，支付宝 7.75 亿，抖音 6.45 亿，高德地图 6.34 亿，爱奇艺 5.71 亿，百度 5.70 亿，微博 4.81 亿。风险社会中的社会共识越发难以达成，主流媒体由于其自身承担着设置议题、引导舆论的职责，因而需要在凝聚社会共识的过程中发挥主导的作用[1]，但主导的同时也要谋求多元主体间的合作，媒介化社会背景下的主流媒体要实现社会凝聚的更优整合，与互联网平台、个体协同交互以实现关系延伸进而通过多主体协同实现对社会的嵌入和影响已经成为必由之路。具体来说，主流媒体发挥社会凝聚整合功能的路径主要围绕其核心业务展开，一是通过功能延展直接参与社会治理或搭建双向反馈的社会治理平台；二是基于内容生产与传播建立与用户主体间的交往关系，并不断通过多元方式进行关系延伸和情感交互；三是通过媒介仪式这一社会变迁的建设性力量维系社会整合，制造文化共识。[2] 尤其是在突发情况应急反应的情境中，主流媒体更要激发平台组织与个体的社会共同体意识、基本道德观念，在协商共谋的基础上形成公域价值联盟，实现主流舆论环境中的社会凝聚整合。

---

①　喻国明，高琴. 区块链技术下，主流媒体重塑社会共识的路径［J］. 传媒观察，2021（10）：16-21.

②　常江，何仁亿. 数字时代的媒介仪式：解读建党一百周年全媒体传播实践［J］. 新闻界，2022（02）：21-29.

一、协同：参与现代化社会治理的主体融入和认知演化

《传媒的四种理论》(*Four Theories of the Press*) 一书中提出了媒介反映论的一个典型观点，认为传媒的形式和立场总是带有其所处社会和政治结构的色彩，尤其反映一种调节个人和组织关系的社会控制方式。① 这句话表明了媒体及其内容受到所处社会中多元因素的影响，同时也是社会的一面镜子，能够映像现实社会中的复杂关系，但是在中国全媒体传播的语境中，主流媒体和媒体内容不仅能够反映社会，同时还是国家治理与社会进步的有机组成部分，是参与者、建设者，对于社会和人都有能动的建构和协同作用。主流媒体参与社会治理是一个价值共创的过程②，有学者认为我们在使用生成型媒体的过程中，会赋予内容以及参与者多层面的意义，意义的增加让参与者、媒体与外界的其他事物建立关系的可能性进一步增大，也就是通过协同参与实现主体对于现代化社会治理的实际行动融入、主人翁认知变化，从心理层面上实现归属感的强化，从社会行动层面实现个体对于社会整体的建设性作用。

媒体深度融合发展要求主流媒体在内容生产上通过重建起新的传播秩序来实现变革价值，而这一要求具体体现为：一是需要找到媒体深度融合的内在动力特征，二是新的传播链条如何实现效果最大化。③ 主流媒体参与社会治理、打造"新闻+政务服务商务"平台是主流媒体延展功能内容、重建传播秩序、协同社会主体共同参与治理的体现，是践行马克思主义新闻观人民性的表现之一。

主流媒体参与社会服务和治理是党和国家对其一以贯之的定位要求，重视和发挥媒体服务功能是我党执政的宝贵经验，在媒体融合发展的顶层设计中，一直贯穿着践行好服务社会的理念和举措。2014 年 8 月，中央全面深化改革领导小组第四次会议审议通过了《关于推动传统媒体和新兴媒体融合发展的指导意见》，明确提出要"增强信息生产和服务能力，更好地传播党和政府声音，更好地满足人民群众的信息需求"。此后，在全国宣传思想工作会议上、中共中央政治局第十二次集体学习中、《关于加快推进媒体深度融合发展的意见》里都涉及相关内容。从各类重要文件到领导人讲话，"服务"二字一直镌刻在媒体融合

---

① 弗雷德·西伯特，西奥多·彼得森，威尔伯·施拉姆. 传媒的四种理论 [M]. 戴鑫，译. 北京：中国人民大学出版社，2008：1.

② 高山冰. 社会服务赋能媒体深度融合：逻辑、困境与突破 [J]. 视听界，2021（05）：13-17.

③ 陈接峰，荆莉. 媒体深度融合的结构选择、制度设计以及供给侧改革的路径 [J]. 编辑之友，2021（10）：35-42.

发展的纲领性指南中，从"增强信息生产和服务能力"，到探索建立"新闻+政务服务商务"的运营模式，服务的目标越来越明确，服务的功能越来越清晰，服务方式和手段也越来越具体，体现了党对新闻传播规律及新时代社会治理大趋势方向的深刻把握①，同时也是新型主流媒体对现代化社会的进一步深度嵌入，是各级主流媒体协同用户个体、群体组织、商业平台等社会多元主体参与现代化社会治理，并推进多元主体融入现代化社会、催动认知演化、整合社会凝聚的新方式。

二、交往：内容生产可供性之上的主体间关系延伸

主流媒体的内容生产活动和产品正在发生社交化转向，这一转向是基于内容生产可供性之上的主体间社交关系延伸和群体归属需求满足，内容生产可供性的构成包括可编辑、可审阅、可复制、可伸缩、可关联②，用户参与内容生产或评论交互就是在可供性之上进行的内容衍生和关系延伸，关系的延伸需要依赖网络、网络群体、朋辈间的关系建立与交互影响，进而获得情感上的陪伴归属、激励认可、纾解安慰。

（一）陪伴式、超时空：慢直播的情感连接与注意力游移

围观是用户在移动直播中的突出行为，作为移动直播极重要的部分，体现出直播"场"的立体性和综合性。慢直播的最大魅力在于陪伴式社交和视觉审美性，在直播间的时空场域中，用户通过视听场景建立情感连接，通过评论区交互对话加强情感连接，而陪伴感、自然态、长时段、用户通过随时切入切出进行注意力的自由切换和焦点游移等都是其主要特征。2020 年春节期间的火、雷神山医院建设慢直播，是我国慢直播史上最出圈的报道，将慢直播的两个核心特点——陪伴式社交和超时空场景参与，发挥得出人意料。回溯慢直播兴起之时，无论是挪威广播公司 NRK 的《卑尔根铁路：分分秒秒》（2009 年），还是我们中国的 Ipanda 熊猫频道（2013 年），都是以风景为主要内容，以陪伴和审美为主要诉求，但是抗疫期间的慢直播直击用户需求，提供封闭"宅"家的动态陪伴，让用户在情感上得到满足。直播虽慢，但对于用户的情感连接和需求满足却十分迅速：第一，在表达方式上，虽然还是无主持人、无剪辑、固定

---

① 高山冰 . 社会服务赋能媒体深度融合：逻辑、困境与突破 [J]. 视听界，2021（05）：13-17.

② 潘忠党，刘于思 . 以何为"新"？"新媒体"话语中的权力陷阱与研究者的理论自省：潘忠党教授访谈录 [J]. 新闻与传播评论，2017（01）：2-19.

机位的全程记录观察，但是对于用户媒介使用心理的贴近连接，增强了慢直播的传播力和影响力。在抗疫的特殊背景下，不同于以往慢直播主要满足用户的陪伴、审美诉求，雷神山、火神山医院的慢直播被赋予了新闻性和情感抚慰意义，就像用户留言说的"直播造医院，我们看的是希望"。第二，在叙事场景上，慢直播契合了用户"春节宅家"的媒介使用场景，用户通过观察、评论的交互生产行为，以内容为载体营造出共同在场的参与感并实现了社交弱连接关系的延伸。第三，在交互形式的创新和内容的社交化上，一方面在交互形式上，垂直栏目增加了瀑布流信息，用户可以在不同栏目中获取更多信息，可以在评论区实时互动，同时评论区上线了头像制作、"我见证"海报制作等交互玩法；另一方面在内容的社交化上，用户在观看直播造医院的过程中创作了"云监工""叉酱"等文字梗，模拟上班打卡、交接班等场景梗，而且将直播间的交互内容在社交平台上进行表情包、动图等二次创作，形成基于内容共创主体意识的社交关系延伸。

从定义上着眼，慢直播可以被看作一种伴随式、自由进出的"解闷"阀，即拍即播、无人为干预、自然态记录的长视频报道形式，以陪伴性、交互性、自然态、长时段为主要特点，根据内容和用户需求主要可分为两类：满足用户休闲审美需求的旅游类慢直播和陪伴社交需求的记录类慢直播。慢直播的移动性、陪伴式，让其适用于休闲放松、娱乐消遣、碎片等待、参与感受等室内外场景。慢直播的内容也可以成为基础材料，通过多元编发形成视听产品的二次传播，此外，慢直播+社交、慢直播+旅游、慢直播+消费等场景化生产和跨平台运营成为实现主体间情感连接与交互关系延伸的内容生产新领域。

（二）众包式、集群化：全媒体时代的"开门办报"之风

互联网作为一种不同于传统媒介的"高维媒介"，其最大的特点是改变了以往以"机构"为基本单位的社会传播格局，开放聚合 UGC、PGC 优质内容，成为主流媒体吸引用户、增益自身的源头活水。马克思主义新闻观的核心观念之一就是人民中心观念，人民中心观念离不开群众路线这一要点。《关于加快推进媒体深度融合发展的意见》中指出："要走好全媒体时代群众路线""大兴'开门办报'之风"，这就意味着全媒体传播时代的内容生产需要是众包式调动用户参与后台内容生产，通过为用户主体参与赋权进而形成用户集群化连接，将主体间的前台围观参与延伸为后台生产参与。目前，大部分新型主流媒体都通过平台搭建话题引领、用户运营等方式，实现了吸引用户参与平台内容生态共建，比如，主流媒体客户端开通可供用户上传内容的渠道引导用户生产内容，包括

新华社"全民拍"、人民视频"投稿"、北京时间"时间拍客"、闪电新闻"闪电拍客"、甬派和极目新闻的"报料"、新湖南"我要投稿"、小时新闻"发帖报料"等，且用户上传内容的标志醒目，或为底部栏目，或为首页浮窗，上传内容页面操作简单方便，在平台渠道上鼓励了用户参与新闻内容生产，以主动参与吸引用户，进而引导用户主动理解。如果说以贴近用户、多元视听的话语和手段进行新闻报道是群众路线的基本表现，那么全媒体时代的"开门办报"不仅是联系群众的重要桥梁，更是构建全媒体传播体系这一需要国家、专业媒体、互联网平台、用户个体和群体共同参与、相互配合的系统性工作的关键一招。

同时，在新媒体产品层出不穷的互联网时代，只有能引发强烈情感能量的产品才能获得用户群体的关注，而用户的相互关注与互动进一步激发彼此情感的共享体验。主流媒体平台经常结合网络热点进行共享主题开发，如结合热门养成类游戏"旅行青蛙"，鼓励用户制作上传"等蛙回家""呱儿子不在家"等音频、视频，形成众包参与的交互内容产品，这样一来，一些在生活中缺乏自信、不被关注的普通人，通过在主流媒体平台上发布经过设置滤镜和美颜之后的视频，获得了广泛的关注，由此获得社会自信，这种情感会促使他们更加积极主动地进行内容生产与互动分享的交往，完成主体间关系的延伸。

三、仪式：作为展演空间的主流媒体平台

实现社会凝聚整合的前提是需要大众对主流意识形态、主流价值形成情感认同，而媒介仪式的基本功能就是社会整合，媒介仪式实践的基本方式是展演，媒介仪式的基本传播逻辑就是诉诸情感[1]，数字媒介仪式展演的重要实践表现形式之一就是主流媒体的重大主题报道、专题内容报道，在重大主题报道中创新融视听、生活化表达等形式，能够提升主流话语和价值观的解释力，为主流媒体整合社会凝聚达到更好的通达效果。

增强主流意识形态话语的解释力、发挥媒介仪式维系社会整合、凝聚文化共识的作用，就是要以用户喜闻乐见的话语方式和贴近视角进行全媒体新闻报道、全媒体舆论引领，让主流媒体的内容冒热气、有灵气、聚人气。因为主流意识形态话语本身表现为一些宏观的、抽象的概念、推理和判断[2]，作为话语主

---

① 常江，何仁亿. 数字时代的媒介仪式：解读建党一百周年全媒体传播实践［J］. 新闻界，2022（02）：21-29.

② 罗卫光. 重构党媒主流意识形态话语权的三个维度［J］. 中国出版，2020（02）：47-50.

体的主流媒体与其一味进行严肃传统、哲人式的告知、阐释、灌输和启迪，不如用多元视听的呈现方式和解读方式，贴近当下热点和丰富的现实生活，让用户主动关注、主动参与和主动体悟，从感性认识上升到理性认识。比如，近年来的全国两会主题报道，就涌现出《无人机航拍：换个姿势看报告》短视频、《王小艺的朋友圈》H5、"小彭 vlog"系列短视频、《当哪吒遇上民法典》动画这类将宏大主题解释得"平易近人"、将严肃内容做出网感创意的融媒新闻产品。此外，还可以发挥主流媒体记者人格化魅力对宏大主题解释力的提升作用，以及自身对青年认同和价值的正向引领与整合，比如，中央广播电视总台记者王冰冰备受青年群体喜爱，是拥有粉丝效应的"网红记者"，她在 2022 年 1 月 20 日开播的 vlog 微综艺《闪闪发光的少年》中以个体与个体的对谈，吸引青年群体关注，尤其是在冬奥热潮的节点上，王冰冰如大姐姐般走近在世界体坛上闪闪发光的 8 位中国少年，在亲和力十足的交谈与互动中，感受他们在荣誉光环之外同样闪亮的青春特质。该档微综艺以真人秀的意识形态传递主流价值，实现以青年个体影响和凝聚青年群体，截至 2022 年 1 月 25 日，《闪闪发光的少年》全网短视频播放量破 6000 万，微博相关话题阅读量破 5 亿，全网热搜热榜共计 19 个，B 站评分高达 9.8。

第二节　建构信息环境：主流意识形态与主流价值引领的时代转向

在媒介化理论的研究中，有学者引入"媒介逻辑"这一概念来阐释分析广义的媒介对社会方方面面不可忽视的结构性力量，虽然社会中的多元内容生产与传播主体都对现代化社会产生着嵌入和型构作用，但是主流媒体、商业平台、自媒体账号等多元信息主体在全媒体传播的媒介生态中的层级位置仍有明显差异，尤其是在重大主题报道、专业内容生产与传播、权威信息核查与发布等领域，主流媒体从传统媒体时代延伸而来的独家资源和媒体逻辑仍具有优势层级位置，发挥着主流意识形态引领与主流价值观传播的重要社会价值。比如，在2021 年 7 月 1 日庆祝中国共产党成立 100 周年大会的现场直播报道中，参与直播的内容生产媒体单位或平台、账号既有人民日报、中央广播电视总台、新华社等中央主流媒体和地方主流媒体的传统渠道、客户端，也有微信公众平台和视频号、微博账号、抖音、快手、B 站等商业平台和分布于各个信息端口的自媒体账号，但现场直播内容的原始信号源只有一个——中央广播电视总台的直播信号，商业平台的开屏页和宣传封面，以及移动直播、图文直播、话题引导、广场讨论、评论交互等全媒体样态中的视听素材均来自此，即便用户对于内容生产者身份的感知相较于对平台使用的感知更为隐蔽，但全媒体传播中主流媒体内容生产的供给侧优先地位、源头引领作用仍然显著。

一、当前信息环境特征：个体赋权后的弱连接与强影响

与大众传播时代的传统社会相比，当前网络化社会的信息环境秩序几乎被重塑，数字技术、智能终端和传播方式的变革为大众中的个体进行内容生产和渠道传播深度赋权，个体成为网络信息社会的内容节点，超时空、跨场景、匿名化的关系连接成为互联网信息环境的特质，非熟人、强扩散的弱连接和平台、圈层的强影响成为内容生产无法回避的信息环境特征，同时也是内容生产关联调适意义发生所依托的现实背景。

（一）微粒化社会：个体放大与精确测量的动态连锁反应

在传统的社会结构中，"社会""群众""组织""市场""阶层"等基于集体化、整体性社会结构形成的诸多概念都是个体平均意义上的总体体现，只能够粗略测量，这些"结构—功能"形态也是宏观概括的、模糊廓形的，但在微粒化社会下，这种平均意义上的模糊形态将被替代为更为分散的、场景化的、分布式的形态。微粒化社会是对数字时代一种新型社会形态的形象化描述，微粒化社会下社会的各个微小细节都是被高度解析的①，个体在其中的声量、行为、情感可以被放大，喜好、习惯、社群归属等个人信息也可以被大数据监测和精准归类，微粒化社会带来的是个体连接的无处不在，但同时也注定了个体被赋权后的不确定性增加和连锁反应强化。比如，在微粒化的社会中，万物互联的网络模糊了地域和时空场景间隔，群体共识不再依赖于地缘文化，人们在线上社群、话题广场、垂直圈层中的聚合依附于共同的兴趣爱好与个人经历②，在网络信息环境中，个体可以成为如被显微镜放大般的画像、标签，继而被大数据、算法等推送符合喜好和关注点的信息内容，原子化的个体在微粒化社会中经历着在孤独与狂欢之间的徘徊、横跳。一方面，持续的标签化内容推送让个体与新鲜世界产生过滤气泡般的隔绝体验，使得个体在网络信息环境中感到麻木、单调，对内容的接收产生迟滞、抗拒，对主流价值的严肃内容或者主流

---

① 李林倬. 解读新思维｜什么是微粒社会［EB/OL］. 浙江新闻网，2021-09-30.
② 黄丹琪，陈昌凤. 新型主流媒体深度融合建设路径探索：以新闻行动者网络为框架［J］. 电视研究，2021（04）：7-11，16.

媒体内容叙事方式产生排斥；另一方面，被标签化的个体更容易以匿名方式介入网络趣缘群体、融入圈层，甚至成为圈层中心，线上圈层交往的过度饱和会放大圈层信息，以及圈层内个体的话语权影响，个体内容对群体行动的号召力和连锁反应变得不可预测，尤其是圈层内容对未成年群体的强力影响甚至会左右其在现实生活中的价值认知和观念发展走向。

（二）互联网节点化传播：时间碾压空间的弱连接

互联网是一切媒介的母媒介，互联网中的传播不受空间的局限，网络社会中的人与物都成为信息内容生产与传播的节点，空间更多地被时间碾压，在同一时间内，身处世界各地的人们可以通过自身节点边界的开放关注到同一话题、获取同样的信息，再将信息二次加工分散而开，形成次生化的结构内容，而趣缘也取代了血缘、地缘、业缘成为连接大众、形成内容社区的核心因素，成为网络信息环境朝向垂直圈层发展的重要原因，在节点化传播的网上信息环境中，个体连接呈现出陌生化、匿名性、时间错位、选择性强的弱连接，人们不会因为没有及时回复他人的线上消息而受到线下交往所面临的强制影响，基于趣缘的关系建立或打破也更加随意、简单。

时间碾压空间对主流媒体，尤其是对地方性媒体而言是突破自身地理位置和用户规模束缚的关键机遇。以一周涨粉 610 万的四川广电的抖音媒体号"四川观察"为例，这个 6 人团队运营的账号一天能更三四十条视频，虽然名为"四川观察"，但本质是"四处观察"，他们的观念是"要拼手速和质量，比别人晚发了几秒钟，可能流量就不是你的了"①。"四川观察"只是主流媒体融合矩阵中的一个小点，抓住了短视频的特性和用户节点分散在网络信息时空中的特点，用优质内容和差异化风格吸引住用户，用主动行动和快速反应留住用户，体现了小体量也能有大能量，专心做好业务内容也能有传播力、影响力、公信力。互联网节点化传播的信息环境为主流意识形态引领与主流价值传播的逻辑转换、价值重塑、渠道通连等提供了契机和背景。

（三）马太效应：资源头部集聚，影响力垂类下沉

在从工业社会到信息社会的演进过程中，媒体平台可以被视为连接一切的信息工厂②，它不是一个孤立系统，而是深度嵌入社会系统里。当前信息环境呈

---

① 一周涨粉 610 万！四处观察的"四川观察"如何用 5000 条视频走红抖音？［EB/OL］.新榜，2020-08-15.

② 谭天. 媒介平台论：新兴媒体的组织形态研究［M］. 北京：中国人民大学出版社，2016：212.

现出内容、用户资源不断向头部平台集聚，观念、行动影响的组织力向小范围的垂类社区或圈层下沉的两极化马太效应，平台越大，声量影响越大，圈层越小，个体组织力越强。荷兰学者约瑟·梵·迪克（José van Dijck）等人在《平台社会：连接世界中的公共价值》（*The Platform Society：Public Values in a Connective World*）中提出了"平台社会"概念，她认为在当下的世界中，平台已经成为人们生活的基础设施，且对当下的社会运作与制度安排实现了深度渗透。所以在平台社会中，政府、平台与用户之间的关系产生新的冲突张力，这不仅包括政府与平台之间的监管之争，还涉及平台生态系统之间的市场竞争，当然还有平台与用户之间围绕数据隐私归属权的争论。当前，深度介入大众生活的多元平台已经重构了社会的运行方式，互联网商业平台巨头不断吸引着资源和用户的持续入场，比如，在内容信息领域中，短视频平台呈现出抖音和快手双巨头引领发展的情况，社交平台则是微信、微博深度介入着人们的日常工作与生活，内容平台对于社会整体的信息环境和舆论舆情议程设置都产生着强大影响，比如，平台中话题热搜榜单的人为控制可以左右舆论场信息的生态平衡，算法推荐的偏好设置无形中塑造着用户的内容消费习惯和认知观点取向，以及所谓网红或者具有流量效应的内容创作者也是依托平台而存在，平台对个体的销号就意味着一个自媒体账号、品牌或者个体的消失，所谓"意见领袖"的个体影响力是对于其平台用户的强影响，比如，被称为直播带货"一哥"的李佳琦就是依托淘宝平台而存在，其对于自身关注者群体的消费号召力与组织力十分显著。

二、身份建构：主流媒体在信息环境中的价值意义和功能坐标

随身移动终端和信息技术的发展让个体声音越发能够被大众听见，个体的自由表达一定程度上消弭了话语垄断的弊端，但也带来了信息爆炸、冗余、嘈杂、倦怠的弊端，信息俯拾皆是带来的是用户对有价值、与自身关切、专业权威内容的更大需求，知识付费、新闻付费、成人课程的潮流趋势可以体现出市场需求。我国主流媒体是纳入国家战略高度进行顶层设计和统筹规划的社会结构，"十四五"时期，我国开启了全面建设社会主义现代化国家新征程，进入了向第二个百年奋斗目标进军的新发展阶段，《中华人民共和国国民经济和社会发展第十四个五年规划和 2035 年远景目标纲要》明确指出媒体深度融合战略的方向与目标，即"推进媒体深度融合，做强新型主流媒体"，主流媒体在国家战略和信息环境中的价值意义十分重要，在现代化社会中的功能定位也承担着越来越多的社会责任。

（一）价值意义：主流媒体"守正"的权威定位

守正与创新是辩证统一的两个方面，守正是创新的前提和基础。对我国主流媒体而言，守正既要有政治意识，又要有本领优势，随着媒体深度融合发展的加快推进，信息无处不在、无所不及、无人不用，媒介化社会正在加速演进，用户把视音频工具变成社交工具，进而变成信息发布的媒体工具，媒介样态、内容呈现、信息发布主体越发纷杂。在众声喧哗的全媒体传播环境中，用户即资源、终端即影响、技术即优先、专业即吸引，立场坚定、权威专业是主流媒体面对复杂舆论信息环境、引领主流意识形态的立身之本。其实，主流媒体通过内容生产引领主流意识形态与价值观是贯穿传统媒体时代和当下全媒体传播时代的逻辑，比如，对于具有节点意义的重大主题报道的长线程、反复强化的氛围营造、线上线下活动组织等，虽然我们无法一一获知重大主题报道对大众或者用户产生的实际效果，但一种社会氛围一旦形成，就会对身在其中的所有个体的观念和行为产生影响，引导集体性身份认同的形成。① 在重大主题报道实践中，当下的全媒体内容生产依然遵循传统媒体内容生产时的时间逻辑，有着前期氛围营造、节点峰值爆发、后期总结收尾的内容生产波段反应，但相比于传统媒体时代的受众对于有限内容渠道的依赖和可以发挥较强效果的主动规避，立体化、场景化、参与体验的全媒体传播实践对用户的"卷入"效果会更加明显，可以说，数字媒体的介入强化了而非削弱了社会氛围对集体性身份认同的引导，其直接影响是主流媒体内容对某时间段内信息环境的建构，长远则会影响信息环境的生态。

（二）功能坐标：主流媒体建构信息环境的能力素养

1. 政治意识坚定、作风担当的"硬实力"

政治意识就是中心意识、大局意识，党的新闻舆论工作"必须把政治方向摆在第一位"。主流媒体的舆论报道工作与党和国家政治、政策紧密相连，与社会发展同频共振。报道围绕中心，服务大局，这是主流媒体记者具有长远眼光、引领能力的体现，也是其优于非专业个体和组织的特长所在。一方面，主流媒体记者是政策主张的传播者、时代风云的记录者，让每个人都有机会了解自己所处的时代，找准机遇和方向，产生情感认同与共鸣。比如，备受国人牵挂的2021年9月25日的"孟晚舟回家"直播，截至当晚23时，中央广播电视总台

---

① 常江，何仁亿. 数字时代的媒介仪式：解读建党一百周年全媒体传播实践［J］. 新闻界，2022（02）：21-29.

直播总观看量近 4.3 亿，"#孟晚舟回到祖国#"相关热搜话题阅读量 36.4 亿①，抖音直播间更是被用户实时发表的"欢迎回家""看哭了""祖国强大"弹幕刷屏，通过记录时代大事、正向引导用户，主流媒体实现了新闻报道与情感共鸣的传播效果。

另一方面，主流媒体记者也是社会进步的推动者、公平正义的守望者，用敏锐的洞察力和精准的判断力为个体命运发声、为国家社会发展护航。比如，历时 6 个月制作的电视报道《"悬崖村"扶贫纪事》一经播出，就引发了中央领导的关心关注，引发国内外重大反响，正如报道"悬崖村"的记者所说的："曾经的阿土列尔村，进村没有一条像样的路，4 公里山路上有 13 处几乎垂直的峭壁，老乡们用藤条和木头编成梯子，就成了路。2017 年，村里修通了 2556 级钢梯，进出村的路安全稳固了。2020 年 5 月，84 户贫困户告别世代居住的悬崖，搬进县城安置点开启新生活。"主流媒体的报道改变了村民的命运，而对"悬崖村"连续 5 年的报道追踪，让国人知道了脱贫攻坚的艰辛与不易，让世界了解了中国共产党为全人类减贫做出的贡献，体现了主流媒体勇担社会责任、与时代同向同行的"硬实力"。

2. 专业本领过人、新闻为民的"软实力"

专业为本、新闻为民就是信任优势、依靠优势。主流媒体要以专业本领、权威立场积极回应社会关切，践行以人民为中心的发展理念，为人民的利益和诉求发声。在后真相时代的信息碎片化、传播情绪化的互联网舆论场中，比起博眼球、夺流量的"饮鸩止渴"，坚定立场、呈现过程、理性分析、服务大众的专业记者是支撑社会信任、让公众依靠的重要砖石。比如，央视频的"火神山医院建设"慢直播、人民日报"科普+辟谣+公益援助"的疫情防控、中央平台"人民好医生"、主流媒体记者探访方舱医院的移动直播报道等，都是主流媒体在抗击新冠疫情的社会大环境中、在舆论质疑和大众无助的关键时期，用专业本领、坚定立场、秉持以人民为中心的理念和勇担责任的职业精神，创新推出的优质新闻产品，展现了主流媒体的强大竞争力。

3. 舆论风险预警、抵御危害渗透的"防火墙"

主流媒体引领主流意识形态和主流价值必须牢牢把握主动权、主导权，坚决防止借融合发展之名淡化党的领导，坚决防范资本操纵舆论的风险。移动社交环境下，多元媒介主体星罗棋布般散落在互联网的各个节点中，互联网信息

---

① 大事看总台！"孟晚舟回国"直播及话题点赞超 4 亿，阅读超 36 亿［EB/OL］. 央视网，2021-09-27.

的自主传播、实时共享、多向互动，让事实与谣言齐飞，也为各种意识形态的冲突对话、融合演绎创造了无限机会，小众的可以被捧为高贵的，外来的可以被视作时尚的，舆论风险更加难预测、难发觉，不良信息对人和社会的影响越发见缝插针、隐藏至深。但无论什么样的媒体，在导向上都是一个标准，没有法外之地、舆论飞地。主流媒体更要当好指向标、定盘星，一方面守住阵地，通过技术、机制、人才培养、经验交流等，提升对互联网舆论风险的敏感度，形成预警、应对、分析、升级的闭环模式；另一方面主动出击，主流媒体更应通过引领主流意识形态筑牢精神上的"防火墙"，将社会主义核心价值观贯穿于融媒报道中，用中华优秀传统文化赋能全媒活动，比如，人民日报新媒体策划的"有间国潮馆"创意体验快闪活动、封面新闻组织的汉服秀活动等，都抓住了年轻人的喜好，此外还有联名设计创意文化品牌周边、举办线上线下文化节、晚会、漫展、短片节、快闪博物馆等，主流媒体正在主动融入社会文化的各个领域以实现全面引领。

三、路径分析：马克思主义思想引领的主动性发挥

增强主动性，掌握主动权，是意识形态引领和主流价值传播工作中一个极其重要的问题。① 主动的前提是能够全面准确地把握客观规律并做出科学预见，习近平总书记在党的十九大报告中指出："意识形态决定文化前进方向和发展道路。必须推进马克思主义中国化时代化大众化，建设具有强大凝聚力和引领力的社会主义意识形态，使全体人民在理想信念、价值理念、道德观念上紧紧团结在一起。"② 马克思主义是中国共产党的指导思想，在意识形态领域具有指导地位，这段话一方面强调了意识形态工作的重要意义，体现了意识形态引领工作的重要价值；另一方面指明社会主义意识形态工作的发展方向和建设目标，对发挥当代中国马克思主义思想引领作用具有顶层设计上的指导意义。

（一）思想先行：主流意识形态引领与主流价值传播的明确认知

辩证唯物主义强调认识对实践有反作用，在认知层面提升社会主义意识形态引领工作的重要性，影响着引领工作实践中的主动性。习近平总书记在全国宣传思想工作会议上强调："意识形态工作是党的一项极端重要的工作"③，意

---

① 李珍. 牢牢掌握意识形态工作主动权：学习习近平总书记关于意识形态工作的重要论述 [J]. 马克思主义研究，2017（09）：25-31，159.
② 权威发布：十九大报告全文 [EB/OL]. 新华网，2017-10-18.
③ 习近平谈治国理政：第一卷 [M]. 2 版. 北京：外文出版社，2018：38.

识形态既不是脱离人们生活的、形而上学的思想体系，也不是某种政治观念体系，而是渗透到人们生活之中，并转变为人的生活方式①，正如阿尔都塞提出的重要命题——意识形态是物质的，即意识形态不是独立于社会现实而存在着的观念体系，而是社会现实的一部分，潜移默化地构建着社会法则，维系着日常生活的有序运转。作为社会主义国家，我国意识形态引领工作影响着每个个体的思想认知、生活方式，进而影响着整个国家的理念道路、发展脉络，因此，不仅要在认知层面理解社会主义意识形态，即主流意识形态引领社会进步与时代发展的重要价值，坚持马克思主义的指导地位和社会主义核心价值观这一社会主义的本质要求，更要不断巩固、提升主流意识形态引领改革实践创新和其他各方面创新的重要性的主观认知，以实现认知与行动的"知行合一"，实现主流意识形态的主动引领。

（二）以理服人：党的创新理论的大众化、通俗化发展

推动党的创新理论大众化、通俗化，是坚持群众路线的直接体现，也是实现主流意识形态引领深入基层的必然路径。党的十八大以来，习近平总书记就加强意识形态建设提出了一系列新思想、新观点、新论断，对意识形态的重要地位、本质向度、阵地建设等问题进行了深入阐述②，不仅凝结并发展了党结合中国实际运用马克思主义基本原理的丰富经验，彰显了与时俱进的理论品质，还着眼于国际国内发展大局、大势，有着强烈的实践指向。如何向人民群众宣传好党的创新理论，实现思想引领的直接有效、深入人心？就要把握移动互联网的融合逻辑、媒介化社会中人们接触信息的社交逻辑，通过思维创新、话语创新、渠道创新、交互创新，让党的创新理论"飞入寻常百姓家"，引领公众自觉抵制错误思潮。一方面，这是坚定制度自信、保持战略定力的体现，对于引领社会、统一思想、凝聚人心、推动发展具有重要意义；另一方面，当今世界正处于百年未有之大变局中，新的国际格局正在形成，新的现代化模式得到承认，新的工业革命正在到来，新的全球问题正在出现，在构建人类命运共同体的过程中，弘扬中国精神、中国价值，汇聚中国力量，贡献中国智慧，需要用世界能接受、能理解的方式，推动党的创新理论传得开、传得广，能交流、能分享。

① 约翰·B.汤普森.意识形态理论研究［M］.郭世平，等译.北京：社会科学文献出版社，2013：2.
② 李合亮，高庆涛.十八大以来共产党对意识形态认识的创新与深化［J］.马克思主义研究，2016（07）：78-85.

（三）经世致用：马克思主义新闻观对主流媒体深度融合发展的引领效用

新闻观是关于新闻现象、新闻活动的总体看法和根本观点。我们党主张用马克思主义新闻观指导新闻工作实践，这在当前有很强的现实针对性。[1] 有学者梳理中国特色社会主义新时代马克思主义新闻观的创新开拓，其中重要的一条就是"提出'创新为要'的媒体融合发展新理念"[2]。2014 年，媒体融合正式上升为国家战略，我国 8 年的融合发展经历了从现代传播体系到全媒体传播体系，从内容根本、技术支撑到管理创新一体，从央级媒体改革到央省市县协同发展，从主流媒体到商业平台等的过程[3]，作为主流意识形态宣传者、国家治理参与者、社会进步建设者的主流媒体，其在全媒体传播语境下的融合创新赛道正显示出百花齐放的表征，同时，走好全媒体时代群众路线、坚持以人民为中心工作导向的"守正"赛道依然是前提和基础。当下媒体融合进入深水区，用马克思主义新闻观引领主流媒体深度融合发展，引领主流媒体内容生产，能够为意识形态工作这一宣传思想工作的重要内容提供价值准则，为做大做强主流舆论，积极应对复杂多变的国际舆论斗争提供强大精神力量和舆论支持。

第三节　平衡行业生态：规范泛信息环境中内容生产的行业生态

在互联网信息环境的发展演化过程中，数字技术、智媒技术对内容生产而言是前进化的推动力量，数字技术的可供性为内容生产主体的创意实现提供动力和物质基础，促进了信息社会的分布式生产。全媒体传播语境下的信息内容生产是公共性与私人性的混合，以主流媒体、政务新媒体账号为代表的公共内容与以自媒体账号、用户个人账号为代表的私人内容并存于数字舆论场中，而互联网信息的泛化趋势也造成了数字舆论场中的信息无序，尤其是网络匿名化带来的自媒体账号、用户个体发布内容的真假难辨和情绪煽动，身处互联网泛信息、泛主体的内容生产环境，在"造谣一张嘴，辟谣跑断腿"的后真相现实中，新闻的定义和价值判断正在经历数字化、智能化带来的变革，主流媒体作

---

① 李宝善. 自觉坚持马克思主义新闻观 [J]. 求是，2013（16）：36-38.

② 邓绍根，丁丽琼. 中国共产党百年进程中马克思主义新闻观的创新发展 [J]. 新闻大学，2021（06）：48-70，123.

③ 曾祥敏，李刚. 我国媒体深度融合发展中的关键问题 [J]. 现代出版，2021（02）：65-74.

为社会行动者，在行业生态中的角色定位和内容生产的功能价值也需要在深度了解全媒体传播语境的前提下重新锚定，实现内容生产行业生态平衡、规范引领、价值共创、多元全面。

而主流媒体内容生产对社会的嵌入不仅体现在外在媒介生态关系中，也体现在内在的行业生态系统循环中，在内容生产行业生态的泛信息环境中，内容生产主体分布于各个结构化平台，信息内容交互次生，公共新闻内容被稀释的同时进行着大流动，主流媒体也是散布在平台森林、账号森林中的组成部分，在内容生产行业生态欣欣向荣、内容生产秩序总体稳定、内容主题关注分散的时候，主流媒体内容与账号森林中其他主体一样，共同维持着内容行业生态的动态平衡。但是在内容行业生态失衡、内容生产秩序受到环境和主体因子影响而出现混乱或者遇到突发舆情和社会事件的时候，主流媒体内容生产主动发挥引领、规范和平衡内容生产行业生态的作用就显得尤为重要。一方面，主流媒体是参与社会治理的主体，是国家的基础设施之一，相比于以经济价值为首要追求的商业信息平台，主流媒体事业属性的定位和以社会价值为主的内容生产准则，使得其有责任承担起维护社会稳定和引领舆论健康发展的义务；另一方面，无论是报纸、杂志、网站，还是广播、电视，都经历了长期的传统媒体发展和严整规范的组织建设、业务培养，在内容行业主体中具有战略高度、独家资源、权威公信力和多方资源支撑，有经验、有能力发挥内容行业生态引领和维护平衡的作用。

一、秩序营造：维护媒体内容行业生态的动态良性循环

社会学家伯格和托马斯·卢克曼（Thomas Luckmann）强调，在社会互动中生成的社会意义，会被转化为制度性的、组织化的规则和程序，并被当作资源来合理化社会行动①，而在社会行动者的调用过程中，意义可能会被修正，也可能会被正典化，正如某些社会共识或者行业共识逐渐成为行业标准和规则，而社会互动过程中生成的社会意义最终将指向秩序的营造和社会生态的动态平衡，这一生态的良性循环需要多主体协同、互动中平衡、不断汇聚共识。智能数字时代的内容行业呈现出创作主体多元、内容次生频繁、平台跨界布局、富媒体样态表达和垂类趋势加强的特征，根据《2021新媒体内容生态数据报告》的结果，当前平台与内容创作者共生共荣的形态愈加成熟，未来的一切组织都将成

---

① 盖伊·塔克曼. 做新闻：现实的社会建构 [M]. 李洪涛，译. 北京：中国人民大学出版社，2022：213.

为内容型组织，内容传播的平权化、内容型组织的泛滥带来的究竟是内容行业生态的平衡还是失衡？随着主流媒体与商业平台、技术公司和媒体智库不断开展合作，其自身的平台运营、数据管理和分析、全媒体内容生产和传播等环节在迅速向信息化、数字化发展的同时，我们也能发现技术发展、内容平台泛滥、人人都是创作者造成了内容生态系统中的舆论场众声喧哗，虽然生态系统会保持动态平衡和循环，但内容行业的生态是会牵一发而动全身的存在，对人与社会的建构作用往往是潜移默化而影响巨大的，由此，主流媒体的价值和社会责任优势越发凸显。主流媒体有责任维护媒体内容行业生态的动态良性循环，发挥秩序营造的主导作用和号召引领，具体表现在：第一，敢于引导、善于引导，立场坚定、旗帜鲜明，是主流媒体义不容辞的责任和担当；第二，信息数字化时代，发挥内容和版权优势是主流媒体可以采取的路径；第三，以优质内容吸引优质用户，以优质创作者和用户的社交传播助推优质内容和平台吸引力的螺旋式上升；第四，延伸流量变现路径和多元经营模式，从而实现社会效益和经济效益的双赢。未来，主流媒体对社会生活的价值逻辑与技术逻辑的整合，以及在文明传承和社会逻辑洞察方面的优势，会成为数字化时代文明构建的重要推动力量。

但我们也要注意，虽然主流媒体承担较多社会责任，但立体传播模式和新媒介形态让互联网内容的审核、监管面临着技术黑箱、时空无限、内容强遮蔽等多重新困难，全媒体传播格局和现代化传播体系的构建离不开生态化的媒体管理环境，其中涉及版权保护、内容审核、市场监管、价值伦理评判等。2019年4月，"视觉中国"因为人类历史上首张黑洞照片的版权问题引发了行业内关于商业图片版权的讨论；在短视频领域，目前使用的版权保护技术手段除了传统的指纹技术、水印模型之外，还有将文件与其他上传到平台的视频进行对比的"灵识系统"等。2020年，多部门联合制定的《网络音视频信息服务管理规定》《网络安全审查办法》相继生效，关于著作权和版权保护、算法推荐管理等维护互联网内容行业生态秩序的管理办法也逐渐落地，未来，惩罚机制的建立和完善将会更好地营造清朗的媒介生态环境，而通过区块链技术、互联网法院等促进版权保护案的公正性、合法性，将可能有效打击媒体行业的不正之风，维护内容生产者的创作激情和切身利益。

二、规制协定：协助行业规范、伦理与监管机制建设

规制在通常意义上指的是"依据一定的规则对构成特定社会的个人和构成

经济的经济主体的活动进行限制的行为"①。一般情况下，我们所说的规制指政府职能部门根据相关政策规定对微观主体行为实施的干预，它包括对某产业或企业的产品定价、产业进入与退出、投资决策等行为进行监督和管理，规制是政府对经济行为的管理和约束，目的在于矫正和改善市场机制内在的问题。② 在全媒体传播的语境下，内容生产与传播行业同样具有产业属性并遵循市场机制，内容行业同样需要多主体协定规制进行行业规范、伦理的引导，并形成监管机制。

（一）防范资本操控舆论：主流算法等前沿技术的自主建设

在 2020 中国新媒体大会上，时任中宣部副部长、国务院新闻办公室主任徐麟在大会上作发言并重点强调，我们要"坚决防范资本操纵舆论的风险"③。防范资本操控舆论、规范内容行业的健康生态对主流媒体而言是责无旁贷的义务，有效防范的基础不仅依托于政府监管，同时还有主流媒体对技术的开发与应用，比如，备受关注和争议的算法推荐就存在着算法黑箱的技术隐忧，主流媒体开发的主流算法其逻辑是主流价值观与兴趣导向的结合，而商业算法则普遍是兴趣偏好和市场盈利占主导，在算法黑箱中，最容易进行操控的部分就是所谓针对用户喜好和兴趣标签进行的个性化推荐的瀑布流内容。在主流算法的开发上，人民日报客户端发力较早，2019 年的时候，人民日报在其发布的 7.0 版本客户端中，公布了主流算法推荐系统这一客户端更新换代的核心亮点之一，主流算法通过控制内容生产、传播、交互的全流程环节，实现主流价值对内容的导向引领。随后，2021 年 9 月 16 日，推出"主流媒体算法"的川观新闻 8.0 正式上线，秉持打造"智能+智慧+智库"的智媒体理念，推出用主流价值导向驾驭"算法"的"主流媒体算法"，从内容质量、内容认知、智能分发、传播效果四方面加强把控、深化、升级和追踪，一方面通过主流算法提高舆论引导力，另一方面加强智能技术对内容行业的规范能力。

此外，2022 年年底，强科技感、未来感的元宇宙（metaverse）概念大火，根据清华大学团队发布的《2021 元宇宙发展研究报告》，元宇宙指的是整合多种新技术而产生的新型虚实相融的互联网应用和社会形态。在 2022 年全国两会提案中，代表委员们的建议涉及前瞻布局元宇宙打造数字经济新优势、打造"元宇宙中国"数字经济体、全民共享"数实融合"成果、推动元宇宙立法研

① 植草益.微观规制经济学［M］.朱绍文，等译.北京：中国发展出版社，1992：1.
② 石长顺.融合新闻学导论［M］.北京：北京大学出版社，2020：263.
③ 中宣部副部长徐麟：坚决防范资本操纵舆论［EB/OL］.证券时报网，2020-11-19.

究并加强技术引导、成立国家级"元宇宙"研发机构、加强元宇宙监管与伦理约束等，主流媒体也积极试水元宇宙元素，比如，新华社客户端在9.0版本中上线AI+VR"数字分身"与3D头像系统，即在客户端底部垂直栏目"我的"中的页面右上角，新增"这有惊喜"虚拟人形象按钮入口，用户点击虚拟人形象即可进入个人3D数字分身设计制作页面，用户对准手机前置摄像头，即可与虚拟分身实时同步自己的面部表情和动作，当手机与身体呈一臂远的时候还可以进行手势动作的实时捕捉，实现"3D自拍"的趣味玩法，同时，界面左下角"定制我的形象"入口还可以让用户自由定制符合自身实体形象或者理想形象的脸型、眼睛、鼻子、嘴巴、发型，并以自我定制的3D虚拟形象拍摄动态短视频或者静态照片，进行社交分享或者数字存储，这一新功能的上线体现了主流媒体在技术应用上的行业引领，为新技术在行业中的规范应用和管理打下实践基础。

（二）主动建言献策：协助版权保护等行业规范制定和治理

目前的内容行业生态呈现出内容生产主体产业化竞合的关系变化，在全世界范围内，以"命令—控制"（command and control）为特征的管理模式大多已经被强调去中心化、扁平化和协作化的治理理念所取代，开放系统的多主体协同治理已经成为行业生态平衡的现代化手段。生态化协同治理作为未来媒体深度融合发展的核心逻辑取向，通过明确起始条件和实施规则，能够最大限度地规避现有融合场域中的结构性困境和制度化难题，从而引导未来媒体融合朝着全媒体生态系统的正确标的有序演进①，而其中的起始条件和实施规则需要主流媒体主动建言献策，作为多元协同治理主体的重要构成，协助版权保护等行业规范制定和治理。而对于行业规范、信息技术规制的引领、建言献策，首先应该防范资本控制内容生态、控制意识形态传播；其次应该维持内容市场中社会效益与经济效益的动态平衡，保持监管之下的百花齐放、满足大众的信息服务和内容生态需求。

三、国际传播：讲好中国故事的媒体进路与实践目标

经过长期奋斗，我国经济实力、科技实力、综合国力跃上新台阶，国际社会对中国的关注不断加深，尤其在新冠疫情暴发之后，在当今世界正经历百年未有之大变局的环境之中，以美国为首的西方主流媒体对中国的报道越发频繁，

① 权玺．生态化协同治理：媒体深度融合发展的逻辑取向与创新应变［J］．编辑之友，2021（10）：43-48.

污名化中国的政治行为愈演愈烈。在此背景下，平衡行业生态就不仅要着眼于国内内容行业，更要面向国际传媒业，主流媒体要进一步加强国际传播能力建设和话语体系建设，抓住当前做好主流意识形态国际传播工作的重要机遇期，提炼容易被国际社会理解和接受的中国概念、中国范畴、中国表述，以人见事、以事见情讲好中国故事。

（一）坚定"四个自信"，积极主动提升国际话语权

"四个自信"即中国特色社会主义道路自信、理论自信、制度自信、文化自信，坚定"四个自信"离不开对自身优势的正确认识，离不开对时代发展的正确判断。习近平总书记指出"今天，我们比历史上任何时期都更接近、更有信心和能力实现中华民族伟大复兴的目标"①，同时，"我国日益走近世界舞台中央，有能力也有责任在全球事务中发挥更大作用，同各国一道为解决全人类问题作出更大贡献"②。因此，积极主动做好对外传播工作，形成同我国综合国力和国际地位相匹配的国际话语权，平衡国际传播中的内容行业生态，主流媒体责无旁贷并且也拥有一定的媒体集群基础。

当前处于发展国际传播的战略机遇期，挑战与机遇一体两面、如影随形，在复杂形势之下主流媒体如何应战？一方面，主流媒体要"积极抢时效"，成为重要国际事务的首先发声者，抢占第一落点，尤其是在脱贫攻坚取得全面胜利、动植物生态保护、"一带一路"倡议、构建人类命运共同体等成果报道中，要率先发声，以事件带观念，阐明我国坚定维护联合国宪章的宗旨和原则、始终坚持走和平发展的道路、倡导合作共赢等理念；另一方面，主流媒体要"主动稳立场"，成为涉华舆论的第一定义者，抓住第一观点，面对国外媒体、组织或者个人对我国政府、人民、社会事件的无端指责和故意抹黑行为，要旗帜鲜明、义正词严地进行观点批驳和背后目的的怀疑、揭露，同时用视听化、社交化的内容产品展现真实的中国、真实的中国人民、真实的中国社会，在动荡的舆论环境中积极主动发声，引领主流意识形态。

（二）凝聚融合力量，阐释弘扬社会主义核心价值观

培育、弘扬、向外阐释本国价值观，是当今国际社会的共识。针对美西方不断叫嚣所谓自由民主国家的价值观，我国更应加快建设、阐释弘扬社会主义

---

① 习近平．在庆祝中国共产党成立100周年大会上的讲话［EB/OL］．求是网，2021-07-15.

② 习近平在中共中央政治局第三十次集体学习时强调 加强和改进国际传播工作 展示真实立体全面的中国［EB/OL］．新华网，2021-06-01.

核心价值观，平衡行业生态，在国际传播中凝聚多元主体、多元平台、多元形式的融合力量。

第一，提升主流媒体人的国际传播较量能力，激发互联网用户的传播创造力。主流媒体人无疑是我国做好国际传播的核心主体，比如，中央广播电视总台中国国际电视台（CGTN）主播刘欣，在2019年5月就中美摩擦等相关议题与美国福克斯商业频道（Fox Business Network）主播特丽什·里根（Trish Regan）进行了视频面对面、直击焦点的"跨洋对话"，这场对话展现了中国媒体人的形象，是一场备受关注的国际传播报道。但同时，以被称为"民间文化使者"的李子柒为代表的互联网用户在国际传播中显山露水，在移动社交时代，多元平台的传播力、用户的创造力、集体智慧的凝聚力往往更加令人惊喜。第二，创新多元文化交流形式，实现中华优秀传统文化的创造性转化，以温情叙事手法讲述"共同人性"。强势的国际传播往往来自生活细节，而价值观的塑造通常在于人们社交活动的不经意之间①，新闻报道、短视频、电影、电视剧、动画片、纪录片、文化交流活动和文创周边，甚至动物植物、节日习俗、美食美景、服饰审美等，都可以成为阐释弘扬社会主义核心价值观的载体，吸引不同圈层的国际用户。比如，2021年云南15头"一路向北"的野生亚洲象成为国际网红，CNN、BBC、美联社、泰晤士报、华盛顿邮报等国际媒体都对云南大象迁徙进行了跟踪式的报道，日本的朝日新闻全程回顾大象迁徙、TBS电视台以半小时的专辑节目来介绍昆明到底是个怎样的城市，中国的动物保护政策——活脱脱一个大型的中国形象宣传片。国际社会在被咱们中国大象迁徙过程中互帮互助、团结齐心的可爱"象"貌融化内心的同时，对中国政府和人民对大象一家的保护、关注和关爱，对象群繁衍、迁徙的让路也纷纷不吝赞美，形成了良好的国际传播效果和对中国理念、中国形象的宣传。

---

① 米博华. 实现从被动应对到占据主动的逆转：国际传播能力观察与思考［J］. 电视研究，2020（12）：4-7.

结论与讨论

新一轮科技革命和产业变革加速演进，以智能化为核心的人类第四次工业革命，正以前所未有的态势席卷而来，数字技术驱动下的新型主流媒体内容生产也正在经历着全新的生态变革，本研究基于中国媒体融合国家战略、全媒体传播语境和数字化、媒介化社会发展的全球环境展开，通过挖掘分析连续两年、6017份全国各级主流媒体从业者的问卷调查数据和对27位主流媒体从业者的半结构化访谈，深度分析中国主流媒体内容生产的体系建构、构型特征、组织重塑与社会调适意义，探索媒体融合2.0阶段的深度发展面向，为主流媒体内容生产的组织建构和对媒介化社会的关联调适进行维度阐释和理论构型的模式搭建。

一、研究结论

想要考察全媒体传播语境下我国主流媒体内容生产转向，就必然要回答是何种因素驱动了转向的发生与发展，内容生产转向在主流媒体内部有何种体现、发展阶段的特点和问题呈现为何，以及审视转向发展过程中内化和外延的关联意义与建构作用，继而寻求理论构型的搭建与内容生态未来、媒介化社会治理的现实意义与路径考量。

（一）全媒体传播语境下我国主流媒体内容生产转型的多极驱动

从印刷媒介、电视到互联网、电子媒介，传播技术不断革新，传播介质不断变化，随之而来的是媒介越来越深刻地嵌入人们的日常生活，当人们习惯了"永久在线、永久连接"（Permanently online and Permanently connected）①，这也意味着以主流媒体为主导的大众传播时代正在消逝，时空无限交织、节点无限

---

① VORDERER P, KRÖMER N, SCHNEIDER F M. Permanently Online-permanently Connected: Explorations into University Students' use of Social Media and Mobile Smart Devices [J]. Computers in Human Behavior, 2016 (63): 694-703.

连接的全媒体传播时代已然到来。

全媒体传播时代我国主流媒体的融合发展、内容生产转型是媒介化社会中各动力因素变化影响的合力作用结果，是在技术赋能、政策引领、用户变迁、市场隐忧、文化转向的共同驱动下进行的社会、组织与生态变革。第一，数字技术的全面赋能。在数字技术与全媒体传播环境的互构中，主流媒体经历了从数字化、智能化、移动化的生产链技术创新到平台一体化生态驱动的转向，主流媒体内容生产理念与实践实现了从时间消灭空间到时空选择的逻辑革新。第二，媒体融合国家战略的强力驱动。我国主流媒体内容生产转型能够实现迅速全面铺开和体系化建设，政策的引领和规训是直接驱动力，媒体融合作为国家战略和现代化社会治理的顶层设计构成部分，经历了从战略形成、重点布局到深度融合发展的阶段化演进，顶层设计引领下的全媒体传播体系建设呈现出四级融合、差异化定位的现实样态。第三，用户向互联网迁移的能动引领。用户或者受众的流失对主流媒体而言是致命伤害，随着移动生存、碎片认知、交互参与成为全媒体时代用户身份和媒介使用习惯变迁的三大主要特征，主流媒体内容生产想要发挥价值意义和维续媒体功能就必然要通过内容生产转型和重新连接用户来实现。第四，市场隐忧成为转型的预警式动力。拓展经济支持一直贯穿于我国主流媒体的产业化发展历程，随着传统媒体以内容为中心的商业运营模式呈现式微态势，依托平台效能进行社会资源配置、市场机制引入的产业化转型成为主流媒体融合发展的谋生新道。第五，互联网文化转向促进主流媒体话语转型。技术变迁可以催动文明诞生，主流媒体的内容产品属于文化范畴，必然受到互联网文化转向新语境和网络社会新环境的潜在影响，二者相互依存、融合，最终实现各美其美、美美与共的辩证统一。

（二）平台、内容、生产者：主流媒体内容生产发展与构型要素分析

我国主流媒体内容生产的转型实践发展体现着政策"指挥棒"的显著引领效用，在构建全媒体传播体系这一总体目标的宏观指向下，我国主流媒体的融合发展基本围绕体制机制一体化变革、全媒体平台构建、内容话语创新的重点布局方面展开，在全媒体传播体系搭建上呈现出四级融合体系化连接、差异化建设的特点，在管理创新上呈现出组织架构一体化、生产机制移动化、量化考核灵活化、人才引进与培养开放化等方面的分阶段发力，在平台构建上呈现出矩阵布局和功能延展的探索式、颠覆式创新，在话语转型上进行了全媒体内容产品链的维度拓展与深度重构，用 5 年时间实现了从传统媒体到媒体融合的第一阶段跨越。

媒体融合转型的迅速发展对业界、学界重新认识和思考主流媒体内容生产提供了实践元基础，但媒体不是脱离社会环境存在的独立场域，相反它正在与媒介化的社会彻底融为一体并通过时空嵌入发挥着建构作用，因此，在全国实证数据和深度访谈资料分析与聚类提炼、媒介化理论的逻辑推理与证明、媒体融合顶层设计的政策剖解与重点解读基础上，研究提出全媒体内容生产的平台、内容、生产者三重构型维度并基于三重维度进行深度构型分析和问题剖解，提出：第一，全媒体传播下主流媒体的平台革命是从中介到建构的过程，存在着内容平台发展体制机制困境的瓶颈牵制和地市级媒体面临中部突围难题的木桶效应；第二，主流媒体内容生产话语呈现出从大众到定制的转向特征，无运营不内容、场景交互连接、数字技术与专业内容的互构成为关键指向，但也出现了观念怠惰、内容极化、样态守旧、渠道虚设的转型"文化休克"；第三，全媒体内容生产者除了媒体从业者之外，将用户中的产消者同样纳入内容生产者范畴考量，全媒体记者的观念革新与实践调试是从渠道相加到边界重构的逐渐演化，围绕人的生产关系与逻辑机制调适是波浪式前进、螺旋式上升的过程。

（三）全媒体传播语境下我国主流媒体内容生产的自我重塑与社会调适

新闻的阐释取径强调媒体从业者和媒体机构作为社会行动者的实践活动形塑作用，与传统观点中认为任何社会的新闻定义都取决于其社会结构不同，阐释取径在承认社会有助于形成意识的同时更加强调行动者的能动建构作用，认为行动者将社会世界及其制度形塑成为共享的、建构的现象①，这也就构成了本研究的研究落点，即透过主流媒体内容生产实践表象，从更大的社会结构范畴考察内容生产理念的嬗变、变革的发生与调适的意义。

一方面，在主流媒体平台、内容、生产者向纵深构型的动态过程中，主流媒体的旧有壁垒被逐渐打破，一个全新的、向内结构的自我重塑正在发生，主流媒体的发展坐标和价值建构也在游移探索中进行着不断突破的创新变革。第一，在媒体深度融合朝向平台化、移动化和智能化发展的过程中，平台化成为全媒体传播体系内主流媒体内容生产供给侧改革的新型基础设施建设，平台化发展中的中台管理、生成型媒体建设、产业价值重构、平台间合纵联盟成为深度融合发展阶段着眼问题解决和未来平台社会的价值目标和路径参考；第二，随着内容生产由传统媒体赖以生存的信息内容生产单向逻辑转向强调关系广泛

---

① 盖伊·塔克曼. 做新闻：现实的社会建构［M］. 李洪涛，译. 北京：中国人民大学出版社，2022：201.

连接的网络节点逻辑，生态化成为媒体逻辑重塑与专业价值再造的发展指向，从内容生产和业务实践出发，深度融合发展的未来是专业守正、效应叠加、运营前置、技术保值、品牌冲卡的立体形塑；第三，社会化生产、多主体协同的内容生产关系在泛内容的媒介化社会中将继续强化，主流媒体从业者与产消者的关系也将在深度重构的主体连接和差异生产中实现角色互构与坐标平衡。

另一方面，在媒介化社会中，主流媒体内容生产已经深刻嵌入社会并成为社会共同性生产之一，新型主流媒体与全媒体传播体系建设作为一种新的社会结构对社会起着关联性和建构性的调适作用。第一，法兰克福学派强调"媒介即意识形态"，实现主流意识形态传播与引领的关键之一就在于主流媒体内容的生产传播与引领，在个体赋权后的弱连接与强影响成为当前信息环境重要特征的网络化社会中，主流媒体价值意义和功能坐标的身份重构是发挥信息环境建构的关键，尤其要思想先行、以理服人、经世致用增强马克思主义思想引领的主动性发挥；第二，主流媒体内容生产对社会的介入实现了多元主体协同交互的关系延伸，进而发挥出整合社会凝聚、参与社会治理的作用，包括参与现代化社会治理的主体融入和认知演化的协同指向，内容生产可供性之上主体间关系延伸的交往指向，作为展演空间的主流媒体平台的仪式指向；第三，全媒体传播语境下的信息内容生产是公共性与私人性的混合，主流媒体作为社会行动者，在行业生态中的角色定位和内容生产的平衡功能价值比以往更加重要，通过秩序营造、规制协定、国际传播可以发挥内容生产行业生态平衡、规范引领、价值共创、多元全面的正向效用。

二、研究讨论

（一）新型主流媒体内容生产的未来生态

新型主流媒体内容生产生态面向的核心逻辑就是几对关系的协同与重构，着眼媒体融合上升为国家战略、新型主流媒体建设这八年间的发展成就与问题剖析，新型主流媒体内容生产未来生态建设的关系协同与重构可以从以下方面拆解思考。

第一，内容生态与技术逻辑的关系协调，包括主流媒体对技术底层逻辑的深度探索和应用开发，对大众关于技术应用和理解的引导，以及关于技术遮蔽和垄断的警惕提醒等。媒体文化批评家尼尔·波兹曼（Neil Postman）在其著作《技术垄断》中说道："每一种技术都既是包袱又是恩赐，不是非此即彼的结果，而是利弊同在的产物。"① 技术的影响应该用什么尺子来辩证地衡量？一方面，人们身处数字技术变革环境中会出现智能技术对自身的异化，也就是人创造出来的智能技术反倒变成异己力量，通过影响内容生态来奴役人，比如，虚假煽情信息扩散、数字鸿沟和信息茧房，以及智能手机让人们沉迷于虚拟世界而带来的弱化人在真实世界中的能力等；另一方面，辩证关注技术为人类福祉服务的效用，以制度管理、技术制衡、伦理约束等方法协调数字技术、智能技术对个体与群体、数字内容生态、媒介化社会生态的积极构建关系。

第二，平台与用户的生态关系重构，即主流媒体如何更大程度地开放平台，将掌控权、主体性让渡给用户。消费者行为学有一项经典研究，当人们可以掌控或者操纵自己所拥有的物品时，比如，手机、汽车、游戏机、家用电器等，人们就会有意无意地将这些物品视作身体的一部分，构成"延伸的自我"。而当人们的掌控力越强，这些物品和自我意识的关系就越发紧密。后来，学者罗素·贝尔克（Russell Belk）将这一经典研究的理论扩展到互联网，他提出人们的社交账号承载了丰富且独家的记忆和情感，这也是一种"延伸的自我"。主流媒体内容生产想要与用户的自我意识建立紧密联系，或者说成为用户的自我意识，如手机一般成为大众生活的"习以为常"甚至嵌入社会结构之中，协调平台与用户之间的开放关系是未来社会内容生态建设的重要组成部分。

第三，从内容生产的延展和内容产品的不断创新出发，重构对时空关系的理解。时空转向是人们谈及全媒体内容生产未来生态的主要着眼点之一，智能技术、数字资源、VR 产品等让时空突破现实、虚拟之间的界限，进入虚实混合的时空关系，时空的无限性追求是人们古往今来一直探索的奥秘。《庄子》中关于宇宙的定义"有实而无乎处者，宇也；有长而无本剽者，宙也"，就意味着时间和空间的无限属性，在虚实混合的时空关系和注意力游移的元宇宙未来，内容生产的未来生态特征也将是颠覆时空关系、更加深度的去机构化、分布式、数据云端运算。

第四，新型主流媒体内容生产与社会整合建构的互嵌关系。有学者认为实现媒体深度融合有三个前置条件需要具备：一是目标设定，新的传播链条须建立在社会统一的价值诉求之上；二是方法使用，控制和调节社会发展过程中的各种矛盾与冲突是中国特色社会主义传播价值观的要求；三是结果导向，保障

---

① 尼尔·博斯曼，何道宽. 技术垄断：文化向技术投降［J］. 科学中国人，2019，419（11）：80.

传播主体适应现实环境的需要，并与日益多元的社会之间形成合理有序的运行模式。① 相比于研究建构社会生态这样过于抽象的概念，着眼于"价值统一——冲突调节—秩序保障"视角的社会整合和建构更具有现实意义，这也是新型主流媒体对于社会整合建构的根本性嵌入，同时，社会环境的变迁也会对新型主流媒体建设产生建构与嵌入作用，二者的互嵌互构关系将是现在以及未来社会着眼协调的重要生态体系建设。

第五，新型主流媒体的内容生产不仅要着眼我国互联网内容生态的建构，向内结构重塑自身，发挥建构社会的调适功能作用，同时还要兼顾国际社交平台、互联网信息平台的内容生态和舆情发展，在当前百年未有之大变局的国际环境中，如何协调和重构媒介化社会中的多元关系，如何以国际面孔、国际话语、国际平台讲好中国故事，积极传递美美与共的价值观是当下和未来内容生态建构的关键课题。

（二）全媒体内容生产的媒介化研究框架与构型要素

从实践范式的"媒介—人—社会"的"三元辩证法"出发搭建全媒体内容生产的媒介化构型框架可以发现，媒体平台成为连接社会和内容生产依托的组织形态，作为生产对象的内容产品和其话语转型成为全媒体内容生产实现媒介化建构作用的可供性载体，参与内容生产实践的主流媒体从业者和用户中的产消者成为从事内容生产活动的主体，这三重维度共同构成了全媒体内容生产媒介化研究的构型要素。三重维度构型要素的基础都是基于数字智媒技术的发展和对人的延伸，其中，平台在涵盖原有媒体组织内部的组织架构模式、体制机制管理、人才队伍等实体意义要素的基础上，将数字化内容生态空间中的云端数据库、电子政务中心等数字虚拟意义要素同样囊括在内，共构了虚实相融的形态指向；内容则指向生产链条内的策划、制作、运营、交互等各环节，以及内容生产实践和生成产品的话语生态体系；生产者围绕从业者和产消者的分布式、社会化生产关系出发，涵盖人际连接、社会协作、情感认同等方面。

全媒体内容生产媒介化的三重构型维度不仅可以应用于主流媒体的内容生产分析，还可以应用于其他具有中观组织意义、制度化结构的主体和内容生产活动分析。但是媒介化理论仍然处于发展中，其既着眼于媒介不断加剧对社会、文化、互动方式等的影响和改变的进程，也涵括媒介与社会、文化系统的相互影响和作用，从宏大视角出发的媒介化理论是一个开放探索性的而不是封闭的、

---

① 陈接峰，荆莉. 媒体深度融合的结构选择、制度设计以及供给侧改革的路径 [J]. 编辑之友，2021（10）：35-42.

严格定义的理论体系①，近年来虽然媒介化研究逐渐形成了文化的、物质的、制度的三种公认视角②，但应用于具体研究的多元理论框架还亟须搭建，对于社会现象的阐释力仍有很大的开发空间，未来需要更多对于媒介作用于个体、社会的思辨发现，比如，数字文本的个体化、经验的对话性，并完善"媒介逻辑"这一不可忽视、具有未来性的理论框架。

（三）研究不足

本研究基于向全国各级主流媒体连续两年发放并回收的 6017 份全国调查问卷和对 27 位主流媒体从业者的深度访谈展开，一方面，在对问卷数据的分析中，虽然在数据处理阶段已经进行了问卷测试和条件筛选，但数据具有遮蔽性，我们无法考证问卷填写者做出选择的来龙去脉，只能基于选择后的数据进行计算分析；另一方面，在研究进行期间，受客观因素影响，与主流媒体从业者的深度访谈大多采取线上视频或者语音电话的方式展开，虽然视频通话也能获得与线下对谈类似的访谈体验，但在访谈过程中还是会遇到信号不稳而导致访谈的连续性、被访对象的交谈状态受影响的现象，期待未来研究可以多多进行线下面对面深度访谈。

---

① 侯东阳，高佳. 媒介化理论及研究路径、适用性［J］. 新闻与传播研究，2018，25（05）：27-45，126.
② KNUT L. Mediatization of Communication［J］. Handbooks of Communication Science，2014（21）：5.

参考文献

一、专著

（一）中文

［1］中共中央马克思恩格斯列宁斯大林著作编译局．马克思恩格斯选集：第3卷［M］．北京：人民出版社，2012.

［2］习近平谈治国理政：第一卷［M］．2版．北京：外文出版社，2018.

［3］中共中央文献研究室．习近平关于社会主义文化建设论述摘编［M］．北京：中央文献出版社，2017.

［4］彭兰．新媒体用户研究：节点化、媒介化、赛博格化的人［M］．北京：中国人民大学出版社，2020.

［5］陈向明．质的研究方法与社会科学研究［M］．北京：教育科学出版社，2013.

［6］喻国明．媒介革命：互联网逻辑下传媒业发展的关键与进路［M］．北京：人民日报出版社，2015.

［7］中共中央马克思恩格斯列宁斯大林著作编译局．马克思恩格斯全集：第46卷下［M］．北京：人民出版社，1980.

［8］中共中央马克思恩格斯列宁斯大林著作编译局．马克思恩格斯全集：第27卷［M］．北京：人民出版社，1960.

［9］麦尚文．媒体融合十年：全媒体融合传播的轨迹、理论与战略［M］．北京：社会科学文献出版社，2021.

［10］张晓林．信息管理学研究方法［M］．成都：四川大学出版社，1995.

［11］喻国明．传媒影响力［M］．广州：南方日报出版社，2003.

［12］郑维东．媒介化社会与经济增长：理论及实证研究［M］．北京：中国传媒大学出版社，2013.

［13］钱广华．现代西方哲学评析［M］．合肥：安徽大学出版社，1996.

［14］刘放桐．现代西方哲学［M］．上海：复旦大学出版社，1981.

[15] 王爱玲.中国网络媒介的主流意识形态建设研究［M］.北京：人民出版社，2014.

[16] 谭天.媒介平台论：新兴媒体的组织形态研究［M］.北京：中国人民大学出版社，2016.

[17] 植草益.微观规制经济学［M］.朱绍文，等译.北京：中国发展出版社，1992.

[18] 石长顺.融合新闻学导论［M］.北京：北京大学出版社，2020.

[19] 蔡雯.新闻报道策划与新闻资源开发［M］.北京：中国人民大学出版社，2004.

[20] 肖赞军.报业市场结构研究［M］.长沙：岳麓出版社，2009.

（二）中译文

[1] 马克思，恩格斯.德意志意识形态［M］.中共中央马克思恩格斯列宁斯大林著作编译局，编译.节选本.北京：人民出版社，2018.

[2] 戴维·维勒.网络交换论［M］.刘军，译.重庆：重庆大学出版社，2014.

[3] 亨利·詹金斯.融合文化：新媒体与旧媒体的冲突地带［M］.杜永明，译.北京：商务印书馆，2012.

[4] 特里·弗卢.新媒体4.0［M］.叶明睿，译.北京：人民日报出版社，2019.

[5] 莱文森.数字麦克卢汉：信息化新千纪指南［M］.何道宽，译.2版.北京：北京师范大学出版社，2014.

[6] 菲利普·N.霍华德.卡斯特论媒介［M］.殷晓蓉，译.北京：中国传媒大学出版社，2019.

[7] 罗杰·菲德勒.媒介形态变化：认识新媒介［M］.明安香，译.北京：华夏出版社，2000.

[8] 哈罗德·伊尼斯.传播的偏向［M］.何道宽，译.北京：中国人民大学出版社，2003.

[9] 施蒂格·夏瓦.文化与社会的媒介化［M］.刘君，李鑫，漆俊邑，译.上海：复旦大学出版社，2018.

[10] 克劳斯·布鲁恩·延森.媒介融合：网络传播、大众传播和人际传播的三重维度［M］.刘君，译.上海：复旦大学出版社，2012.

[11] 尼克·库尔德里.媒介仪式：一种批判的视角［M］.崔玺，译.北京：中国人民大学出版社，2016.

[12] 艾尔·巴比.社会研究方法［M］.邱泽奇，译.北京：华夏出版

社，2009.

[13] 迈克尔·波特. 国家竞争优势 [M]. 李明轩, 邱如美, 译. 北京：华夏出版社，2002.

[14] 盖伊·塔克曼. 做新闻：现实的社会建构 [M]. 李洪涛, 译. 北京：中国人民大学出版社，2022.

[15] 南希·K. 拜厄姆. 交往在云端：数字时代的人际关系 [M]. 董晨宇, 唐悦哲, 译. 北京：中国人民大学出版社，2020.

[16] 汤姆·斯丹迪奇. 从莎草纸到互联网：社交媒体2000年 [M]. 林华, 译. 北京：中信出版社，2015.

[17] 马克·格雷厄姆, 威廉·H. 达顿. 另一个地球：互联网+社会 [M]. 胡泳, 徐嫩羽, 于双燕, 等译. 北京：电子工业出版社，2015.

[18] 克莱·舍基. 认知盈余 [M]. 胡泳, 哈丽丝, 译. 北京：中国人民大学出版社，2012.

[19] 伊莱·帕里泽. 过滤泡：互联网对我们的隐秘操纵 [M]. 方师师, 杨媛, 译. 北京：中国人民大学出版社，2020.

[20] 马歇尔·麦克卢汉. 理解媒介：论人的延伸 [M]. 何道宽, 译. 北京：商务印书馆，2000.

[21] 库尔德利. 媒介、社会与世界：社会理论与数字媒介实践 [M]. 何道宽, 译. 上海：复旦大学出版社，2014.

[22] 凯瑟琳·海勒. 我们何以成为后人类：文学、信息科学和控制论中的虚拟身体 [M]. 刘宇清, 译. 北京：北京大学出版社，2017.

[23] 戴维·J. 贡克尔, 保罗·A. 泰勒. 海德格尔论媒介 [M]. 吴江, 译. 北京：中国传媒大学出版社，2019.

[24] 理查德·塞勒·林. 习以为常：手机传播的社会嵌入 [M]. 刘君, 郑奕, 译. 上海：复旦大学出版社，2020.

[25] 尼古拉·尼葛洛庞帝. 数字化生存 [M]. 胡泳, 范海燕, 译. 海口：海南出版社，1997.

[26] 约翰·B. 汤普森. 意识形态理论研究 [M]. 郭世平, 等译. 北京：社会科学文献出版社，2013.

[27] 弗雷德·西伯特, 西奥多·彼得森, 威尔伯·施拉姆. 传媒的四种理论 [M]. 戴鑫, 译. 北京：中国人民大学出版社，2008.

（三）英文

[1] HEPP A. Deep Mediatization：Key Ideas in Media & Cultural Studies [M]. London：Routledge，2020.

［2］DIJCK J V，POELL T，WAAL M D. The Platform Society：Public Values in a Connective World［M］. Oxford：Oxford University Press，2018.

［3］COULDRY N，HEPP A. The Mediated Construction of Reality［M］. Cambridge：Polity Press，2017.

［4］SPARVIERO S，PEIL C，BALBI G. Media Convergence and Deconvergence［M］. Cham，Switzerland：Palgrave Macmillan，2017.

［5］KVALE S，BRINKMANN S. Interviews：Learning the craft of Qualitative Research Interviewing［M］. 2nd ed. Thousand Oaks：Sage，2009.

［6］RALLIS S F，ROSSMAN G B. Learning in the Field：An Introduction to Qualitative Research［M］. 2nd ed. Thousand Oaks：Sage，2003.

［7］MANOVICH L. The Language of New Media［M］. Cambridge，MA：The MIT Press，2002.

［8］PATTON M Q. Qualitative Research and Evaluation Methods［M］. 3rd ed. Thousand Oaks：Sage，2002.

［9］DEBRAY R. Introductionàla Médiologie［M］. Paris：PUF，2000.

［10］CALLON M. The Sociology of an Actor-network：The Case of the Electric Vehicle［M］// CALLON M，LAW J，RIP A. Mapping the Dynamics of Science and Technology. Basingstoke：Macmillan，1986.

［11］BOTTOMORE T B，RUBEL M. Karl Marx：Selected Writings in Social Philosophy［M］. New York：McGraw-Hill，1956.

［12］CASTELLS M. The Information Age I：The Rise of the Network Society［M］. Malden，MA：Blackwell Publishers，1996.

二、期刊

（一）中文

［1］陈力丹. 传媒形态如何影响我们的生活：传播学研究的一个新视角［J］. 新闻记者，2003（11）.

［2］蔡雯. 媒体融合进程中的"连接"与"开放"：兼论新型主流媒体建设的难点突破［J］. 国际新闻界，2020，42（10）.

［3］曾祥敏，李刚. 我国媒体深度融合发展中的关键问题［J］. 现代出版，2021（02）.

［4］郑保卫，王仕勇. 推动媒体融合发展须把握意识形态正确导向：学习习近平总书记在中央政治局第十二次集体学习时的重要讲话［J］. 新闻大学，2019（10）.

［5］彭兰．连接与反连接：互联网法则的摇摆［J］．国际新闻界，2019，41（02）．

［6］胡泳．平台化社会与精英的黄昏［J］．新闻战线，2018（21）．

［7］胡翼青，王聪．超越"框架"与"场域"：媒介化社会的新闻生产研究［J］．福建师范大学学报（哲学社会科学版），2019（04）．

［8］束开荣．互联网基础设施：技术实践与话语建构的双重向度——以媒介物质性为视角的个案研究［J］．新闻记者，2021（02）．

［9］常江，黄文森．数字时代的新闻学理论：体系演进与中西比较［J］．新闻记者，2021（08）．

［10］张凌霄．媒介环境学派的媒介影响观变迁：以媒介技术为视角［J］．当代传播，2016（06）．

［11］戴宇辰．走向媒介中心的社会本体论？——对欧洲"媒介化学派"的一个批判性考察［J］．新闻与传播研究，2016，23（05）．

［12］曾祥敏，齐虹翁．5G技术背景下智能媒体发展初探［J］．电视研究，2019（06）．

［13］孟笛，柳静，王雅婧．颠覆与重塑：人工智能时代的新闻生产［J］．中国编辑，2021（04）．

［14］田龙过，牟小颖．短视频平台算法推荐机制对主流媒体新闻平台的启示［J］．出版广角，2021（04）．

［15］喻国明．"5G革命"下的传媒发展机遇与要点［J］．新闻与写作，2019（12）．

［16］周继坚．"现场新闻"报道模式 主流媒体的数字化生产范本［J］．新闻与写作，2016（04）．

［17］彭兰．更好的新闻业，还是更坏的新闻业？——人工智能时代传媒业的新挑战［J］．中国出版，2017（24）．

［18］黄楚新，刁金星．全媒体时代新型主流媒体建设的顶层设计与路径选择［J］．中国出版，2019（15）．

［19］常媛媛，曾庆香．新型主流媒体新闻的身份建构：角色展演与道德规训［J］．新闻界，2020（02）．

［20］肖叶飞．新型主流媒体的基本特征、构建路径与价值实现［J］．编辑之友，2020（07）．

［21］武楠，梁君健．短视频时代主流媒体的新闻生产变革与视听形态特征：以新冠肺炎疫情期间"央视新闻"快手短视频为例［J］．当代传播，2020（03）．

[22] 张毓强，张开扬．主流媒体内容生产：逻辑、空间及其内在张力——以新华通讯社防疫抗疫报道为例 [J]．现代传播（中国传媒大学学报），2020，42（06）．

[23] 詹绪武，李珂．Vlog+新闻：主流话语的传播创新路径——以"康辉vlog"为例 [J]．新闻与写作，2020（03）．

[24] 严三九．中国传统媒体与新兴媒体内容融合发展研究 [J]．新闻与传播研究，2017，24（03）．

[25] 李唯嘉．如何实现"信任性真实"：社交媒体时代的新闻生产实践——基于对 25 位媒体从业者的访谈 [J]．国际新闻界，2020，42（04）．

[26] 吴颖，陈堂发．"流动"的记者：原生新闻专业主义的修正——基于自媒体的新闻实践 [J]．北京理工大学学报（社会科学版），2021，23（06）．

[27] 杨凤娇，孙雨婷．主流媒体抖音号短视频用户参与度研究：基于《人民日报》抖音号的实证分析 [J]．现代传播（中国传媒大学学报），2019，41（05）．

[28] 单凌，刘璐．新传播生态下中国传统媒体从业者的专业实践调查 [J]．现代传播（中国传媒大学学报），2017，39（10）．

[29] 刘嘉琪，王洪鹏，齐佳音，等．社会危机背景下的联结行动说服策略研究：基于社交媒体中的用户生成内容文本分析 [J]．管理工程学报，2021，35（02）．

[30] 喻国明，赵睿．媒体可供性视角下"四全媒体"产业格局与增长空间 [J]．学术界，2019（07）．

[31] 沈正赋．"四全媒体"框架下新闻生产与传播机制的重构 [J]．现代传播（中国传媒大学学报），2019，41（03）．

[32] 沈阳．"四全"媒体的新内涵与技术新要求 [J]．青年记者，2019（07）．

[33] 郑保卫，张喆喆．习近平新闻舆论观的思想精髓、理论来源与实践价值 [J]．新闻与写作，2019（10）．

[34] 柳斌杰，郑雷．新媒体环境下中国新闻管理与舆论引导问题、趋势分析 [J]．国际新闻界，2019，41（02）．

[35] 宋建武，冯雯璐．全媒体时代主流媒体的数据化生存与发展 [J]．湖南大学学报（社会科学版），2019，33（06）．

[36] 李华君，涂文佳．5G 时代全媒体传播的价值嬗变、关系解构与路径探析 [J]．现代传播（中国传媒大学学报），2020，42（04）．

[37] 段鹏．试论我国智能全媒体传播体系建设的实践路径：内容、框架与

模式［J］. 现代出版, 2020 (03).

　　［38］冯建华, 王建峰. 辩证把握媒体融合发展的历史逻辑［J］. 当代传播, 2021 (01).

　　［39］龙小农, 陈林茜. 媒体融合的本质与驱动范式的选择［J］. 现代出版, 2021 (04).

　　［40］刘帅, 李坤, 王凌峰. 从主流媒体到新型主流媒体: 概念内涵及其实践意义［J］. 新闻界, 2020 (08).

　　［41］陈昌凤, 杨依军. 意识形态安全与党管媒体原则: 中国媒体融合政策之形成与体系建构［J］. 现代传播 (中国传媒大学学报), 2015, 37 (11).

　　［42］宋建武, 黄淼, 陈璐颖. 平台化: 主流媒体深度融合的基石［J］. 新闻与写作, 2017 (10).

　　［43］彭兰. 智媒趋势下内容生产中的人机关系［J］. 上海交通大学学报 (哲学社会科学版), 2020, 28 (01).

　　［44］曾祥敏, 杨丽萍. 论媒体融合纵深发展"合"的本质与"分"的策略: 差异化竞争、专业化生产、分众化传播［J］. 现代出版, 2020 (04).

　　［45］李彪. 未来媒体视域下媒体融合空间转向与产业重构［J］. 编辑之友, 2018 (03).

　　［46］谢新洲, 石林. "上下夹击"与"中部突围": 我国地市级融媒体发展研究——基于四市媒体融合发展的实地调研［J］. 现代传播 (中国传媒大学学报), 2019, 41 (12).

　　［47］严三九. 中国传统媒体与新兴媒体融合发展的现状、问题与创新路径［J］. 华东师范大学学报 (哲学社会科学版), 2018, 50 (01).

　　［48］陈接峰, 荆莉. 媒体深度融合的结构选择、制度设计以及供给侧改革的路径［J］. 编辑之友, 2021 (10).

　　［49］舟桢, 张志安. 移动、视觉、智能: 媒体深度融合中组织再造的关键［J］. 新闻与写作, 2021 (01).

　　［50］胡翼青, 谌知翼. 媒体融合再出发: 解读《关于加快推进媒体深度融合发展的意见》［J］. 中国编辑, 2021 (01).

　　［51］姬德强, 朱泓宇. 传播、服务与治理: 媒体深度融合的三元评价体系［J］. 新闻与写作, 2021 (01).

　　［52］喻国明. 推进媒体深度融合需要解决的三个关键问题［J］. 教育传媒研究, 2021 (01).

　　［53］王晓红. 短视频助力深度融合的关键机制: 以融合出版为视角［J］. 现代出版, 2020 (01).

［54］唐士哲. 重构媒介？"中介"与"媒介化"概念爬梳［J］. 新闻学研究，2014（10）.

［55］侯东阳，高佳. 媒介化理论及研究路径、适用性［J］. 新闻与传播研究，2018，25（05）.

［56］涂凌波. "以中国为方法"：新闻学理论范式转换的逻辑、知识与方法论［J］. 新闻与写作，2021（11）.

［57］胡翼青，王焕超. 媒介理论范式的兴起：基于不同学派的比较分析［J］. 现代传播（中国传媒大学学报），2020，42（04）.

［58］杨柏岭. 作为文化的传播：人、媒介与社会关系的形上之思［J］. 现代传播（中国传媒大学学报），2020，42（08）.

［59］黄旦. 报纸革命：1903 年的《苏报》——媒介化政治的视角［J］. 新闻与传播研究，2016，23（06）.

［60］赵高辉. 传统媒介组织"强制性通过点"地位的消解与重构：行动者网络理论视域下的媒介融合发展探析［J］. 现代传播（中国传媒大学学报），2019（5）.

［61］陈逸君，贺才钊. 媒介化新闻：形成机制、生产模式与基本特征——以"脆皮安全帽"事件为例［J］. 现代传播（中国传媒大学学报），2020，42（09）.

［62］黄旦. 重造新闻学：网络化关系的视角［J］. 国际新闻界，2015，37（01）.

［63］李玮. 跨媒体·全媒体·融媒体：媒体融合相关概念变迁与实践演进［J］. 新闻与写作，2017（06）.

［64］周翔，李镓. 网络社会中的"媒介化"问题：理论、实践与展望［J］. 国际新闻界，2017，39（04）.

［65］王斌. 从技术逻辑到实践逻辑：媒介演化的空间历程与媒介研究的空间转向［J］. 新闻与传播研究，2011，18（03）.

［66］顾洁. 媒介研究的实践范式：框架、路径与启示［J］. 新闻与传播研究，2018，25（06）.

［67］刘海龙. 传播研究本土化的两个维度［J］. 现代传播（中国传媒大学学报），2011（09）.

［68］杨陶玉. 媒介进化论：从保罗·莱文森说起［J］. 东南传播，2009（03）.

［69］石长顺，柴巧霞. 论报业的全媒体转型［J］. 新闻前哨，2012（05）.

［70］彭兰. 媒介融合方向下的四个关键变革［J］. 青年记者，2009（06）.

［71］石长顺，景义新．全媒体的概念建构与历史演进［J］．编辑之友，2013（05）．

［72］宋建武．构建全媒体传播体系的实践路径［J］．传媒评论，2021（02）．

［73］耿磊．实施全媒体传播工程 加快推进媒体深度融合发展［J］．新闻战线，2020（24）．

［74］朱江丽，蒋旭峰．从"主流媒体"到"新型主流媒体"：中国特色社会主义新闻观的嬗变与突破［J］．新闻界，2017（08）．

［75］谢新洲，朱垚颖，宋琢谢．县级媒体融合的现状、路径与问题研究：基于全国问卷调查和四县融媒体中心实地调研［J］．新闻记者，2019（03）．

［76］强月新，陈星．当前我国媒体传播力的影响因素研究：以受众为视角［J］．新闻大学，2017（04）．

［77］风笑天．论参与观察者的角色［J］．华中师范大学学报（人文社会科学版），2009（03）．

［78］卜玉梅．虚拟民族志：田野、方法与伦理［J］．社会学研究，2012，27（06）．

［79］孙信茹．线上和线下：网络民族志的方法、实践及叙述［J］．新闻与传播研究，2017，24（11）．

［80］蔡宁伟，于慧萍，张丽华．参与式观察与非参与式观察在案例研究中的应用［J］．管理学刊，2015，28（04）．

［81］唐权，杨立华．再论案例研究法的属性、类型、功能与研究设计［J］．科技进步与对策，2016，33（09）．

［82］肖景辉．2005，中国报业寒风中的徘徊与期待［J］．传媒，2005（12）．

［83］肖武．吴海民：都市报的冬天提前来到了［J］．传媒，2005（07）．

［84］王利明．冲出风雨 拥抱彩虹：新闻出版总署副署长石峰谈报业面临的问题［J］．传媒，2006（01）．

［85］陈长松．"时间完胜空间"？——对"用时间消灭空间"信条的新闻传播学再思［J］．编辑之友，2020（10）．

［86］何镇飚，王润．新媒体时空观与社会变化：时空思想史的视角［J］．国际新闻界，2014，36（05）．

［87］田静．手机媒体移动性的时空解析［J］．新闻大学，2015（02）．

［88］李曦珍，楚雪，胡辰．传播之"路"上的媒介技术进化与媒介形态演变［J］．新闻与传播研究，2012，19（01）．

[89] 陈长松. 时间消灭空间？——论传播技术演化的空间维度 [J]. 新闻界, 2016 (12).

[90] 陈昌凤, 杨依军. 意识形态安全与党管媒体原则：中国媒体融合政策之形成与体系建构 [J]. 现代传播（中国传媒大学学报）, 2015, 37 (11).

[91] 徐敬宏, 侯彤童. 从现代传媒体系到全媒体传播体系："十三五"时期的媒体深度融合之路 [J]. 编辑之友, 2021 (01).

[92] 宋昭勋. 新闻传播学中 Convergence 一词溯源及内涵 [J]. 现代传播（中国传媒大学学报）, 2006 (01).

[93] 李鲤. 赋权·赋能·赋意：平台化社会时代国际传播的三重进路 [J]. 现代传播（中国传媒大学学报）, 2021, 43 (10).

[94] 席志武, 李辉. 平台化社会重建公共价值的可能与可为——兼评《平台社会：连接世界中的公共价值》[J]. 国际新闻界, 2021, 43 (06).

[95] 陆先高. 探索媒体融合差异化发展 [J]. 新闻战线, 2019 (20).

[96] 万小广, 程征. 人民日报媒体融合发展战略与启示 [J]. 中国记者, 2016 (10).

[97] 曾祥敏, 刘日亮. 媒体融合质变的关键问题研究：基于 2019 年中国媒体融合发展的分析 [J]. 现代出版, 2019 (06).

[98] 张芸. 省级媒体深度融合的现实问题与理论思考：基于河北省的调研 [J]. 新闻与传播研究, 2018, 25 (S1).

[99] 鲍洪俊. 实施三三战略 强化内容生产 推进媒体融合：浙江日报报业集团推进媒体融合发展的创新尝试 [J]. 中国记者, 2016 (06).

[100] 喻国明, 曲慧, 方可人. 重新理解媒介：以受众"媒介观"为中心的范式转换 [J]. 新疆师范大学学报（哲学社会科学版）, 2021, 42 (02).

[101] 戴宇辰, 孔舒越. "媒介化移动"：手机与地铁乘客的移动节奏 [J]. 国际新闻界, 2021, 43 (03).

[102] 肖赞军, 陈思颖. 主流媒体集团的全面转型之困及发展研究 [J]. 传媒观察, 2020 (10).

[103] 陈国权. 今天, 谁来"供养"报业？——对"事业单位, 企业化管理"的改革探讨 [J]. 青年记者, 2018 (28).

[104] 吴海民. 媒体变局：谁动了报业的蛋糕？——关于报业未来走势的若干预测 [J]. 中国报业, 2005 (11).

[105] 黄书泉. 论三种文化的互补与整合：改革开放 30 年文化反思 [J]. 学术界, 2010 (02).

[106] 常江. "成年的消逝"：中国原生互联网文化形态的变迁 [J]. 学习

与探索，2017（07）.

[107] 邹广文. 当代中国的主流文化、精英文化与大众文化 [J]. 杭州师范学院学报（社会科学版），2002（06）.

[108] 陈慧平. 伯明翰学派"大众文化"的三大特征及其借鉴意义 [J]. 国外社会科学，2014（03）.

[109] 常江. 以先锋的姿态怀旧：中国互联网文化生产者的身份认同研究 [J]. 国际新闻界，2015, 37（05）.

[110] 黄旦，李暄. 从业态转向社会形态：媒介融合再理解 [J]. 现代传播（中国传媒大学学报），2016（01）.

[111] 杨保军. "共"时代的开创：试论新闻传播主体"三元"类型结构形成的新闻学意义 [J]. 新闻记者，2013（12）.

[112] 彭兰. 数字时代新闻生态的"破壁"与重构 [J]. 现代出版，2021（03）.

[113] 黄升民，杨雪睿. 碎片化：品牌传播与大众传媒新趋势 [J]. 现代传播，2005（06）.

[114] 陈洁. 基于"认知盈余"的碎片式新媒体内容变现研究 [J]. 经济与社会发展，2017, 15（06）.

[115] 喻国明. 互联网平台：传播生态的巨变及其社会治理 [J]. 新闻论坛，2021, 35（05）.

[116] 赵子忠，郭好. 技术生态视域下的全媒体传播体系建设 [J]. 新闻与写作，2021, 439（01）.

[117] 张英培，胡正荣. 从媒体融合到四级融合发展布局：主流媒体发展改革的新阶段 [J]. 出版广角，2021（01）.

[118] 张金玺. 美国网络中介者的诽谤责任与免责规范初探：以《通讯端正法》第 230 条及其司法适用为中心 [J]. 新闻与传播研究，2015, 22（01）.

[119] 杨保军. 当前我国马克思主义新闻观的核心观念及其基本关系 [J]. 新闻大学，2017（04）.

[120] 张建星. 推动媒体深度融合发展 打造全媒体传播新格局 [J]. 传媒，2021（03）.

[121] 支庭荣. 全媒体传播体系的全息透视：系统建构、功能耦合与目标优化 [J]. 西北师大学报（社会科学版），2019, 56（06）.

[122] 宋建武，乔羽. 全媒体传播体系的功能、结构与技术支撑 [J]. 传媒，2020（21）.

[123] 梁佳. 省级融媒体平台助力脱贫攻坚的路径：以新甘肃云为例 [J].

出版广角，2020（22）.

[124] 胡正荣. 2021 年深化县级融媒体改革的新任务和新挑战 [J]. 现代视听，2020（12）.

[125] 胡敏. 媒体深度融合中"浏阳模式"的建设与实现路径的探索 [J]. 广播电视信息，2020，27（11）.

[126] 喻国明. 从"小融合"到"大融合"：推进媒体深度融合的一个关键性操作 [J]. 城市党报研究，2020（12）.

[127] 曾祥敏，刘日亮. 当前县级融媒体建设的问题思考与策略探究 [J]. 中国新闻传播研究，2019（01）.

[128] 喻国明，张超，李珊，等. "个人被激活"的时代：互联网逻辑下传播生态的重构——关于"互联网是一种高维媒介"观点的延伸探讨 [J]. 现代传播（中国传媒大学学报），2015，37（05）.

[129] 曾祥敏，张子璇. 场域重构与主流再塑：疫情中的用户媒介信息接触、认知与传播 [J]. 现代传播（中国传媒大学学报），2020，42（05）.

[130] 唐胜宏，王媛媛，王京. 2019 媒体融合传播指数总报告 [J]. 传媒，2020（15）.

[131] 戴元初，康培培. 国家治理视域中的媒体深度融合：舆论生态、社会表征与时空再造 [J]. 中国出版，2021（13）.

[132] 曾祥敏. 导向正确 融合创新 专业引领 规则探索：第二十八届中国新闻奖媒体融合奖评析 [J]. 新闻战线，2018（21）.

[133] 罗昕，李嘉诚. 主流媒体新闻客户端发展现状与趋势 [J]. 新闻战线，2021（03）.

[134] 彭兰. 智能时代的新内容革命 [J]. 国际新闻界，2018，40（06）.

[135] 郭小平，杨洁茹. 传播在云端：平台媒体化与基础设施化的风险及其治理 [J]. 现代出版，2021（06）.

[136] 韩万春.《芜湖日报》的媒体融合探索实践："一体化"推进深度融合"高质量"提升引导能力 [J]. 城市党报研究，2021（06）.

[137] 喻国明，方可人. 传播媒介：理论认识的升级与迭代——一种以用户价值为逻辑起点的学术范式 [J]. 新闻界，2020（03）.

[138] 郑雯，施畅，桂勇. "底层主体性时代"：理解中国网络空间的新视域 [J]. 新闻大学，2021（10）.

[139] 蔡雯，汪惠怡. 现代化传播体系建设中的资源共享与边界重构 [J]. 传媒观察，2021（11）.

[140] 胡翼青，罗喆. "版权之争"还是"端口之争"：一种思考新旧媒体

之争的新视角 [J]. 新闻界, 2018 (04).

[141] 宋建武. 媒体深度融合: 平台化、移动化、智能化 [J]. 视听界 (广播电视技术), 2018 (04).

[142] 曾祥敏, 齐歌夷. 媒体 "平台化" 建设路径与方略研究 [J]. 新闻与写作, 2017 (11).

[143] 皇甫博媛. "算法游戏": 平台家长主义的话语建构与运作机制 [J]. 国际新闻界, 2021, 43 (11).

[144] 唐中祥. 建设新型主流媒体 打造新时代重要传播窗口: 浙江日报报业集团关于加快推进媒体深度融合发展的思考 [J]. 传媒评论, 2021 (02).

[145] 杨璐. 互联网消灭的 40 件事 [J]. 三联生活周刊, 2022 (03).

[146] 常江, 何仁亿. 数字新闻生产简史: 媒介逻辑与生态变革 [J]. 新闻大学, 2021 (11).

[147] 周琪. 网络流行语是否适合入新闻标题 [J]. 青年记者, 2022 (02).

[148] 任志强. 以游戏化思维创新主流媒体客户端用户运营 [J]. 中国报业, 2020 (03).

[149] 王婧雯, 雷建军. 游戏化的新闻: 数字新闻业的边界互动与逻辑协商 [J]. 编辑之友, 2022 (01).

[150] 苏涛, 彭兰. 虚实混融、人机互动及平台社会趋势下的人与媒介: 2021 年新媒体研究综述 [J]. 国际新闻界, 2022, 44 (01).

[151] 李静, 姬雁楠, 谢耘耕. 中国大学生在社交媒体上的公共事件传播行为研究: 基于全国 103 所高校的实证调查分析 [J]. 新闻界, 2018 (04).

[152] 张林. 自媒体空间主流意识形态话语 "传播力" 的提升策略 [J]. 广西社会科学, 2020 (12).

[153] 喻国明. "破圈": 未来社会发展中至为关键的重大命题 [J]. 新闻与写作, 2021 (06).

[154] 黄丹琪, 陈昌凤. 新型主流媒体深度融合建设路径探索: 以新闻行动者网络为框架 [J]. 电视研究, 2021 (04).

[155] 李珍. 牢牢掌握意识形态工作主动权: 学习习近平总书记关于意识形态工作的重要论述 [J]. 马克思主义研究, 2017 (09).

[156] 李宝善. 自觉坚持马克思主义新闻观 [J]. 求是, 2013 (16).

[157] 邓绍根, 丁丽琼. 中国共产党百年进程中马克思主义新闻观的创新发展 [J]. 新闻大学, 2021 (06).

[158] 高山冰. 社会服务赋能媒体深度融合: 逻辑、困境与突破 [J]. 视

听界，2021 (05).

[159] 潘忠党，刘于思. 以何为"新"？"新媒体"话语中的权力陷阱与研究者的理论自省：潘忠党教授访谈录 [J]. 新闻与传播评论，2017 (01).

[160] 罗卫光. 重构党媒主流意识形态话语权的三个维度 [J]. 中国出版，2020 (02).

[161] 权玺. 生态化协同治理：媒体深度融合发展的逻辑取向与创新应变 [J]. 编辑之友，2021 (10).

[162] 米博华. 实现从被动应对到占据主动的逆转：国际传播能力观察与思考 [J]. 电视研究，2020 (12).

[163] 张志安，谭晓倩. 现代传播体系建设中的重大事件主题报道：2021年中国新闻业年度观察报告 [J]. 新闻界，2022 (01).

[164] 李合亮，高庆涛. 十八大以来共产党对意识形态认识的创新与深化 [J]. 马克思主义研究，2016 (07).

（二）英文

[1] HEPP A, HJARVARD S, LUNDBY K. Mediatization：Theorizing the Iinterplay between Media, Culture and Society [J]. Media, Culture & Society, 2015, 37 (2).

[2] LUNDBY K. Mediatization of Communication [J]. Handbooks of Communication Science, 2014 (21) .

[3] KROTZ F. Mediatization as a Mover in Modernity：Social and Cultural Change in the Context of Media Change [J]. Mediatization of Communication, 2014 (21).

[4] KAMMER A. The Mediatization of Journalism [J]. MedieKultur：Journal of Media and Communication Research, 2014, 29 (54) .

[5] KUNELIUS R, REUNANEN E. Changing Power of Journalism：The Two Phases of Mediatization [J]. Communication Theory, 2016, 26 (4).

[6] VORDERER P, KRÖMER N, SCHNEIDER F M. Permanently Online-permanently Connected：Explorations into University Students' use of Social Media and Mobile Smart Devices [J]. Computers in Human Behavior, 2016 (63).

[7] WENJING P, CUIHUA S, BO F. You Get What You Give：Understanding Reply Reciprocity and Social Capital in Online Health Support Forums [J]. Journal of Health Communication, 2017, 22 (01) .

[8] SUSAN C, KINASH S. Virtual Ethnography：Interactive Interviewing Online as Method [J]. Canadian Journal of Learning and Technology, 2003 (29).

［9］ KIM S J. A Repertoire approach to Cross-platform Media use Behavior ［J］. New Media & Society，2016，18（03）．

［10］ SRNICEK N. The Challenges of Platform Capitalism：Understanding the logic of an new Business Model ［J］. Juncture，2017，23（04）．

［11］ MEYER P. Defining and Measuring Credibility of Newspapers：Developing an Index ［J］. Journalism & Mass Communication Quarterly，1988，65（03）．

［12］ HADDON L. The Contribution of Domestication Research to In-home Computing and Media Consumption ［J］. Information Society，2006，22（04）．

［13］ KOMERLINK T，MEIJER I. What Clicks Actually Mean：Exploring Digital News User Practices ［J］. Journalism，2018，19（05）．

三、学位论文

［1］ 易绍华. 数字化背景下中国电视媒体的网络化生存研究 ［D］. 武汉：武汉大学，2009.

［2］ 李福林. 场域视角下大众文化与精英文化的博弈 ［D］. 济南：山东师范大学，2015.

［3］ 张志安. 编辑部场域中的新闻生产 ［D］. 上海：复旦大学，2006.

［4］ GOFFMAN E. Communication Conduct in an Island Community ［D］. Chicago：University of Chicago，1953.

四、报纸及网络资源等

［1］ 习近平. 在网络安全和信息化工作座谈会上的讲话 ［N］. 人民日报，2016-04-26（2）．

［2］ 习近平在党的新闻舆论工作座谈会上强调：坚持正确方向创新方法手段 提高新闻舆论传播力引导力 ［EB/OL］. 人民网，2016-02-20.

［3］ 习近平出席全国宣传思想工作会议并发表重要讲话 ［EB/OL］. 新华网，2018-08-22.

［4］ 县级融媒体中心建设全面启动 ［EB/OL］. 中国记协网，2018-09-26.

［5］ 习近平主持召开中央全面深化改革委员会第五次会议 ［EB/OL］. 新华网，2018-11-14.

［6］ 习近平：加快推动媒体融合发展 构建全媒体传播格局 ［EB/OL］. 求是网，2019-03-15.

［7］ 把论文写在祖国大地上 ［EB/OL］. 求是网，2020-08-30.

［8］ 中国互联网络信息中心（CNNIC）. 第 48 次中国互联网络发展状况统

计报告［EB/OL］. 中国互联网络信息中心, 2021-09-15.

　　［9］习近平：坚定文化自信, 推动社会主义文化繁荣兴盛［EB/OL］. 共产党员网, 2017-10-18.

　　［10］Social Media Users Pass the 4.5 Billion Mark［EB/OL］. We Are Social, 2021-10-21.

　　［11］艾瑞咨询. 中国原创新闻创新案例研究报告［EB/OL］. 新浪网, 2020-07-22.

　　［12］中共中央办公厅 国务院办公厅印发《关于加快推进媒体深度融合发展的意见》［EB/OL］. 新华网, 2020-09-26.

　　［13］艾媒咨询. 2020—2021年中国短视频头部市场竞争状况专题研究报告［EB/OL］. 艾媒网, 2021-01-23.

　　［14］宁雅虹. 广电长短视频融出新样态［EB/OL］. 广电时评, 2021-05-12.

　　［15］广电总局印发《关于加快推进广播电视媒体深度融合发展的意见》的通知［EB/OL］. 国务院公报, 2020-11-30.

　　［16］艾瑞咨询. 中国原创新闻案例研究报告［EB/OL］. 新浪网, 2020-07-22.

　　［17］习近平主持中共中央政治局第十二次集体学习并发表重要讲话［EB/OL］. 新华网, 2019-01-25.

　　［18］陈莹. 十个关键词看懂川报转型秘诀!［EB/OL］. 传媒茶话会, 2021-03-16.

　　［19］快手大数据研究院. 我的美丽家乡：2020快手扶贫报告［R/OL］. 快手大数据研究院, 2020-10-16.

　　［20］喻国明：互联网进入"下半场", 主流媒体要有新逻辑 | 德外荐读［EB/OL］. 新京报传媒研究, 2020-08-20.

　　［21］杨雯. 北京首家试水整建制转企的区级融媒体中心正式运营：构建"横到边、纵到底"复合型传播矩阵［EB/OL］. 新浪网, 2021-08-16.

　　［22］人民日报客户端"军装照"H5荣获第二十八届中国新闻奖一等奖［EB/OL］. 人民网, 2018-11-02.

　　［23］从百亿传播, 看央视新闻短视频如何热度破圈［EB/OL］. 央视网, 2022-02-23.

　　［24］习近平：加快推动媒体融合发展 构建全媒体传播格局［EB/OL］. 求是网, 2019-03-15.

　　［25］国家广电智库.【启航新征程】湖南广电聚力建设主流新媒体集团

[EB/OL]. 国家广电智库，2021-08-05.

[26] 农产品搭乘"长兴鲜"出村进城 [EB/OL]. 长兴县人民政府网，2020-03-10.

[27] 央视频累计下载数超3亿；"寰姐"状告迪士尼 | 全媒风向精选 [EB/OL]. 全媒派，2021-08-02.

[28] 传媒观察 | 尼曼实验室关于2022年新闻业的预测④：重建新闻生态系统 [EB/OL]. 传媒观察杂志，2022-02-21.

[29] 大事看总台！"孟晚舟回国"直播及话题点赞超4亿，阅读超36亿 [EB/OL]. 央视网，2021-09-27.

[30] 孙海悦. 早晚高峰新闻联动 紧追热点服务民生 [EB/OL]. 中国记协网，2021-03-29.

[31] 李磊. 直接转企！这家县级融媒体中心的做法能"抄作业"吗？ [EB/OL]. 传媒茶话会，2021-08-18.

[32] 李林倬. 解读新思维 | 什么是微粒社会 [EB/OL]. 浙江新闻网，2021-09-30.

[33] 一周涨粉610万！四处观察的"四川观察"如何用5000条视频走红抖音？ [EB/OL]. 新榜，2020-08-15.

[34] 习近平. 在庆祝中国共产党成立100周年大会上的讲话 [EB/OL]. 求是网，2021-07-15.

[35] 习近平在中共中央政治局第三十次集体学习时强调 加强和改进国际传播工作 展示真实立体全面的中国 [EB/OL]. 新华网，2021-06-01.

[36] 齐鲁晚报总编辑廖鲁川：打造用户广泛参与的内容生态 [EB/OL]. 新闻战线，2021-07-12.

[37] 徐麟：加快推进媒体深度融合，需要牢牢把握这6个方面 [N/OL]. 人民日报，2020-11-19.

[38] 李磊. 年营收以亿计，这两家地市媒体的赚钱秘诀是啥？ [EB/OL]. 传媒茶话会，2021-06-21.

附 录

调查问卷

（一）我国主流媒体全媒体建设情况调查 2020

您将被邀请填写一份"我国主流媒体全媒体建设情况调查"的研究问卷，本问卷由中国记协新媒体专业委员会委托《中国新媒体研究报告》课题组发起，目的是了解我国各级主流媒体融合发展的现状和问题，以进行学术研究，请您根据实际真实填写，并在填写前确保本人已知情并同意参加该项研究。

1. 您的性别：［单选题］ ＊

○男 ○女

2. 您的年龄：［单选题］ ＊

○30 岁及以下 ○31—40 岁 ○41—50 岁 ○50 岁以上

3. 您所在媒体的属性：［单选题］ ＊

○中央级媒体

○省级媒体

○市级媒体

○区县级媒体

4. 您目前的工作岗位属于：［单选题］ ＊

○管理

○采编

○经营

○技术

5. 您的媒体编制为：［单选题］ ＊

○正式在编全职

○正式在编兼职

○非正式在编（合同工、临时工等）

6. 您所在的媒体是否已经设有全媒体中心？［单选题］ *

○是

○否

7. 您单位的全媒体中心是：［单选题］ *

○新建，独立于原采编部门以外

○重组，整合原有采编部门资源

○其他 ＿＿＿＿＿＿＿＿＿＿＿＿ *

8. 您所在单位的全媒体中心包括：［多选题］ *

□中央厨房

□智能编辑部

□可视化融合大屏

□智能演播室

□其他融媒技术或设施 ＿＿＿＿＿＿＿＿＿＿＿＿ *

9. 您单位的融媒体技术是：［单选题］ *

○完全自主开发

○全部外包合作

○自主开发+外包合作，且自主多于外包

○自主开发+外包合作，且外包多于自主

○其他 ＿＿＿＿＿＿＿＿＿＿＿＿ *

9.1　您所在单位的全媒体中心技术上可以实现哪些功能？［多选题］ *

□素材共享

□数据分析

□移动采编

□多端分发

□实时调度

□舆情监测

□社会服务

□智慧城市

□电子政务

□其他 ＿＿＿＿＿＿＿＿＿

9.2　对全媒体中心技术的实际应用情况进行评价：［矩阵量表题］ *

	很不满意	不满意	一般	满意	十分满意
采编报道	○	○	○	○	○
智能分发	○	○	○	○	○
舆情监测	○	○	○	○	○
数据分析	○	○	○	○	○
政务合作	○	○	○	○	○
服务拓展	○	○	○	○	○
经营管理	○	○	○	○	○

9.3　您认为还有哪些技术对媒体发展是重要的：［多选题］ *

□人工智能

□物联网

□大数据

□云计算

□区块链

□都不太了解

□其他 _____

9.4　您认为媒体应该应用算法分发技术吗？［单选题］ *

○是

○否

○说不清

9.5　你认为机器写稿对内容生产的影响是怎样的？［单选题］ *

○正面影响大于负面影响

○负面影响大于正面影响

○两者差不多

○说不清

9.6　您认为技术创新与媒体保持内容的专业性是冲突的吗？［单选题］ *

○两者冲突

○两者不冲突

○说不清

10. 您所在部门已经开通了哪些融合传播渠道？［多选题］ *

如果选择了客户端，需在空白处填写客户端功能定位如：新闻+政务+服务

□微信、微博

□客户端（功能定位是？）＿＿＿＿＿＿＿＿＿＿＿＿ ＊

□入驻中央或省级媒体平台（如人民号、长江号）

□入驻商业媒体平台（如抖音号、快手号、头条号、百家号等）

□与商业品牌联名

□其他 ＿＿＿＿＿＿＿＿＿＿＿＿ ＊

10.1　贵媒体移动端用户总数约：［单选题］ ＊

○100 万人以下

○100 万—1000 万人

○1000 万—3000 万人

○3000 万—5000 万人

○5000 万—7000 万人

○7000 万—1 亿人

○1 亿人以上

○不清楚

10.2　贵媒体移动端［矩阵单选题］ ＊

	自建 APP	微信	微博	短视频平台	其他内容分发平台
用户数量最大端口为	○	○	○	○	○
用户最活跃端口为	○	○	○	○	○

10.3　贵媒体目前属于下述哪种情况：［单选题］ ＊

○自建区域专属云平台

○接入区域专属云平台（如湖南云）

○接入央媒云平台（如人民云）

○没有接入任何云平台

○不清楚

10.4　入驻贵媒体的各类内容账号（如南方号，人民号），请在右边空白处填写数量，如：2［矩阵文本题］ ＊

项目	数量
1. 聚合政务新媒体多少个?	
2. 聚合企业新媒体多少个?	
3. 聚合自媒体多少个?	
4. 聚合县域全媒体多少个?	
5. 聚合其他各类媒体多少个?	
6. 总计数量为多少个?	

10.5　贵媒体聚合内容中独家账号比例约为：[单选题] *

○10%以下

○20%以下

○30%以下

○40%以下

○50%以下

○50%以上

○不清楚

10.6　贵媒体对聚合内容再加工利用的比例为：[单选题] *

○20%以下

○40%以下

○60%以下

○80%以下

○80%以上

○不清楚

10.7　贵媒体与各类入驻账号的关系为：[单选题] *

○竞争用户阅读时间

○双方用户属于同圈层，用户数量无明显增减

○用户覆盖范围属于互补关系，用户总数增加

○其他（请注明）＿＿＿＿＿＿＿＿＿＿＿＿ *

11. 贵媒体是否与政府部门共同建设大数据中心？［单选题］ *

○是

○否

○不清楚

12. 贵媒体是否可以共享政务数据？［单选题］ *

○共享

○不共享

○不清楚

12.1　贵媒体与政府部门共享的数据内容是哪些方面？［多选题］ *

□交通信息

□医疗信息

□政策项目

□住房生活

□消费维权

□综合信息发布

□便民服务

□新闻发布

□其他（请注明）＿＿＿＿＿＿＿＿＿＿＿＿ *

13. 贵媒体与政务新媒体在新闻报道方面的互动关系为：［多选题］ *

□政务新媒体先发布消息，影响记者常规报道

□政务新媒体发布消息晚于媒体，优先考虑记者报道

□政务新媒体和记者各自单独发布，均为通稿，互不影响

□政务新媒体发布消息，记者选择另外角度报道或深度解读

□其他（请注明）＿＿＿＿＿＿＿＿＿＿＿＿ *

14. 您所在单位全媒体中心的经营模式是：［多选题］ *

请在横线填写不同经营模式所占比例，不清楚可不填写

□政府财政拨款＿＿＿＿＿＿＿＿＿＿＿＿

□政府委托合作＿＿＿＿＿＿＿＿＿＿＿＿

□企业委托合作＿＿＿＿＿＿＿＿＿＿＿＿

□开展线下活动盈利＿＿＿＿＿＿＿＿＿＿＿＿＿

□承包其他盈利项目＿＿＿＿＿＿＿＿＿＿＿＿＿

□不太清楚

15. 您单位是否设有全媒体工作室？［单选题］ *

全媒体工作室是指可以跨部门自由组合人员、采用项目制运营、生产融合新闻产品的小团队。

○是（请写出您认为最有代表性的三个）＿＿＿＿＿＿＿＿＿＿＿ *

○否

○不清楚

16. 您单位是否招募了提供 UGC 内容的拍者团队，或建立了 UGC 内容生产平台？［单选题］ *

○是

○否

○不清楚

17. 您所在单位全媒体中心有无出台以下制度规范：［矩阵单选题］ *

	是	否
管理办法	○	○
内容把关制度	○	○
评估督查制度	○	○
具体工作规范	○	○

17.1　您部门是否对全媒体采编进行量化考核，多劳多得，质优多得？［单选题］ *

○是

○否（跳转第 18 题）

17.2　您部门量化考核指标包括：［多选题］ *

□采编发数量

□优稿数量

□阅读点击数量

□受众参与度

□外推效果

□其他 ＿＿＿＿＿＿＿＿＿＿＿

18. 您单位对提升全媒体采编的质和量是否有激励奖惩制度？［单选题］ ＊

○有

○没有（请跳至第 38 题）

18.1 奖励制度包括：［多选题］ ＊

□奖金

□职位调整

□休假优待

□培训、报奖等福利优先考虑

□其他 _____

19. 您单位全媒体记者是否参与新闻一线采编？［单选题］ ＊

○是

○否

○没有全媒体记者

19.1　您单位对全媒体记者的要求是不是"一专多能"？（一名记者兼会采拍、剪辑、编辑、新媒体端运营等多种技能）［单选题］ ＊

○是

○否

20. 您单位是否有全媒体人才引进政策？［单选题］ ＊

○有

○没有（请跳至第 41 题）

20.1　您单位是否依机制成功引进过全媒体建设人才？［单选题］ ＊

○是

○否

○不清楚

20.2　您单位引进的融媒人才类型是：［多选题］ ＊

□采编人才

□技术人才

□管理人才

□数据分析人才

□其他 _____

21. 您单位是否建立了全媒体采编人员培训制度？［单选题］ ＊

○是

○否（请跳至第 43 题）

21.1 您单位对全媒体采编有何培训提升制度？［多选题］＊

□外请专家做讲座 _____

□派记者编辑外出短期学习（1个月内）

□派记者编辑外出长期学习（1个月以上）

□安排记者编辑轮岗体验

□定期举办内部经验交流会

□领导岗位竞争上岗

□其他 _____ ＊

22. 请您对您单位在全媒体建设中的以下方面做出评价：［矩阵单选题］ ＊

	很不满意	不满意	一般	满意	很满意
量化考核	○	○	○	○	○
激励奖惩	○	○	○	○	○
培训提升	○	○	○	○	○
创意自由度	○	○	○	○	○
团队建设	○	○	○	○	○
人才引进	○	○	○	○	○
领导对记者创意的支持力（制度、资金、技术、时间等）	○	○	○	○	○
融媒技术开发与应用	○	○	○	○	○

23. 您单位是否有设置全媒体中心的打算？［单选题］ ＊

○是

○否

23.1 您认为困扰全媒体中心建设的原因是？［多选题］ ＊

□上级主管部门不作为

□内部机构/部门融合困难

□资金困难

□人才有限

□技术短板

□其他 _____

24. 您在全媒体产品制作时的出发点是：[矩阵单选题] *

任务导向：完全被动地接收上级派发的任务；

用户导向：考虑社会效益，最大化引导和服务于人；

市场导向：以经济效益为先，实现最大化盈利；

创新导向：将新技术、新方式的应用放在第一位考虑。

	不是	基本不是	折中	基本是	很大程度是
任务导向	○	○	○	○	○
用户导向	○	○	○	○	○
市场导向	○	○	○	○	○
创新导向	○	○	○	○	○

25. 目前您认为融合中最大的 3 个问题和困难是：[多选题] *

□思维问题：不理解什么是融合

□政策扶持力度不足

□资金短缺

□技术落后

□缺少人才

□考核和激励制度不合理

□记者缺少培训和提升空间

□其他 _____ *

26. 您是否愿意接受进一步访谈？[单选题] *

○是（课题组保证您的隐私会受到保护，且数据仅用于致力于完善行业生态的学术研究）

○否（请跳至问卷末尾，提交答卷）

27. 请您留下您的联系方式：[填空题] *

□邮箱 _____ *

□电话或微信 _____

（二）我国主流媒体深度融合发展调查 2021

您将被邀请填写一份研究问卷，共同致力于完善媒体行业生态。本问卷由中国记协新媒体专业委员会委托《中国新媒体研究报告》课题组发起，目的是了解我国各级主流媒体深度融合的情况。问卷为匿名制，您的个人信息会被严格保密，结果仅用于学术研究，请您根据实际情况真实填写，并在填写前确保本人已知情并同意参加该研究。

1. 您的性别：（单选题　*必答）

○男

○女

2. 您的年龄：（单选题　*必答）

○ 30 岁及以下

○ 31—40 岁

○ 41—50 岁

○ 50 岁以上

3. 您所在媒体的属性：（单选题　*必答）

○中央级媒体

○省级媒体

○市级媒体

○区县级媒体

4. 您所在的媒体单位是：（"详细地址"处请填写媒体单位名称）：（填空题*必答）

省份

城市

区/县

详细地址＿＿＿＿＿＿＿＿＿＿

5. 您在本媒体单位的从业年限是：（单位：年）（单选题　*必答）

○ 1 年及以内

○ 1—3 年（含 3 年）

○ 3—5 年（含 5 年）

○ 5—10 年（含 10 年）

○ 10 年以上

6. 您目前的工作岗位属于：（单选题　*必答）

○采编（若非"图文采编"，请填写您从事的具体类型，如"数据编辑""互动编辑"等）

○技术

○管理

○运营

7. 您在新闻报道中参与哪些环节？（多选题 ＊必答）

□选题策划

□采访写作

□摄影摄像

□视频剪辑

□编辑排版

□平面设计

□用户互动

□数据分析

□外联宣传

□其他（请您在横线处补充）＿＿＿＿＿＿＿＿＿＿＿＿＿

8. 您单位在近一年内采取了哪些体制机制革新？（多选题 ＊必答）

□组织架构一体化（打破新旧媒体机构壁垒）

□采编流程融合创新（不同产品一体策划和采集）

□内容生产体系和传播链条建设（生产和运维一体化）

□市场化经营管理加强

□媒体内部管理机制革新

9. 您单位是否采取移动优先？（单选题 ＊必答）

○是

○否

10. 您单位如何体现移动优先？（多选题 ＊必答）

□发稿优先

□全媒体人才数量多

□绩效考核侧重

□场地设备投入大

□人员晋升侧重

□技术研发应用多

□资金投入与项目孵化多

□其他（请您在横线处补充）＿＿＿＿＿＿＿＿＿＿＿＿＿

11. 您单位在多大程度上将以下资源投入新媒体端？（打分题 请填 1—5 数字打分 ＊必答）

专业人才 ＿＿＿＿＿＿＿＿＿＿

优质内容 ＿＿＿＿＿＿＿＿＿＿

先进技术 _____

项目资金 _____

12. 您单位的新媒体端有哪些功能？（多选题 ＊必答）

□新闻信息服务（如热点推荐）

□舆论引导监督（如锐评、问政）

□提供政务服务（如便民查询）

□提供公共服务（如生活缴费）

□提供商务服务（如电子商务）

□其他（请您在横线处补充）_____

13. 您单位的新媒体端实现了哪些政务服务？（多选题 ＊必答）

□政务公开（如发布最新政策）

□政务服务（如户籍办理）

□政府信箱（如提出行政管理建议）

□政府专栏（如对接政府官网）

□政府智库（如发布舆情报告）

□其他（请您在横线处补充）_____

14. 您单位的新媒体端实现了哪些公共服务？（多选题 ＊必答）

□生活服务（如支持生活缴费）

□就业服务（如搭建求职平台）

□教育服务（如提供线上课程）

□医疗健康服务（如预约疫苗接种）

□气象环保服务（如天气查询）

□公益服务（如筹集捐赠）

□交通服务（如交通违章查询）

□其他（请您在横线处补充）_____

15. 您单位的新媒体端实现了哪些商务服务？（多选题 ＊必答）

□商品推广服务（如投放广告）

□电商引流合作（如直播带货）

□项目经营活动（如举办线下活动）

□承包外包项目（如视频拍摄与产品运营）

□打造品牌产品（如联名文创产品）

□媒体舆情智库（如出具咨询报告）

□其他（请您在横线处补充）_____

16. 您认为新媒体端的服务效果如何?（打分题 请填 1—5 数字打分 ＊必答）

新闻信息服务（如热点推荐）_____

舆论引导监督（如锐评、问政）_____

提供政务服务（如便民查询）_____

提供商务服务（如生活缴费）_____

提供公共服务（如电子商务）_____

17. 在中央厨房的使用中，您认为是否存在以下问题:（多选题 ＊必答）

□使用频率低，重大主题报道时才使用

□一次采集、多元生成不适配

□生产的内容过于同质

□工作沟通更加烦琐

□不存在问题

□暂无中央厨房

□其他（请您在横线处补充）_____

18. 中央厨房在您的日常工作中发挥了多大的作用?（5 为满分）（打分题 请填 1—5 数字打分 ＊必答）

推动机制改革 _____

加强指挥协调 _____

促进流程再造 _____

加强集约生产 _____

增强传播效果 _____

提供技术支持 _____

优化员工考核 _____

19. 您单位全媒体记者在现场采访中:（单选题 ＊必答）

○"单兵作战"，什么都干，效果较好

○"单兵作战"，什么都干，效果不佳

○一专多能，团队协作，效果较好

○一专多能，团队协作，效果不佳

○没有全媒体记者，传统记者各司其职

20. 您近一年参与生产了哪些融合新闻产品?（多选题 ＊必答）

□图文报道

□短视频

□H5 新闻

□ VR 新闻

□动画新闻

□数据新闻

□新闻游戏

□移动直播

□机器生产新闻

□其他（请您在横线处补充）_____

21. 您单位应用最多或您认为最有效的融合新闻技术是：（多选题 ＊必答）

□ 5G

□大数据

□云计算

□物联网

□区块链

□人工智能

□其他（请您在横线处补充）_____

22. 您单位在新闻报道时，会多大程度使用网民发布的内容？（矩阵单选题 ＊必答）

	没有采用	偶尔采用	有时采用	经常采用	总是采用
文字内容（如网友评论）	○	○	○	○	○
图片内容	○	○	○	○	○
音频内容	○	○	○	○	○
视频内容	○	○	○	○	○

23. 您单位多大程度上与用户进行了互动？（矩阵单选题 ＊必答）

	没有	偶尔	有时	经常	总是
放出评论	○	○	○	○	○
回复评论	○	○	○	○	○
设置讨论话题	○	○	○	○	○

续表

	没有	偶尔	有时	经常	总是
在新闻问答 专栏互动	○	○	○	○	○
允许用户 上传内容	○	○	○	○	○
招募用户为 拍客、通讯员	○	○	○	○	○

24. 您单位对新闻产品如何进行运维?(多选题 ＊必答)

□多种形态表达

□跨媒体平台传播

□与 MCN 机构合作

□跨行业领域合作

□线上线下联动

□前期预热策划

□暂时专注于内容本身,不涉及产品运营

□其他(请您在横线处补充)_____

25. 您单位成立了哪些类型的工作室或孵化类项目?(请您在横线处填写代表性工作室)(多选题 ＊必答)

□垂直内容(如时政、美食、摄影等)_____

□网红记者_____

□数据新闻_____

□视频类_____

□漫画长图等_____

□暂无工作室

□其他(请您在横线处补充)_____

26. 以下提高新媒体素养及能力的培训中,您认为对新闻生产的应用效果最强的是:(多选题 ＊必答)

□派记者编辑外出短期学习(1 个月内)

□派记者编辑外出长期学习(1 个月以上)

□安排记者编辑轮岗体验

□定期举办内部经验交流会

□领导岗位竞争上岗

□组织全员定期培训

□去高校或研究所进修

□其他（请您在横线处补充）_____

27. 您认为媒体深度融合的难点是（请按重要性程度排序）（排序题 请填1—7数字排序 ＊必答）

_____观念思维问题，不理解融合的意义

_____政策扶持力度不足

_____资金短缺

_____技术落后

_____缺少人才

_____考核和激励制度不合理

_____记者缺少培训和提升空间

28. 您是否愿意接受进一步访谈？（单选题 ＊必答）

○是（课题组保证会保护您的隐私，且数据仅用于致力于完善行业生态的学术研究）

○否

29. 您的微信或电话是：（填空题 ＊必答）

_____